西南大学农林经济管理一流培育学科建设系列丛书（第一辑）

Study on Performance Evaluation and
Compensation Mechanism on Farmland
Use in Western China

西部地区耕地利用
绩效评价与补偿机制研究

唐 建 等 著

国家社会科学基金项目（批准号：12BJY087）
西南大学学科建设经费专项资助

科 学 出 版 社
北 京

内 容 简 介

本书研究西部地区耕地利用绩效与补偿机制。全书系统地构建研究的理论框架，总结西部地区耕地利用现状和问题，全面评价经济绩效、社会绩效和生态绩效，探究农户耕地利用行为影响因素，基于农户意愿和耕地规模等前提条件，测算不同补偿标准对农户行为的激励作用，并设计出相应的补偿机制。

本书既可为政府部门制定耕地补偿政策提供理论依据和实证支撑，也可供有关研究人员参考。

图书在版编目（CIP）数据

西部地区耕地利用绩效评价与补偿机制研究/唐建等著. —北京：科学出版社，2019.6

（西南大学农林经济管理一流培育学科建设系列丛书. 第一辑）

ISBN 978-7-03-060174-2

Ⅰ. ①西… Ⅱ. ①唐… Ⅲ. ①耕地利用–研究–西北地区②耕地利用–研究–西南地区③耕地保护–补偿机制–研究–西北地区④耕地保护–补偿机制–研究–西南地区 Ⅳ. ①F323.211

中国版本图书馆 CIP 数据核字（2018）第 291099 号

责任编辑：马　跃　李　嘉/责任校对：陶　璇
责任印制：张　伟/封面设计：无极书装

科学出版社出版
北京东黄城根北街 16 号
邮政编码：100717
http://www.sciencep.com

北京虎彩文化传播有限公司 印刷
科学出版社发行　各地新华书店经销
*

2019 年 6 月第 一 版　开本：720×1000　B5
2019 年 6 月第一次印刷　印张：15 3/4
字数：317 000

定价：126.00 元
（如有印装质量问题，我社负责调换）

撰 写 人 员

唐 建   副教授、博士

彭 珏   教授、博士

白 硕   教授、博士

朱玉碧   副教授、博士

李峦松   副教授、博士

郭 晓   讲师、博士

向建深   讲师、学士

赖洁基   硕士研究生

穆锡超   硕士研究生

熊 娇   硕士研究生

周 阳   硕士研究生

前　言

西部地区农村人均耕地面积2.32亩[①]，耕地的突出特点是山地多、平地少和破碎化严重，平均质量等级为 11.35 等，9~14 等约占 3/4。近年来，西部地区农作物播种面积缓慢上升，粮食播种面积基本稳定，但耕地利用方面仍面临一些突出问题：耕地供给严重不足与耕地低效利用并存；人们对食品安全要求越来越高与普遍采用无机农业生产模式并存；农村劳动力大量闲置与耕地大量闲置并存；耕地利用适宜性发挥不足，部分农业产业化项目存在盲目性；耕地流转比例不高，流转耕地利用存在短期行为。产生上述问题的重要原因是西部地区耕地规模化经营程度低，农村壮劳力大多不愿意从事耕地生产，耕地利用普遍采取兼业化和粗放式经营，导致耕地利用效率低下，并且耕地利用的外部性未得到合理补偿。从理论研究来看，20 世纪 90 年代以前，国内外研究重点是评价耕地经济效益，其后则更多关注社会效益和生态效益，鲜见直接的耕地利用绩效研究，并且已有的耕地补偿机制研究大多属于定性研究，针对农户意愿的补偿机制研究也非常少，尚未发现生产者行为选择、耕地利用收益与风险和补偿标准等之间相互关系的研究。

因此，本书以外部性理论、行为激励理论等为理论依据，以提高西部地区耕地利用效率、促进农村分工、可持续利用等为目的，构建西部地区耕地利用绩效评价和补偿机制的理论框架，深入调查西部地区农户耕地利用现实状况，分别采用 SFA（stochastic frontier approach，随机前沿方法）模型、主成分分析法和熵值法对西部地区农村耕地利用经济绩效、社会绩效和生态绩效进行评价，进而采用回归模型实证分析影响耕地利用绩效的成因。在此基础上，分析农户耕地利用的需求、动机、目标和行为，采用 probit 模型揭示农户兼业行为、农作物类型选择行为和生产管理行为的影响因素，进而基于适度规模耕地利用收益与风险分布数据，设计小规模耕地利用农户的选择实验，考虑耕地规模、各地经济发展水平等约束条件，基于 logistic 模型计算不同概率下的激励标准，并设计相应补偿机制，主要研究结论如下。

（1）西部地区耕地利用普遍重视经济绩效，忽视社会绩效和生态绩效。就

---

① 1 亩≈666.67 平方米。

农户角度而言，研究结果表明耕地利用的经济绩效明显高于其社会绩效和生态绩效，反映出农户耕地利用行为具有逐利性，他们并不关注耕地利用的粮食安全等社会功能，也不关心耕地利用的水土保持、土壤肥力等耕地系统的生态功能。

（2）种植蔬菜的经济绩效最高，小麦和玉米则不具有经济比较优势。基于投入产出角度评价不同类型农作物经济绩效结果，平均经济绩效最高的首先是蔬菜，其次是水稻和水果，再次是经济作物，最后是小麦和玉米，证实种植小麦和玉米不具有比较优势。

（3）与非粮食作物相比，种植粮食的社会绩效更大，但生态绩效差异小。研究结果表明，种植不同农作物单位耕地面积的社会绩效基本顺序是：水稻>玉米>水果>小麦>蔬菜>经济作物，显然粮食作物的总体社会绩效明显高于非粮食作物，而三种粮食作物的平均生态绩效和三大类非粮食作物的平均生态绩效非常接近，表明粮食作物和非粮食作物的生态绩效差异小。

（4）要素投入不足降低了单位耕地面积的经济绩效和社会绩效，不合理耕地利用方式破坏耕地生态系统。实证研究结果显示生产要素投入、生产管理水平均对单位面积耕地利用经济绩效和社会绩效具有促进作用，现实情况是多数农户耕地利用采用粗放式经营，劳动、资本、土地等生产要素投入明显不足。从实际情况来看，大部分样本大量施用化肥、农药和农膜，农业生产可持续性弱，严重破坏耕地生态系统。

（5）耕地规模和现有农业补贴政策对农户兼业行为和非粮食作物的选择具有显著的抑制作用，而户主受教育程度、每亩现金收益、耕地利用便利性与耕地利用生产管理水平具有正相关关系。实证结果显示，耕地规模越大和农业补贴越高，对农户兼业行为和种植非粮食作物行为的抑制作用越强，非农收入占比越高，农户越愿意兼业，进而降低农户耕地利用生产管理水平。估计结果也表明，户主受教育程度越高，每亩农作物现金收益越大，耕地利用越便利，则耕地利用生产管理水平也越高，但家庭劳动力数量、户主年龄对于农作物类型选择和耕地利用的生产管理水平均不具有显著影响。

（6）多数农户不具备耕地适度规模经营条件，小规模耕地利用是无奈选择。从"适度规模无补贴下小规模耕地利用农户行为选择实验"的结果来看，农户不愿意选择适度规模耕地利用，调查显示原因是多方面的，总体原因是适度规模经营及生态利用的成功经营要求条件高，包括自然条件、市场因素、技术因素、家庭财力和政策支撑等，具有较高的进入壁垒。结果还显示，多数农户仍然选择继续从事小规模耕地利用，小规模耕地利用是其无奈选择，主要原因是能力不足、素质不高和家庭贫困。

（7）农户对亏损风险非常敏感，合理补偿能够激励部分农户选择耕地适度规模经营及其生态利用。从"适度规模耕地利用+补贴 VS 小规模耕地利用"

选择实验、"适度规模耕地生态利用+补贴 VS 小规模耕地利用"选择实验的结果来看，补偿激励标准越高，农户从事适度规模耕地利用或适度规模耕地生态利用的意愿也越高，而激励标准过低，则没有人愿意从事适度规模经营及其生态利用，反映出小规模农户对亏损风险非常敏感。

适度规模经营及其生态利用是解决西部农村地区耕地问题的基本共识，以适度规模耕地经营者为补偿对象，立足于各地耕地规模和经济实力，通过财政、市场和宏观调控手段，依据经营规模、农产品类型、利用绩效等建立合理补偿政策，确保多数适度规模经营及其生态利用生产者的收益不低于社会平均收益是加快西部地区耕地流转、提高耕地利用效率的关键。保障耕地利用补偿机制有效实施的具体建议包括：建立适度规模经营项目管理和预警系统；加强适度规模经营投资项目的培训与宣传；加大有机生态农业科研投入与成果转化力度；全面推进有机生态农产品等级标识与贴牌制度，大幅降低有机农产品认证成本；严格执行适度规模经营项目的考核、监督和奖惩制度；加强土地流转服务与监管工作。

与以往研究相比，本书的主要特色与贡献表现在以下几方面。

（1）从经济的、社会的和生态的角度对耕地利用绩效进行系统性研究。现有文献集中于土地利用的综合效益、集约利用或可持续利用等方面，而对于耕地利用综合效益研究则较少。已有文献也往往属于耕地利用的单项经济绩效研究，尚未发现系统的耕地利用社会绩效和生态绩效研究。因此，本书对耕地利用绩效进行系统研究，有利于定量识别耕地利用的社会外部性和生态外部性，丰富土地利用的评价理论。

（2）基于大类农作物耕地利用绩效的比较研究。从目前的文献来看，单一农作物或某些农作物的经济效率研究较为常见，但缺乏大类农作物绩效的比较研究。大类农作物的经济绩效、社会绩效和生态绩效存在差异，导致不同大类农作物的外部性也不同，因而，本书按种植粮食作物、蔬菜、水果和经济作物等不同类型农作物利用绩效进行比较研究，为不同类型农作物外部性的经济补偿提供理论依据。

（3）以农户耕地利用行为选择实验为基础的补偿机制设计。我国现有农业补偿政策设计大都基于财政资源约束，较少兼顾农户意愿，并且现有研究虽然强调耕地利用适度规模经营及生态利用是解决当前耕地问题的必要途径，但重点研究耕地利用外部性的等额补偿，忽视了实施耕地适度规模经营的重要前提条件是必须解决好农村人地矛盾问题，尚未发现多约束条件下耕地利用补偿机制研究。本书立足于农户利用的需求、动机、目标和行为，从经济学角度讨论不同补偿标准下的激励效果，利用适度规模经营收益与风险数据，实施小规模耕地利用农户的行为选择实验，依靠 logistic 模型，定量测算出不同激励标准下有多大比例农户愿意选择耕地适度规模经营或适度规模生态利用，为耕地利用补偿机制设计提供实证支撑。

目　　录

第1章 绪 论

1.1 研究背景与问题提出

目前，西部地区农村人均耕地面积2.32亩，新疆、内蒙古和宁夏相对人少地多，四川等9个省区市则人多地少。西部地区耕地突出特点是山地多、平地少和破碎化严重，平均质量等级为11.35等，9~14等约占3/4。西部地区农作物播种面积缓慢上升，粮食播种面积基本稳定，当前耕地利用面临的突出问题是：

（1）耕地供给严重不足与耕地低效利用并存。一方面，城镇化建设和退耕还林等因素导致耕地供给严重不足。另一方面，耕地利用大多采取粗放式经营，效率低下，突出表现为：以畜力、木制农具、金属农具等为主要生产工具，机械化水平低；耕地生产协作关系简单，专业化程度不高；耕地生产先进技术应用较少，劳动投入也越来越少，耕地利用率和复种指数均低于全国平均水平。

（2）人们对食品安全要求越来越高与普遍采用无机农业生产模式并存。农村普遍采用无机农业和浅耕生产相结合的耕作方式，土壤有机层变薄，且化肥、农药和农膜等施用量逐年上升，农产品质量安全令人担忧，耕地生态破坏严重，部分地区耕地出现了比较严重的板结化、酸化、盐渍化和沙化现象。从国土资源调查数据来看，我国水土流失、草地退化、土地沙化、碱化、贫瘠化等土地资源退化现象主要集中在西部地区，尤其是西部西北地区水资源缺乏，水土流失严重。

（3）农村劳动力大量闲置与耕地大量闲置并存。许多留守农民宁愿偶尔打小工，也不愿意从事小规模农业生产，留守劳动力大量闲置较为常见，加之土地流转市场的需求主体严重不足，出现了"有田无人种"的现象，部分地区耕地大量闲置问题十分严重。

（4）耕地利用适宜性发挥不足，部分农业产业化项目存在盲目性。西部多数农业县的粮食生产不具有比较优势，但受过去"以粮为纲"影响，仍以粮食生产为主，其他特色经济作物播种面积占比不足，耕地资源综合配置利用优势发挥明显不足，单位耕地经济收益常年处于较低水平。在调整农产品结构过程中，各级地方政府很难收集到同类或替代产品的全国性市场信息，导致很多农业产业化项目盲目建设和重复建设，单纯追求某类特色农产品的超大规模利用，结果远远超过市场需求，不能实现预期收益，给农户带来了较大损失。

（5）耕地流转比例不高，流转耕地利用存在短期行为。近年来西部地区耕地流转明显加快，但总体流转比例较低。原因在于需求主体不足，供求双方矛盾突出，耕地流转困难。有的农户对流转价格期望过高，有的宁愿闲置也不愿意转让或流转，有的属于承包户压低流转价格，存在"有田无人种，有人无田种"现象，部分地区常年性抛荒占有不小比例。流转后耕地利用规模化程度较高，但农户不重视耕地可持续利用，较少采用生态农业、有机农业和循环农业方式，过度利用比较常见，土地污染和面源污染十分突出，短期行为明显。

产生上述问题的重要根源如下：一是农业比较效益低。西部地区现代化农业投入严重不足，原因在于农业项目周期长、风险大、收益低，不具有比较优势，与其他产业相比，属于弱势产业，加之以家庭为单位的农业生产单元，导致耕地生产规模化程度低，进一步弱化农业比较优势，对社会资金的总体吸引力不足，因而现代农业建设严重滞后。二是市场失灵。西部地区耕地规模化经营程度低，耕地收入在农户家庭收入中的比重越来越低，现有市场经济条件下农村壮劳力大多不愿意从事耕地生产，因此耕地利用普遍采取兼业化和粗放式经营，导致耕地利用效率低下。三是政府失灵。尽管我国近年来开始实施耕地生态补偿政策试点工作，包括耕地休耕、轮耕和生态补偿等方面，但总体上看，对大多数耕地生产者而言，现有耕地补偿政策仍没有体现耕地利用外部性，不能改变耕地利用短期行为的现状，耕地环境破坏和污染仍将持续很长一段时期。要改变这些现象，根本出路在于应以生产者为补偿对象，客观评价不同耕地利用的经济绩效、社会绩效和生态绩效，依据耕地经营规模和利用绩效建立合理的补偿机制，以促进农户合理分工，实现耕地规模化经营和可持续利用。

从理论研究来看，20世纪90年代以前，国内外研究重点是评价耕地经济效益，其后则更多关注社会效益和生态效益，考察其社会公平性和生态外部性，但国外研究侧重于耕地利用的单一绩效研究，或研究耕地利用对某一具体的社会经济活动或生态功能的影响，缺乏研究的整体性和系统性，而国内研究侧重于综合评价，大多基于经济的、社会的和生态的系统性角度研究某一区域耕地利用的综合绩效。从研究方法来看，国外研究方法具有多样化、模型化和复杂化的特征，研究方法包括人工神经网络、系统动力学模型、全球城市足迹模型、灰色系统模型等，而国内研究则大多借鉴国外研究成果，探索性研究少。目前，国内研究大多认识到我国耕地利用的效率和效益不足问题，但提出的补偿机制应用性差，重要原因在于大多数文献的补偿机制是基于耕地利用非市场价值的等额补偿，或从社会成本收益角度研究补偿标准，没有考虑耕地不同利用方式所产生的绩效差异和耕地生产者意愿。

因此，尽管耕地利用的社会绩效和生态绩效的研究近年来受到学者的重视，但已有的耕地补偿机制研究大多属于定性研究，针对农户意愿的"促进农户合理分工，实现耕地规模化经营"的补偿机制研究较少，尚未发现揭示生产者行为、耕地利用收益与风险和补偿标准等之间相互关系的研究。基于此，本书研究耕地利用绩效评价和补偿机制，以西部地区为研究区域，研究问题是"如何合理评价西部地区耕地利用的绩效"和"如何基于农户意愿和资源约束设计补偿机制"。

1.2　研究目标与研究目的

本书的研究目标是以生态经济学、资源经济学、行为学等学科理论为支撑，根据农户调查资料，对西部地区农村耕地利用经济绩效、社会绩效和生态绩效进行评价，实证揭示影响耕地利用绩效的成因，分析农户耕地利用行为及其影响因素，进而基于农户意愿视角，考虑农民风险态度、耕地规模等约束条件，设计补偿机制，并提出政策建议。

具体研究目的包括以下方面：

（1）了解西部地区耕地利用现状和问题。西部地区耕地面积占全国比重较大，农村人口较多，其耕地利用现状和问题不仅关系到农户自身的农业收入，也关系到我国粮食安全、农产品物价稳定等重大民生社会问题，因而了解西部地区耕地利用状况和问题，有利于政府进行宏观调控与决策。

（2）基于经济的、社会的和生态的角度评价西部地区耕地利用绩效与影响因素。基于调查数据，比较与选择相关评价方法，分别评价西部地区不同类型农作物单位面积耕地利用的经济绩效、社会绩效和生态绩效，实证其影响因素，便于政府和相关利益人从经济的、社会的和生态的角度了解耕地利用综合效益，以有利于相关决策。

（3）揭示西部地区农户耕地利用行为主要影响因素。基于调查数据，通过多种模型比较与检验，考虑耕地规模、非农收入、财政补贴等个体特征、家庭特征、社会环境特征等因素，找出影响农户耕地利用行为的主要因素。

（4）掌握不同补偿标准下对农户适度规模耕地利用的激励效果。以不同类型农作物适度规模经营成本与收益数据为基础，基于正态分布计算不确定性条件下的经营收益，进而设计和实施二分式调查，采用面对面方式调查小规模耕地利用农户选择意愿，利用 logistic 模型计算不同概率条件下的激励标准，为政府制定可行的补偿政策提供支撑。

1.3　研究内容与研究框架

1.3.1　研究内容

为了实现研究目标，研究内容如下。

（1）耕地利用绩效评价与补偿机制基本概念和理论基础。主要任务是澄清耕地利用功能、价值、绩效、补偿机制等相关概念。第 1 章绪论，包括问题提出和选题意义、基本框架、研究思路和研究方法等。第 2 章文献综述。第 3 章概念界定与理论基础，包括对绩效评价目标、价值体系、评价原则、评价内容等进行界定，并对相关理论进行梳理。

（2）西部地区耕地利用现状与绩效评价及其影响因素研究。主要任务是掌握耕地利用现状，评价耕地利用绩效和揭示绩效的影响因素。第 4 章将官方资料和调查数据相结合，介绍西部地区耕地利用现状和存在问题。第 5 章采用 SFA 模型，基于投入与产出角度，评价不同类型农作物的经济绩效并实证其影响因素。第 6 章和第 7 章分别是社会绩效评价和生态绩效评价，构建耕地利用的社会绩效和生态绩效指标体系，分别采用主成分分析法和熵值法进行评价，并实证其影响因素。

（3）西部地区农户耕地利用行为影响因素实证研究。第 8 章则是考虑耕地规模、非农收入、财政补贴等因素，找出影响农户耕地利用行为的主要因素。

（4）耕地利用的补偿机制设计与政策建议。主要任务是基于耕地生产者理性行为选择视角设计耕地补偿机制和政策建议。第 9 章研究耕地生产者的需要、动机、目标和行为，研究不同补偿标准下耕地利用行为规律及耕地利用绩效变化趋势，调查不同补偿标准下农户行为选择意愿，从而设计出合理的补偿机制。第 10 章提出耕地利用绩效的政策建议。

1.3.2　研究框架

本书按照提出问题、分析问题和解决问题的研究逻辑进行研究设计。研究问题包括：西部地区耕地利用绩效大小与受哪些因素影响、对耕地利用绩效有重要影响的主要农户行为受哪些因素影响、多大激励才能让农户转向提高耕地利用绩效的行为，这三个问题具有一定的递进关系和逻辑性，对应的研究内容与理论依据如图 1-1 所示。第一个问题的研究结果，会证实农户兼业行为、农作物选择、生产管理水平等对耕地利用绩效是否存在显著影响，为第二个问题提供支撑；第二个问题的研究结果证实农户行为受哪些社会经济特征、农户特征和耕地规模等因素影响，为第三个问题的研究提供一定基础；第三个问题，则考虑耕地资源约束、农村劳动力合理分流和提高耕地利用绩效等前提条件，分析和提出适度规模经营和生态利用是未来西部多数地区农村发展方向，在此背景下设计选择实验和激励标准。

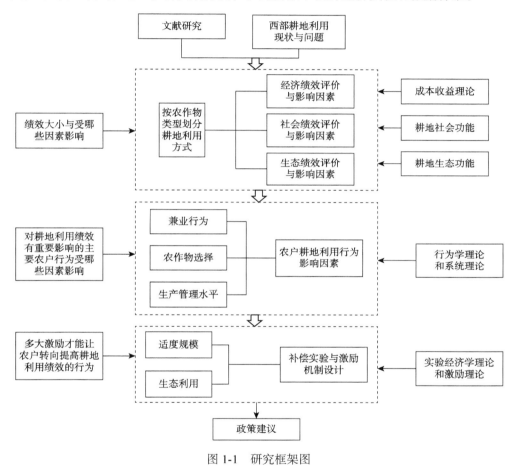

图 1-1　研究框架图

1.4　研究思路和研究方法

1.4.1　研究思路

本书的研究思路是：以外部性理论、行为激励理论等为理论基础，以提高西部地区耕地利用效率和可持续利用为目的，构建耕地绩效评价体系，并根据翔实的耕地调查数据，对西部农村耕地利用的经济绩效、社会绩效和生态绩效进行全面评价，以期全面把握西部农村耕地利用的现状特征和问题，实证分析影响耕地利用现有绩效的因素。在此基础上，揭示影响西部地区农户耕地利用行为的主要因素，进而立足于耕地利用变化、农户行为选择与补偿机制三者之间协调配合的视角，设计符合西部实情的、具有可操作性的补偿机制，并提出实施的政策建议。具体技术路线图如图 1-2 所示。

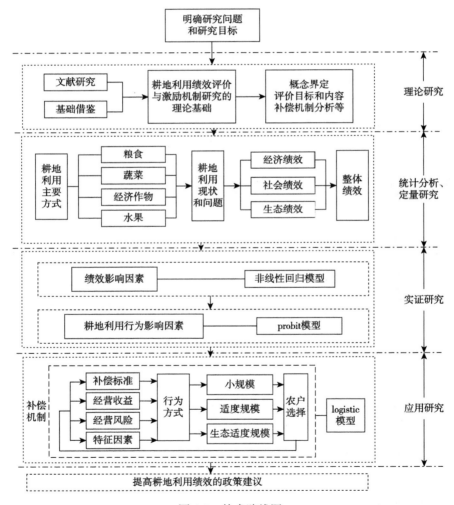

图 1-2　技术路线图

1.4.2　研究方法

（1）规范研究方法。规范研究主要以外部性理论、行为激励理论等为基础。外部性理论用于分析耕地利用的社会绩效和生态绩效评价；行为激励理论用于考察不同补偿标准等情况下耕地利用行为变化。

（2）实证研究方法。采用 SFA 模型评价耕地利用经济绩效；运用主成分分析法和熵值法评价耕地利用的社会绩效和生态绩效；分别采用非线性回归模型、probit 模型进行成因分析和影响因素研究；运用 logistic 模型测算不同概率下农户愿意选择适度规模经营或适度规模生态利用的激励标准，为补偿机制设计提供现实支撑。

（3）比较研究方法。在耕地利用现状和问题分析中，将采用历史比较、不同类型农作物比较、不同地区比较等多种比较研究工具。

1.5　研　究　贡　献

与以往研究相比，本书的主要特色与贡献表现在以下方面。

（1）从经济的、社会的和生态的角度对耕地利用绩效进行系统性研究。现有文献集中于土地利用的综合效益、集约利用或可持续利用等方面，而对于耕地利用综合效益研究则较少。已有文献也往往属于耕地利用的单项经济绩效研究，尚未发现系统的耕地利用社会绩效和生态绩效研究。因此，本书对耕地利用绩效进行系统研究，有利于定量识别耕地利用的社会外部性和生态外部性，对于丰富土地利用的评价理论具有重要意义。

（2）基于大类农作物耕地利用绩效的比较研究。从目前文献来看，单一农作物或某些农作物的经济效率研究较为常见，但缺乏大类农作物绩效的比较研究。大类农作物的经济绩效、社会绩效和生态绩效存在差异，导致不同大类农作物的外部性也不同，因而，本书按种植粮食作物、蔬菜、水果和经济作物等不同类型农作物利用绩效进行比较研究，为不同类型农作物外部性的经济补偿提供理论依据。

（3）以农户耕地利用行为选择实验为基础的补偿机制设计。我国现有农业补偿政策设计大都基于财政资源约束，较少兼顾农户意愿，并且现有研究虽然强调耕地利用适度规模经营及生态利用是解决当前耕地问题的必要途径，重点研究耕地利用外部性的等额补偿，但忽视了实施耕地适度规模经营的重要前提条件是必须解决好农村人地矛盾问题，而且尚未发现多约束条件下耕地利用补偿机制研究。本书立足于农户利用的需求、动机、目标和行为，从经济学角度讨论不同补偿标准下的激励效果，利用适度规模经营收益与风险数据，实施小规模耕地利用农户的行为选择实验，依靠 logistic 模型，定量测算出不同激励标准下有多大比例农户愿意选择耕地适度规模经营或适度规模生态利用，为耕地利用补偿机制设计提供实证支撑。

第2章 文献回顾

2.1 耕地利用评价研究综述

2.1.1 耕地经济绩效评价研究

国外关于耕地利用经济绩效的直接文献非常少，但由于经济绩效可以表现为集约化程度、经济效益、经济实物产出和经济效率等方面，因此，本书主要从这些方面来阐述研究现状。近年来代表性研究有：Wilson 等（2010）利用 BC（1995）模型，测算出英国土豆生产中的技术效率为33%~39%。Amaza 和 Olayemi（2002）采用 SFA 研究尼日利亚的贡贝州粮食生产中技术的非效率性，结果表明该地区农业技术效率低下。Agegnehu 等（2006，2008）研究不同农作物和耕作方式下的土地利用效率，与种植单一农作物相比，研究发现大麦混合间作蚕豆将额外带来不低于 37.5%的产量和收入，同时还可减少杂草和疾病压力，从而增加土地利用的效率。Hilst 等（2010）研究生物能源作物的经济绩效，结果表明，芒草比甜菜更具有成本优势，但目前生物能源与汽油价格相比，不具有竞争优势。Armagan（2010）以 1994~2003 年土耳其农业生产为例，采用数据包络分析（data envelopment analysis，DEA）法和 Malmquist 生产率指数方法，研究发现该时期技术效率呈下降态势，生产力和技术效率呈地区差异。Echenique（2011）认为土地利用的经济评估不仅需要考虑出行成本，还需要考虑家庭实力、出行价格变化和出行方式及其相互作用关系，以更好地评价旅行者的盈余效益。Koocheki 等（2011）采用农业生态系统能量分析方法，评价几种豆类农作物的能源效率和成本收益。结果表明，旱地鹰嘴豆是最有效的能源作物，蚕豆在能量和经济效益方面是最有效的灌溉作物。Kytzia 等（2011）提出现有土地利用单位面积的经济产出量表示土地利用强度的思想，以此构建基本模型，利用一组欧洲国家数据评价这些国家土地利用的经济绩效。Sachdeva（2011）以印度旁遮普地区为研究区域，采用 Malmquist 指标测量技术效率，结果表明技术效率呈跨区域变化。Latruffe 等（2012）研究法国和匈牙利农场的乳品和谷物、油籽与蛋白作物（cereal, oilseed and protein crops，COP）生产的技术效率，结果表明，法国 COP 农场的土地利用效率更高。Azizi 和 Heidari（2013）利用 26 个灌溉土地和 68 个旱地大麦农场数据，研究大麦生产的经济绩效和能量消耗，结果表明灌溉土地的净回报（266.13 美元/公顷）显著高于旱地（208.64 美元/公顷），但效益成本比方面，灌溉土地（1.38）显著低于旱地（1.58）。Boubacar（2014）以几内亚为例，研究水稻生产的效率，发现土地要素增加了产量，而户主、家庭规模等有利于提高技术效率。

国内研究主要包括：张雪梅（1999）采用 SFA 模型测算出 1991~1996 年我国玉米生产的平均技术效率为 0.829，研究发现技术进步和化肥是玉米生产效率增长的主要动力；亢霞和刘秀梅（2005）利用 1992~2002 年省际数据，采用 SFA 对数模型，分别测算出小麦、玉米、大豆、粳稻等农作物平均技术效率为 0.63、0.81、0.77 和 0.9；刘新平等（2008）采用 DEA 法对新疆农用地利用的经济效率进行评价，结果显示南疆农用地生产效率最高、北疆次之、东疆最低；陈士银等（2009a）从土地利用集约度、土地利用程度、土地利用效率和土地利用效益方面评价土地利用绩效；郭永奇（2012）利用土地经济密度、地均固定资产投资、地均工业总产值、地均农业总产值和地均第三产业产值五个指标，利用新疆生产建设兵团 2001~2011 年统计数据，评价土地利用的经济效益；吴兆娟和高立洪（2013）采用 DEA 法对丘陵山区耕地地块利用经济效率进行评价，研究发现水田、旱地地块的平均综合技术效率水平均低于 0.8，提出加快调整农业人力资源配置、农业投入结构等具体建议；朱哲（2013）以伊犁地区 10 个县市耕地为样本，采用因子分析法，综合评价这些区域的经济效益，结果显示，伊犁地区耕地利用经济效益地区性差异显著；赵亮等（2014）运用偏离-份额分析法，对 2003~2011 年湖南省耕地利用竞争力进行分析与评价，结果表明该省耕地利用结构良好，种植业经济效益和竞争力具有优势；田童等〔2015）以塔里木河流域为研究区域，采用综合指标体系法对其种植业系统的资源利用进行绩效评价，结果表明塔里木河流域种植业效益稳中有升，增长趋势平缓；刘颖等（2015）以四川省 2000~2012 年的耕地总量普查数据为基础，采用 DEA 法评价四川省耕地利用经济效率，结果表明四川省耕地利用综合效率为 0.956，纯技术效率为 0.999，规模效率为 0.957，总体水平较高且稳定性好。

总的来讲，国内外相关研究从不同角度来评价耕地的经济绩效，如公平性、集约化程度、土地产出、劳动产出等，测算指标有三大类：第一类是单一性经济指标，如劳动生产率、资本生产率、土地生产率、土地成本和收益，主要采用统计方法进行计算；第二类是综合性单一指标，如技术效率、生产潜力利用程度，采用 SFA、DEA、Malmquist 法和生产潜力函数等；第三类是采用综合指标体系来衡量土地的经济效益或集约化程度，主要是选择代表性相关指标构建指标体系，界定指标阈值，选择 AHP（analytic hierarchy process，层次分析）法、熵值法等确定权重，从而测算结果。由于技术效率反映了耕地生产的投入与产出水平，具有综合性强的特点，因而，本书选择以它作为耕地经济绩效评价的主要指标。

2.1.2　耕地社会绩效评价研究

国外关于土地的社会功能和社会绩效定量测度的文献相对较少，近年来相关研究包括：Slee（2007）认为从国家层面解读土地利用的社会目标非常重要，它不仅涉及私人业主的土地利用价值，而且还关系到更为广泛、复杂的农村社会群体利益；Islam 等（2008）评估孟加拉不同土地利用方式下农户食物安全水平，在粮食供应方面，在选定的土地使用模式下，所有农民都或多或少地自给自足，但其他作物，如马铃薯、蔬菜、豆类、油籽（芥菜）和鱼类等存在巨大短缺，现有土地利用模式下平均食物消费量为 1 182 克/天，每天人均能量摄入量为 2 620~2 645 大卡；Walter 等（2011）以巴西生物乙醇生产为例进行研究，结果表明大部分甘蔗生产地区具有积极的社会和经济影响，但由于生产条件极不平衡，生物燃料不具推广性；Sharmin 等（2012）以孟加拉小农场为例，研究综合农业替代制度对粮食安全的影响，研究结果表明小农场条件下实行综合农业，有利于提高农户的粮食安全水平；Vihervaara 等（2012）以乌拉圭为例，评估桉树和松树人工林的社会价值；Stoeckl 等（2013）以澳大利亚北部地区为例，探索不同土地利用模式对土著和非土著居民发展的影响，研究发现，现有模式下土著居民不仅比自然人遭受的"发展"损失更大，而且他们的收入也大大减少；Whitehead 等（2014）认为社会价值信息对于实现社会可接受和科学的土地保护规划至关重要，他们将社会发展偏好的土地保护社会价值量化数据纳入空间保护规划，提出可行的兼顾保护生物多样性和促进社会发展的解决方案；Vinge 和 Rnningen（2014）认为仅有 3%的挪威土地处于生产性农业用途，因而农业土地保护和粮食安全问题在挪威显得非常重要，但是住房、道路和基础设施的需求增加用地使得农田保护面临巨大威胁；Allen（2015）以瓦努阿图的马洛岛为例，从粮食安全的角度分析粮食系统，发现传统土地利用方式使得其社会-生态系统具有可持续性。

近年来国内代表性研究有：陈丽等（2006）基于耕地资源社会价值构成，分别采用求和法、替代法、影子价格法等方法对山西柳林县耕地在基本生活保障、失业保障、社会稳定等方面的社会功能价值进行测算，计算出柳林县耕地资源的社会价值总量为 1.52×10^{10} 元，其中基本生活保障、失业保障和社会稳定占比分别为 55.16%、20.57%和 24.27%；宋戈等（2011）以齐齐哈尔市为研究区域，将水库容量、人口密度、人均耕地面积、耕地补充系数、农业从业劳动比例、人均粮食占有量、公共数量供水能力等 7 个指标纳入耕地利用社会功能评价体系，采用功效评价法评价耕地利用的社会功能，在 2002~2008 年耕地利用社会功能先升后降；唐建等（2011a）采用双边界二分式意愿价值法（contingent valuation method，CVM）的 logistic 模型，研究发现，就耕地社会价值而言，城镇居民支付意愿和农民受偿意愿价值相差巨大，建议政府采取农业补贴政策解决耕地外部性问题；周俊霞等（2012）选择甘肃省 14 个市（州）为研究单元，采用多因素综合指数评价法和聚类分析法，评价了耕地利用的社会效益，研究发现，1999~2008 年，耕地利用社会效益呈现出不稳定的波动状态，最好的是张掖市，最差的则是甘南藏族自治州；叶姗和李世平（2013）以西安耕地为研究对象，构建社会价值评估体系，采用机会成本法、替代法和影子价格法进行测算，结果显示西安耕地的社会价值为 446.85 万元/公顷，其中，社会保障价值占比超过 6 成；李灿等（2013）基于熵权的 TOPSIS 模型评价 1996~2010 年北京市顺义区的土地利用绩效，研究发现 1996~2000 年土地社会绩效相对稳定，之后呈现整体上升趋势；李菁和匡兵（2014）基于农村和谐、利用效率和农业进步三个方面，构建包含农村低保覆盖率、农村居民人均居住面积、农民人均纯收入、农村恩格尔系数和农业产业化农户覆盖率 5 个指标的农地社会绩效评价体系，评价武汉农地的社会绩效，结果显示，2002~2011 年武汉农地社会绩效呈逐年上升态势，2011 年达 0.917 4；吴涛和任平（2015）将人均粮食产量、社会需求满足度、人均耕地面积、劳动力转移指数、农民纯收入、土地垦殖指数 6 个指标纳入耕地利用的社会效益指标体系，运用综合评价法与 GIS（geographic information systems，地理信息系统）技术对四川省耕地进行评价，研究显示 2000~2012 年四川省耕地利用社会效益在波动中有所下降；谷秀兰等（2015）以海南省屯昌县为研究区域，基于人均产量、人均农业产值、劳动力转移指数、劳动力素质等 7 个因子构建耕地利用的社会效益指标，对 1994~2011 年研究区域的耕地利用效益进行评价，结果显示 1994~2003 年耕地利用社会效益小幅上升，2004~2011 年的耕地利用社会效益则相对增幅较大；吴泽斌和阮维明（2016）基于 31 个省（自治区、直辖市）数据，测算耕地资源的最低生活保障价值、就业保障价值和粮食安全保障价值，结果表明我国耕地平均社会价值为 14.80 万元/公顷，从结构上看，最低生活保障价值所占比重最高，达到 8 成以上。

可以看出，国内外耕地社会绩效评价文献相当少，研究仍处于探索阶段，研究重点集中在耕地的某些社会功能，如社会保障、粮食安全等功能，主要采用间接法、替代法、意愿法或综合指标体系法测算其社会价值。

2.1.3　耕地生态绩效评价研究

国外代表性研究有：Gowdy（1997）研究土地生物多样性的价值，认为它包括市场价值、社会价值和生态价值，而市场价值占比较小；Weber 等（2001）以德国中部为例，基于 GIS，采用仿真模型模拟土地利用变化对生物多样性的影响，结果表明，现有开发土地方案将导致森林面积显著下降，减少云雀栖息地；Thompson 等（1997）、Robert 和 Lorne（2007）、Harpinder 等（2008）采用意愿法评价土地的生态绩效；Paul 和 Olayemi（2002）利用人造卫星全球覆盖映象数据，估计全球土地的市场经济价值和非市场经济价值，研究表明土地的生态服务价值集中在经济不发达的热带地区、湿地和其他沿海地区；Chris 等（2002）利用 GIS 数据和快感模型方法研究美国怀俄明州农地的生态环境价值，研究证实除农地质量特征外，景观、栖息地、农业生产方式和区位优势等因素对农地生态价值具有重要影响；联合国环境规划署倡议扩大生命周期评价范围，提出包含 6 种指标的生态系统评估办法（2005 年）；Lewandowski 和 Schmidt（2006）基于氮、能源和土地利用效率角度，研究德国西南部芒草、草芦和小黑麦三种能源作物的环境影响，结果表明增加氮肥情况下，三种作物的氮利用率和能源利用率下降，但芒草能够在最低供氮水平下，实现氮、能源和土地高效利用；Erdal 等（2007）以土耳其的托卡特地区为例，研究甜菜农场生产的能量消耗，结果表明，糖用甜菜生产总能耗为 39 685.51 兆焦/公顷，最高能耗项目是劳动力、土地租赁、折旧和化肥，农场的收益成本比为 1.17；Davide（2007）提出了一个基于常规数据评价农地景观生态价值的数学方法，选择景观类型、剩余物覆盖和边缘特征等作为生态指标，利用 GIS 技术，测算阿尔卑斯山的特伦蒂诺地区土地的生态价值；Frank 等（2008）利用快感模型分析巴西亚马孙河地区影响土地绩效的特征因素，主要研究结论是该区域土地的经济绩效得到一定增加，但其生态绩效明显下降；Börjesson 和 Tufvesson（2011）以北欧生物燃料为例，研究表明对所有的生物燃料而言，土地利用变化对温室气体和水体富营养化有显著影响；Coffey 等（2011）总结了澳大利亚境内维多利亚州土地保护与利用的经验做法，即利用土地保护委员会、环境保护委员会和维多利亚时代的环境评估委员会等法定机构解决公共土地利用环境冲突，是缓解土地经济与环境矛盾的重要途径，该地区的实践结果是显著地增加保护区面积和覆盖范围；Armengot 等（2011）以西班牙东北部为例，选择氮投入、作物多样性、控制杂草、种子来源和谷物比例指标，采用主成分分析法，评价土地利用强度，结果表明这一指标比一般农业指标能更好地解释土地生态系统物种的多样性；Kumpula 等（2011）对俄罗斯西北的北极地区进行实地抽查，从生态、空间和社会层面研究可见的土地利用变化，结果发现基础设施的迅速扩张和偷猎活动，对该地区生态造成负面影响；Ghorbani 等（2011）基于能源比角度对灌溉地和旱地小麦生产系统进行经济分析，结果表明，灌溉地和旱地的能源比分别是 1.44、3.38，灌溉小麦和旱地小麦的收益与成本的比率分别是 2.56 和 1.97；Susaeta 等（2012）研究美国东南部林地的生态价值，结果表明针松林年度碳和氮清除分别为 12 兆克/公顷~233 千克/公顷，11 兆克/公顷~182 千克/公顷，年度间伐和薄伐方式下针松的生态期望价值分别为 6 091 美元/公顷和 5 142 美元/公顷；Blüthgen 等（2012）以德国 150 个草地为样本，运用土地利用强度（land-use intensity，LUI）指标，评价土地利用与生态系统功能的关系；Canals 等（2013）将人造黄油生命周期划分为农业生产、石油加工、人造黄油生产、运输及配送等阶段，采用生命周期法评估土地利用与人造黄油的关系及环境影响；Timmons（2014）以马萨诸塞州西部地区为例，利用 GIS 及支付意愿法，考察该地区农民种植生物能源的意愿，结果表明每年每公顷的平均支付意愿为 321 美元；Koellner 等（2013）在联合国环境规划署和国际环境毒理与环境化学学会提出的生命周期建模原则基础上，建议根据土地利用表征模式，构建土地使用影响途径、土地利用或覆盖类型、生物地理特征等方面的表征因素，评价土地利用的环境影响；Zahedi 等（2014）以伊朗伊斯法罕省为例，基于棉花种植过程中的能源消耗角度评估土地的生态绩效，结果表明，每公顷棉花生产需要消耗 52 507.8 兆焦能量；Cao 等（2015）认为要实现土地利用的生命周期评价，需要将相应方面按生态系统服务减少量的经济价值进行货币化计算，对于土地丧失生物生产和淡水补给可以通过生产力损失和供水成本分别估计，对于土地耐腐蚀减少则可通过侵蚀缓解措施及水质净化处理成本予以估计，土壤的气候调节则可通过社会碳成本估计。

近年来，国内代表性研究有：刘钦普等（2007）基于改进生态足迹模型研究江苏耕地利用可持续性，结果表明江苏耕地生态赤字和耕地生态可持续指数分别为 0.224 公顷/人和 0.29，显示出耕地利用处于不可持续状态；张文雅和宋戈（2009）将旱涝保收指数、复种指数、森林覆盖率、灌溉率、施肥量、万元产值能耗、灾害指数 7 个指标纳入评价体系中，采用熵值法综合评价哈尔滨市耕地利用生态效益，研究发现该区域生态绩效波动较大；郑重等（2010）认为生态足迹、生态承载力和生态赤字是绝对数字，不能真实反映耕地利用的生态状况，提出"生产力可持续指数"（productivity sustainable index，PSI），并运用它测算新疆生产建设兵团农三师 45 团绿洲灌区，结果显示 1998~2003 年该区耕地利用为弱可持续状态，其他时段为弱不可持续状态；赵兴国等（2011）借助传统的生态足迹法，构建区域耕地资源可持续利用的评价模型，研究发现 1998~2009 年，云南省人均耕地生态足迹和人均耕地生态承载力都表现为波动上升趋势，但是耕地利用表现为弱不可持续状态；江一波等（2012）从资源、经济、生态和社会 4 个方面选取 7 个指标，构建丘陵山区可持续耕地潜力综合评价体系，测算长阳土家族自治县磨市镇耕地利用可持续性，实际结果显示该方法具有可操作性，将丘陵山区耕地整理可持续发展与现有土地成果数据有效地结合起来；刘秀丽等（2013）也基于生态足迹理论，研究甘肃省生态足迹和生态承载力，研究发现甘肃省 2003~2009 年耕地资源可持续发展容量均高于实际耕地面积，出现耕地利用负荷现象，而 ARIMA 模型预测结果显示，2010~2015 年，甘肃省人均耕地生态足迹年平均增长率为 4.75%，导致从 2011 年开始，人均耕地生态赤字成为负值；唐建等（2013）采用双边界二分式 CVM 法对重庆耕地生态价值进行评价，结果显示在 5% 的折现率条件下运用支付意愿法和受偿意愿法计算重庆耕地生态总价值分别为 876 亿元和 2 132 亿元；吴兆娟和高立洪（2013）总结地块尺度耕地生态价值测算方法，分析其生态价值特征，得出研究区域耕地地块的复种指数、生物产量越高，其生态服务功能的能力越强的结论；苏浩等（2014）测算河南省耕地生态系统服务价值、能值生态足迹和生态承载力，能值生态足迹、生态承载力和生态系统服务价值的计算结果分别为 5 318 万公顷、1 670 万公顷和 1 510 亿元；聂艳等（2015）运用能值分析、自相关等方法，评价 2002~2011 年武穴市耕地利用生态效益，主要结论是近 10 年来武穴市耕地利用效益的能值投入和产出处于上升趋势，增长速度分别达 58.17% 和 61.29%，耕地的环境压力在变大，耕地环境负载率由 2002 年的 2.88 上升至 2011 年的 4.61；张皓玮等（2015）以江苏省为例，测度各区域的耕地生态价值补偿额，计算结果显示 2011 年江苏省耕地生态服务价值北高南低、生态超载指数南亏北盈。

可以看出，耕地生态绩效评价研究重点集中在以下三大类：第一类是利用生态足迹等方法测度耕地利用的可持续性或环境承载能力；第二类是采用直接法、间接法或意愿法测算耕地生态功能价值；第三类是采用综合指标体系对耕地生态效益进行测算。总体来讲，耕地生态功能存在多样性和复杂性特征，功能间作用关系并不十分明确，且时间和范围影响难以判定，因而导致直接物理测量较为困难，且成本较高、时间较长，因此现有耕地生态功能或生态价值研究以意愿法或足迹法为主，导致研究结论受区域社会经济因素影响，具有一定的主观性。

2.1.4 耕地利用综合评价研究

国外关于土地利用的综合研究较为丰富，具体包括：Preris 等（1995）、Gowdy（1997）、Sahay 等（2009）构建了土地可持续利用指标体系，采用综合指标评价法评价土地利用的综合绩效；Lewis（2010）将模拟方法与生态模型集成，计量模拟土地利用和生态系统变化空间格局，预测在替代性的市场条件和土地使用政策约束条件下，一种两栖类动物的局部灭绝的概率；Corbelle-Rico 和 Crecente-Maseda（2014）研究指出 2013 年欧盟提出的新农业环境政策指标的应用价值，以西班牙为例，比较新旧指标差异性，结果显示新指标具有全局意义，能够综合评价土地利用综合绩效；Duguma 和 Hager（2011）认为在土地利用评价方面，发展中国家只重视经济价值，而忽视社会和生态价值，该研究采用评分法，比较四种土地类型价值，结果表明社会和生态价值的顺序是，宅基地树木与灌木>小规模小林>边界树木和灌木>谷物，建议提高以树木和灌木为基础的土地利用；Du 等（2013）基于土地能力、相对作物产量和土地配置，采用土地分配模型和线性规划方法，对土地利用的社会、经济和生态进行评价，结果表明加拿大农业土地利用还有一定潜力可挖；Briner 等（2012）以瑞士高寒地区为例，采用经济土地分配模型、景观模型和作物产量模型，模拟结果表明土地利用变化对环境和经济产生直接影响，并且影响程度取决于环境变化与经济决策之间的内在作用关系。

近年来，国内研究主要包括：陈士银等（2009b）基于利用效率、利用集约度和利用效益三个方面，选取 20 个指标建立农地利用综合绩效评价指标体系，测算湛江市 1996~2006 年的农地利用绩效指数，结果表明湛江市农地利用效率、利用集约度和利用效益都有不同程度的提高，农地利用绩效呈明显增长态势，绩效指数从 0.443 9 增长到 0.864 0；郭永奇（2013）也从农地利用效率、农地利用集约度和农地利用效益三个方面选取了 17 个指标建立农地利用绩效评价指标体系，采用 AHP 法对新疆生产建设兵团的农地利用绩效进行综合评价，研究发现新疆生产建设兵团农地利用绩效呈明显增长态势，绩效指数从 0.259 6 增长到 0.800 6；李佳等（2013）认为衡量耕地生产能力和农业可持续发展的重要指标是耕地利用效益，基于经济、社会和生态 3 个方面选取 19 项指标构建耕地利用效益评价指标体系，采用多因素综合评价法测算 1990~2009 年河南耕地利用效益状况，得出研究时段内河南省耕地利用综合效益水平总体呈上升态势；刘琼峰等（2013）将 GIS 技术与 AHP 法相结合，从经济效益、社会效益、生态效益和综合效益四个方面构建综合指标体系，评价湖南省各县市耕地利用综合效益，研究显示 1989~2008 年湖南省耕地利用经济效益和社会效益呈现增长趋势，而生态效益呈现下降趋势；王建庆等（2014）以浙江省为例，基于耕地投入强度、耕地产出、耕地利用程度及耕地可持续状况四个方面，选择 12 个指标构建耕地利用综合评价体系，运用功效系数法进行定量评价，结果表明浙江省耕地利用集约度水平呈现波动性增长，区域差异性明显，呈现北高南低的态势；邹静等（2014）采用 DEA 的 CCR 模型，以平凉市六县一区作为评价单元，进行耕地利用的经济、社会和生态绩效评价，结果显示泾川等县耕地利用为 DEA 有效，崆峒等县耕地利用为非 DEA 有效；向云波等（2015）基于投入强度、利用程度、经济效益、社会效益和生态效益 5 个方面，选取 18 个单项指标，构建耕地利用绩效综合评价指标体系，运用熵值法，结合 GIS 和空间自相关技术评价湖南省耕地利用绩效时空分异特征，研究表明 1963~2009 年湖南省耕地利用绩效呈现"缓慢下降—波动缓增—加速增长"的阶段性发展趋势，同时，2009 年湖南省各县耕地利用绩效具有显著的区域差异性，呈现集簇分布的空间特征；倪超等（2015）基于投入强度、重复利用、综合效益和持续状态 4 个方面构建评价指标体系，采用熵值法和变异系数法对 1986~2008 年黑龙江省耕地利用集约度进行评价，研究显示黑龙江省耕地集约利用水平明显提高，但 1994~1998 年呈波动下降趋势。

综述，耕地综合利用评价相关研究重点是耕地利用综合效益、集约化程度和利用效率等方面，大多采用综合指标体系法，基于经济的、社会的和生态的角度构建相应的指标体系，采用不同权重测度方法，综合评价耕地利用的总体情况。但是，由于耕地社会的和生态的功能数据难以直接获取，相关研究多直接采用一些统计年鉴指标作为替代，导致部分指标与耕地利用的非市场绩效相关性不强的问题，降低了研究结论的可靠性。

2.2　耕地利用影响因素研究综述

国外代表性研究有：Ely 和 Morehouse（1982）利用美国克拉克县土地数据，实证发现土地利用的经济绩效不仅受到净收益和贴现率的影响，而且还受到个人主观期望的影响；Weiss（1999）研究上奥地利州农场效率，结果显示农地经营者的年龄、教育、性别、家庭大小，以及非农就业状况和初始农场规模显著影响农地利用绩效；MacDonald 等（2000）采用案例比较法，研究欧洲山区土地抛荒的影响因素，发现土地抛荒很普遍，自然环境、农业和社会经济背景因素在农户抛荒行为中发挥着重要作用；Weber 等（2001）以德国中部为例，采用仿真模型模拟土地利用变化对生物多样性的影响，结果表明，现有开发土地方案将减少云雀栖息地。Chris 等（2002）以美国怀俄明州农地为例，利用 GIS 数据和快感模型，实证除农地质量特征外，农业生产方式和区位优势等因素对农地生态绩效具有重要影响；Holden 和 Shiferaw（2004）以埃塞俄比亚为例，实证分析土地退化、人口增长、市场不完善和干旱风险增加对家庭生产、福利和粮食安全的综合影响，结果表明对家庭福利而言，干旱对农作物和牲畜价格的影响大于干旱对直接农业生产的影响；Agegnehu 等（2006）研究不同农作物和耕作方式下的土地利用效率，与种植单一农作物相比，研究发现大麦混合间作蚕豆将额外带来不低于 37.5%的产量和收入；Passel 等（2007）以佛兰德奶牛场大型数据集为基础，采用机会成本的概念估值方法来计算和分析样品养殖场之间的差异，经验模型表明，在一般情况下，大农场具有更高的可持续的效率，同时农民的年龄等对农地利用绩效也有显著影响；Cramer 等（2008）研究认为环境和社会经济的变化是导致土地抛荒的原因，而土地抛荒又反过来促进了土地的生态修复；Sills 和 Caviglia-Harris（2009）分析巴西朗多尼亚州地区土地绩效的决定性因素，研究表明耕作方式是影响土地绩效的重要因素；Mishra 等（2009）利用杜邦模型分析不同作物组合在空间和时间上的回报差异，以及政府支付对耕地经济价值的影响，结果表明玉米种植带和山区的营利能力永远较低，财政影响农场的利润率，但不影响农场的资产周转率；Pushpam（2009）利用面板数据，以经济变量结合 GIS 为基础，对印度首都土地利用进行评价，结果表明，农业用地变为城市用地的主要推动力是土地生产率的差异；Thomassen 等（2009）利用荷兰农场会计数据网络（farm accountancy data network，FADN）数据，研究农场经济效益与环境的关系，偏最小二乘回归结果表明农场规模、放养密度等对农场生态环境具有显著影响；Quaye 等（2010）研究发现，加纳粮食增产的原因是种植面积和劳动投入增加，但土地利用效率低下局面并没有改变；Sekhon 等（2010）利用印度分地区数据，采用 SFA 模型，实证发现印度平均技术效率最大的地区是中部地区（90%），农民经验和年龄是影响技术效率的主要因素；Ogundari（2013）以尼日利亚为例，研究发现该国农业生产技术效率为 81%，作物多样性增加技术效率，Coelli 和 Fleming（2004）、Rahman（2009）等也得到类似结论，但是 Lleweln 和 Williams（1996）、Haji（2007）的研究结论却相反，认为作物多样化降低农业生产技术效率；Hemmati 等（2013）以伊朗鲁德巴尔地区果园为例，研究平坦地和坡地的经济绩效和能源变化关系，结果表明，坡地果园具有较高产量，但能源投入和资本效率却比平坦果园低；Börjesson 和 Tufvesson（2011）以北欧生物燃料为例，研究表明对所有的生物燃料而言，土地利用变化对温室气体和水体富营养化有显著影响；Choy 等（2013）研究集体产权和国有产权对土地利用的影响，回归结果表明，不完全产权对于土地利用非效率具有显著影响，使单位土地租金和土地的产业增加值更低，集体产权每月土地租金低于国有产权土地租金的 57%；Bakucs 等（2013）研究农场规模与农地效益增长的关系，采用分位数回归来控制与样本农场规模相关的异质性，研究结果拒绝吉布莱特定律的有效期，与大农场相比，小农场的经济效益增长更快；Devi 和 Singh（2014）以印度的曼尼普尔邦地区为研究区域，研究认为种植规模与技术效率呈正相关关系；Abou-Ali H 和 El-Ayouti A（2014）以埃及为例，采用非参数规划法研究水污染对农作物生产中的技术效率的影响，结果表明水污染对农作物生产具有显著的抑制作用；Awasthi（2014）认为耕地一直是发展中国家民生保障体系的一个主要支柱，研究发现农户户主年龄、教育程度、家庭劳动力数量、土地等级和农田位置等影响耕地利用效益；Tanwar 等（2014）研究印度的干旱地区不同种植方式下不同农作物的土地利用经济效率，结果表明，在小麦休作期间，种植高粱+绿豆/豇豆的间作方式，可以获取较高经济回报。

国内代表性研究：林毅夫和李周（1992）、田传浩和贾生华（2004）研究土地产权制度对土地产出的影响，结果表明产权制度对耕地绩效具有关键影响；高佳和李世平（2014）的实证结果进一步显示农户土地承包权退出意愿对耕地利用效率有显著的负向影响，农户土地经营权退出意愿对耕地利用效率有显著正向影响；钱文荣（2003）、刘克春和苏为华（2006）认为农户家庭资源禀赋是影响农户农地利用行为的重要因素；张红宇（1996）、曲福田和陈海秋（2000）、俞海等（2003）认为，在诸多影响耕地利用的因素当中，土地管理制度是至关重要的因子；陈美球等（2006）调查发现农民保护耕地的责任意识在不断降低，农户不重视耕地土壤改良、水利基础设施建设等耕地生态保护行为，从而导致耕地生态环境不断恶化；王成等（2007）、葛翠萍等（2009）研究后认为地形地貌是影响土地利用的最关键因素；卜坤等（2008）认为土地利用方式对水土流失有重要影响，农田开发是造成水土流失面积增加、强度增强的主要原因；邹伟和刘敬（2009）研究农业税费对农地利用绩效的影响，实证结果显示，农业税费的实际比率下降在一定程度上会促进农地利用绩效的提高，但这种影响具有明显的地域性差异；罗志军等（2009）研究指出森林覆盖率、人均粮食产量、土地生产力等六项指标是决定耕地利用综合效益的主要因素；杨朔等（2011）研究发现单位面积农机总动力、有效灌溉率、受灾率等因素对耕地利用效率具有显著影响，张海鑫和杨钢桥（2012）证实该结论；李鑫等（2011）研究发现细碎化对耕地利用规模效率与纯技术效率具有显著抑制作用；庞英和段耀（2012）认为灌溉系数和农药强度是影响耕地利用集约度的主要因素；张霞等（2012）的研究结果显示劳均耕种面积、种植业收入、灌溉率和复种指数对耕地利用效率存在显著影响；姚增福和刘欣（2012）发现户主年龄、文化程度、身体状况、经营规模等对技术效率具有正向影响效应；彭代彦和吴翔（2013）研究认为农村劳动力老龄化和教育提高了农业生产的技术效率；李菁和匡兵（2014）实证显示武汉农地的经济绩效是影响农地利用绩效的最主要障碍因素；向云波等（2014）研究表明单位耕地面积农业从业人员数、单位耕地面积化肥施用量和粮耕指数是影响耕地利用集约化程度的主要因素；李全峰等（2015）研究表明受土地所有权、使用权和经营权等土地产权影响，农区综合效益高于垦区，农区社会效益明显高于垦区，垦区生态效益却显著高于农区，垦区经济效益略高于农区；单玉红等（2015）研究表明，2007 年后江汉平原和鄂东北大别山区的劳动力投入对耕地利用效率的影响程度变大；刘轩等（2015）研究显示投入水平对提高耕地利用效率有促进作用，而利用程度对耕地利用效率影响较小；宋戈等（2015）的研究结果表明地貌类型、土壤类型、土壤质地和政策法规等对耕地系统安全具有促进作用，而比值植被指数、人口密度和水土流失等因素则对耕地系统安全具有抑制作用；高鸣和马铃（2015）的研究结果显示贫困地区的粮食生产科技贡献率低于全国平均水平，农业补贴对非贫困地区和贫困率较低地区的粮食生产技术效率有扭曲效应。

可以看出，国内外文献从不同的视角研究耕地（土地）利用经济绩效、社会绩效、生态绩效或综合绩效的影响因素，具体表现为：有的从耕地的质量、气候、降雨、土壤类型、耕地规模等自然条件，有的从户主年龄、教育、家庭大小、收入等个人或家庭特征角度，有的从产权性质、耕作方式、地区经济发展水平、耕地保护与管理制度等社会经济特征，有的从农药、化肥、劳动、灌溉等生产投入要素方面，来研究对耕地利用绩效的影响。从研究方法来看，多数文献利用经验数据，采用实证回归模型方法验证研究假设，少部分文献采用统计的相关性分析或分组样本比较分析，得出研究结论。现有研究最大的问题是构建模型不能很好地反映耕地系统中各因子或要素之间的作用关系，大多简化处理，往往忽视了耕地系统的主要作用因子，部分研究带有"伪实证"特征，经不起客观事实检验，并且多数文献缺乏模型的设定检验或合理性验证，也不能定量揭示出耕地系统中各要素之间的内在联系。

2.3 耕地利用补偿机制与补偿政策研究述评

近年来，国外代表性研究有：Seidl 等（2002）以瑞士和澳大利亚为案例，指出现有土地利用补偿政策大多基于社会成本收益分析，而非农户意愿。Wätzold 和 Drechsler（2002）、Zellweger-Fischer 等（2011）研究不同类型土地补偿支付对于土地利用增加生态多样性的影响。Krausmann 等（2003）指出 20 世纪 70 年代以后，奥地利农业政策重点是减少农业生产过剩，自 80 年代以来，补贴休耕农田覆盖区域是农业政策的重要部分，1995 年之后奥地利加入欧盟，农业政策由欧盟共同农业政策决定，基于 GIS 地图的统计数据显示 1950~1995 年，耕地和草地面积下降趋势仍在持续，森林面积缓慢增加，农业补贴政策效果不明显。Stoate 等（2009）研究欧盟政策变化所产生的生态环境状况影响，研究指出尽管对农业政策进行了许多调整，但在某些地区耕地被遗弃，以及农业生态系统土壤损害仍在加剧，建议完善环境立法，提升土地保护与利用政策的效率。Brady 等（2009）研究共同农业政策的生态景观影响，研究结果表明，如果农业政策消除补贴费和生产之间的联系，则对耕地景观可能产生负面影响，同时，直接支付补贴，也会提高土地租赁价格，从而会加剧租赁者土地利用的短期行为。Nacoulma 等（2011）和 Keating（2011）定量评价土地利用补偿政策的有效性。Junge 等（2011）基于耕地利用意愿对瑞士现有土地利用补偿政策的影响进行调查，结果表明低海拔地区的耕地生产者更愿意选择混合土地利用类型。Navarro 和 Pereira（2012）指出欧洲偏远地区耕地抛荒十分严重，传统农业生产方式破坏生态环境，而现有环保政策低估了土地的风景价值，因此，建议政策制定者重视土地管理，考虑动物野化地区的经济补偿。Bojnec 和 Latruffe（2013）等以斯洛文尼亚农场为例，研究农场大小、农业补贴和农场绩效之间的关系，研究发现对小农场进行补贴，虽然抑制农场的技术效率，但提高了它的营利能力。Mouysset 等（2014）研究农地的生态补偿机制，提出如何协调农业生产和生物多样性保护，以及实施可持续和多功能农业，并设计了一个生物经济模型，研究结果表明，在草原上的谷物和补贴税的一些组合有可能实现多功能农业，实现保护生物多样性目标。Bartolini 和 Viaggi（2013）研究不同的共同农业政策条件下农场规模预期变化，研究发现在没有农业补贴和监管的情况下，农场规模主要受到地理变量和农家特色影响，有共同农业政策情况下，则政策导向和支付标准的影响十分重要。Knoke 等（2014）以厄瓜多尔的安第斯山脉热带地区为例，研究环境政策对土地生物多样性的影响，发现造林和严格管理将改善土地的生态价值，但低投入牧场的生态环境则没有明显改善。

国内代表性研究包括：张效军等（2007）认为我国耕地利用存在市场失灵和政府失灵，建议构建耕地保护区域补偿机制；臧俊梅等（2008）建议从农地发展权视角构建耕地总量动态平衡下的区域耕地保护补偿机制；朱新华和曲福田（2008）认为耕地保护的外部性补偿是协调粮食安全与经济发展的必然选择，建议对粮食主产区实施经济补偿；陈会广等（2009）提出将政府干预和市场作用相结合，构建耕地保护补偿机制，建议基于经济补偿、生态补偿和社会补偿激励耕地保护和利用行为，提高耕地利用外部性内部化的比例；陆国庆（1997）、钱忠好（2003）、姜广辉等（2009）、刘红（2010）认为非农建设用地与农用土地之间经济效益存在巨大差异，而当前中国耕地保护政策中缺乏有效的经济补偿机制，应建立经济补偿机制来平衡各相关经济主体间的利益配置关系。纪昌品和欧名豪（2010）、苑全治等（2010）、曲晨晓等（2010）、何格和盛业旭（2011）、马爱慧和张安录（2013）建议将外在的土地价值内在化，从补偿对象、途径选择、标准测算等方面对耕地补偿机制进行探讨。牛海鹏等（2011）提出了"农业保险+社会保障+实物技术货币一体化的区内经济补偿机制"与"基于上级政府调控和财政转移支付的耕地保护区际经济补偿协商机制"；陈治胜（2011）研究认为考虑地区发展定位是促使补偿机制发挥作用的先决条件，合理的补偿标准有利于调动保护耕地积极性；雍新琴等（2013）以江苏省为例，分析得出地方财政收入高度依赖建设用地出让收入是耕地过度损失的重要根源，建议缩小耕地利用与耕地非农化之间的收益差距，设立耕地补偿财政项目；宋戈等（2014）认为耕地保护补偿实质上是从农民或农村集体经济组织手中购买耕地发展权的价值，建议根据耕地发展权价值，构建集粮食安全补偿、区域性差别补偿及因建设占用耕地等补偿为一体的耕地保护补偿机制；奉婷等（2014）研究发现耕地保护补偿机制实践的主要瓶颈是补偿资金压力大、补偿标准难以确定及配套机制薄弱，建议分地区和类型构建补偿标准测算体系；任平等（2014）测算出四川省耕地的经济价值、社会价值与生态服务价值分别占5.74%、64.17%和30.09%，建议公共财政承担耕地保护和利用的非市场价值，从而构建有效的补偿机制；王夏晖等（2013）以耕地绩效为依据，基于补偿资金、补偿方式、补偿标准、实施路径等方面设计了耕地保护的经济补偿政策框架；韩喜平和萏荔（2007）、张瑞红（2010）、刘艳和吴平（2012）、赵云旗（2012）研究认为粮食直补政策促进了粮食生产，提高了耕地的效率，但马彦丽和杨云（2005）等研究则显示出不同的研究结论，表现为粮食直补政策对粮食生产没有显著影响；柴盈（2013）、李金珊和徐越（2015）、彭克强和鹿新华（2010）研究认为财政支农政策抑制粮食生产效率或促进作用不显著，与此相反，高玉强（2010）、刘佳和余国新（2014）、姜涛（2013）研究显示财政支农政策对土地生产效率有显著积极作用；谭术魁和张红霞（2010）实证结果表明我国耕地保护政策总体效率高，但余亮亮和蔡银莺（2015a）、程子良等（2015）、刘润秋（2016）的研究显示耕地保护补偿政策效率不高。

可以看出，国内外研究的基本共识是耕地保护或利用具有外部性，因而需要通过补偿解决外部性问题，定量测算耕地保护或利用外部性补偿额和相应农业补偿政策的效果是补偿实践的关键研究内容。从研究方法来看，主要采用实证研究方法验证农业财政政策实施前后耕地利用绩效或效率的变化，采用不同方法测算区域内或区域之间耕地的社会价值和生态价值，以此作为外部性补偿标准或区域协调依据。我们也注意到，现有耕地利用补偿标准定量研究中，大多基于耕地外部性或地方财政实力，而忽视了农户意愿、农村社会分工、耕地规模等限制条件，因而政策建议不可行或预期效果不理想。同时，尽管定性的耕地保护或利用补偿机制分析文献较多，但多数文献侧重于方向性或原则性的设计与建议，鲜见针对具体区域详细的、具有可操作性的设计方案。

综述，耕地利用评价研究重点集中在土地质量评价、土地集约利用评价、土地可持续性评价、耕地保护评价、耕地价值评价等方面，耕地利用绩效评价研究则非常少。总体来看，20世纪80年代以前，国内外研究重点是评价耕地经济效益或价值，其后则更多关注社会价值和生态价值，考察其社会公平性和生态外部性，但国外研究侧重于耕地单一社会的或生态的功能研究及其影响因素，而国内研究侧重于综合评价，大多基于经济的、社会的和生态的系统性角度研究某一区域耕地利用情况。从研究方法来看，国外研究方法具有多样化、模型化和复杂化的特征，研究方法包括人工神经网络、系统动力学模型、SFA 模型、灰色系统模型等，国内研究则大多属于国外借鉴。目前，国内耕地补偿机制研究，大多强调耕地保护，很少关注耕地利用问题。我们认为，耕地保护是耕地利用的前提条件，而耕地利用则是耕地保护的重要目的，耕地高效利用也为耕地保护提供动力。同时，国内补偿机制研究大多基于耕地利用非市场价值的等额补偿，或从社会成本收益角度提出补偿标准，没有考虑耕地不同利用方式所产生的绩效差异和耕地生产者意愿，因此，本书基于可持续利用和生产者意愿视角研究西部耕地利用绩效和补偿机制。

第3章 耕地利用绩效评价与补偿机制理论基础

3.1 概 念 界 定

3.1.1 耕地

耕地的定义很多，有国际组织或机构的定义，如国际环境与发展研究所和世界资源研究所在《世界资源》中把耕地定义为"包括暂时种植和常年种植作物的土地、暂时的草地、商品菜园、家庭菜园、暂时休闲耕地，还包括种植诸如可可、咖啡、橡胶、果树和葡萄等在每次收获后不需要重新种植的土地"（王海玫等，1999）；也有学术团体或个人定义，如刘书楷（1996）认为"耕地是人类经常实施耕翻、耘耙、平整等多种耕作措施的土地"；也有官方定义，就我国而言，1984 年我国发布《土地利用现状调查技术规程》，规定了"土地利用现状分类及含义"，将土地划分为两级，其中一级包含耕地、园地等八个类别，一直沿用到 2001 年 12 月。2002 年 1 月 1 日起，全国执行国土资源部的《全国土地分类（试行）》规定，该文件采用三级分类方式，其中一级分为农用地、建设用地和未利用地，二级划分为耕地、园地等 15 个类别。2007 年 8 月 10 日开始执行《土地利用现状分类》（GB/T21010-2007）国家标准，该标准采用二级分类体系，将土地划分为 12 个一级类型，一级类型中，耕地位于首位，"指种植农作物的土地，包括熟地、新开发、复垦、整理地，休闲地（含轮歇地、轮作地）；以种植农作物（含蔬菜）为主，间有零星果树、桑树或其他树木的土地；平均每年能保证收获一季的已垦滩地和海涂。耕地中还包括南方宽度＜1.0 米、北方宽度＜2.0 米固定的沟、渠、路和地坎（埂）；临时种植药材、草皮、花卉、苗木等的耕地，以及其他临时改变用途的耕地"。具体又将耕地划分为水田、水浇地和旱地三种二级类型。

可以看出，对于耕地的定义存在的共识是耕地是人类开垦的、用于种植农作物并经常耕耘的土地，但所包含的具体土地类别存在着一定差异，如国外部分学者将果园也视为耕地。随着市场经济的发展、农业生产活动的日益复杂、耕作技术的改进及农业生产结构调整，农作物种植出现许多新的形式：粮果间作、果蔬间作、粮蔬间作、立体种植、稻鱼混养等复合生产模式，耕地利用呈现出多样化和易变性的特点，仅以种植农作物作为判断标准有些欠妥，因而，本书认为，耕地是人类开垦的、具有一定深度和肥力的、用于农业种植的土地，包括用于种植粮食、经济作物、油料作物、果树等植物的土地。由于本书研究耕地利用问题，因而本书中耕地指已开垦的耕地，不包括后备耕地资源。

3.1.2　耕地功能与耕地利用

耕地功能，也称耕地功效，指耕地所具有的、能够满足人们在经济、社会和生态方面需要的效用。耕地系统的复杂性，使得耕地具有多种功能，因而也有不同的分类方法。但最一般的分类方法是将耕地功能划分为经济功能、社会功能和生态功能三个大类。耕地的经济功能指耕地利用所产生的经济产出，主要体现为产出农产品的经济价值。耕地的社会功能指利用过程中耕地所产生的社会功效，包括保障粮食安全、提供就业机会、提供农民养老保障等功能。耕地的生态功能指利用过程中耕地所产生的生态功效，包括调节气候、净化与美化环境、维持生物多样性等功能。

耕地价值，指稀缺性耕地资源的经济属性，是耕地的属性和功能满足人们需要的效用价值。耕地价值包括耕地的经济价值、社会价值和生态价值，现阶段耕地的经济价值能够直接通过市场实现，也称耕地的市场价值，而耕地的社会价值和生态价值不能在市场上实现，也称耕地的非市场价值，这些价值具有正外部性，从可持续发展和公平角度，应通过耕地补偿等方式实现其正外部性价值。

耕地利用。耕地是土地的一种类型，耕地利用本质上属于土地利用。关于土地利用的定义很多，具有代表性的有：辛德惠（1985）认为，"土地利用指对土地资源采用生物和技术措施进行的人为生产经济活动，以达到社会的和经济的目的"；FAO（1985）提出，"土地利用是由自然条件和人为干预所决定的土地功能"；毕宝德（1991）认为"土地利用是人类通过与土地结合获得物质产品和服务的经济活动过程"；王万茂和韩桐魁（2013）认为，"土地利用就是指土地质量特性和社会土地需求协调所决定的土地功能全过程"。可以看出，对于土地利用存在的基本共识是其是人类行为与人类活动。本书认为，耕地利用是指人们为满足自己的需要，根据耕地特征、技术水平和生产物质等自然、社会生产条件，对耕地进行使用的人类活动。

3.1.3 土地评价和耕地利用绩效评价

土地评价。国内外学者对土地评价的定义，代表性观点有：①是在特定目的下，对土地生产力高低的鉴定、评定或估价；②是估计土地用于不同目的的潜力的过程；③是当土地用于特定目的时对土地性状进行估计的过程；④是评估土地生产力和适宜性的过程（周生路等，2006）。一般认为，土地评价是采用一定的方法对土地的自然属性和社会经济要素进行的综合鉴定，诊断出土地生物的生产能力及其他生产能力，从而实现对土地功能的综合评价（傅伯杰，1991）。

耕地利用绩效评价。绩效，从字面上可以理解为业绩和效率。绩效的含义很广，正如 Bates 和 Holton（1995）所指出的："绩效是多维建构，测量的因素不同，其结果也会不同。"目前，对于绩效的含义主要有两种观点：一种观点认为绩效是结果；另一种观点认为绩效是行为。我们认为，绩效的含义应该包括结果和行为两个方面，因为行为与结果之间具有紧密的联系，行为是结果的原因，结果是行为的后果。通常认为，绩效评价就是运用一定的评价方法、量化指标及评价标准，对实现绩效目标的行为及结果进行的综合性评价。目前，关于耕地利用绩效评价直接的文献非常少，缺乏相关界定。我们认为，耕地利用绩效评价不仅包括耕地的单项绩效指标分析评价，也包括耕地利用的综合绩效评价。耕地利用综合绩效评价指从经济、社会、生态等角度，运用相关量化指标或指标体系及评价标准，对耕地利用行为和结果的合理性及效率进行评价，综合考量耕地利用的合理性、有效性、充分性与高效性等方面，从而判断该区域耕地利用综合水平。

3.1.4 补偿机制和耕地利用补偿机制

补偿机制。一般认为，它是一种解决外部性问题的经济手段，指对损害（或保护）的社会经济行为进行收费（或补偿）。

耕地利用补偿机制。耕地具有社会功能和生态功能，耕地利用行为能够使这些外部性功能发挥作用，因而耕地利用具有外部性。我们认为，耕地利用补偿机制指以耕地利用的社会效益和生态效益为基础，运用行政和市场手段，对耕地生产经营者进行适当经济补偿，按照"受益者与破坏者付费"原则来调整耕地利用各相关主体关系的环境经济政策，目的是切实提高耕地利用效率和效益，实现耕地合理永续利用。

3.2 耕地利用绩效评价目标

耕地利用绩效评价目标是耕地利用绩效评价的价值导向，它决定了耕地利用绩效评价的内容，对绩效评价原则、方法选择等也产生重要影响，因而，不同的评价目标，绩效评价结果也不同。根据本书研究目的，我们认为，耕地利用绩效评价目标是以生态经济学、土地经济学等学科为理论基础，结合西部地区耕地特点和实情，考虑资源约束条件，以耕地利用的社会价值最大化、生态化、适度规模化、机械化和保护耕地经营者利益为目标，促进耕地利用的合理利用和有序流转，提高耕地利用的综合效率。

3.2.1 维护国家粮食安全

我国人口多，人均耕地面积少，粮食生产基本实现自给。虽然近年来粮食进口逐年增加，但学术界的共识是粮食供给可以少量进口，但不能主要依靠进口。同时，耕地保护是我国的一项基本国策，耕地保护的重要目的是实现耕地利用，它为耕地利用提供物质条件，因此，耕地合理利用对于保障国家粮食安全和社会稳定具有极其重要的意义。但是，近年来随着西部地区城镇化建设的推进，耕地大量减少，粮食安全和社会稳定受到了极大的威胁，重要原因是现有耕地利用的社会功能没有得到经济补偿。因此，耕地利用绩效评价目标必须考虑耕地利用的社会外部性，以确保国家粮食安全和社会稳定。

3.2.2 推动耕地适度规模化和机械化

西部地区的耕地分布不均，除新疆等少数省（自治区、直辖市）外，四川等多数省（自治区、直辖市）人均耕地面积少，耕地利用效率极其低下，且耕地收益与外出务工收益相差巨大。西部地区经济不发达，决定了耕地利用不宜大规模采用日本高度集约的农业模式，因此，改变这种状况的重要途径是实现耕地利用的适度规模化和机械化，才能推动农村合理分工，实现耕地适度规模经营收益不低于外出务工收益，才能推动西部地区农业的转型与升级，实现农业现代化。因此，耕地利用绩效评价以耕地适度规模化和机械化为目标，以促进西部地区的农业发展。

3.2.3　促进耕地永续利用

中华人民共和国成立以来，西部地区耕作模式逐步由传统的有机农业生产转向无机农业生产，以获取更高的产量。目前，西部农村地区普遍采用无机农业生产方式。由于前些年农业生产不重视环境问题，在无机农业生产方式下，西部地区耕地利用过程中大量使用化肥、农药和农膜等化学品，导致了耕地质量普遍下降，耕地生态系统严重破坏，不仅影响农产品质量，而且影响人们的生存环境。所以，耕地利用绩效评价需要以耕地永续利用为目标，充分发挥耕地生态功能，逐步减少和防止耕地利用的消极外部性。

3.2.4　提升耕地利用效率

从总体情况来看，西部地区生产方式落后，生产工具简单，机械化程度低，并且各种生产要素投入亦严重不足，特别是多数耕地从业者为老人或妇女，耕地利用普遍表现为粗放式经营，耕地利用不合理和不充分情况十分突出，部分偏远或劣等耕地被抛荒情况较为常见，因此，总体利用效率十分低下。西部地区耕地利用效率低下，体现出耕地产出与投入的比例不高，也反映出耕地与其他生产资源的配置不合理，存在资源浪费情况。在这种背景下，将利用效率作为耕地利用绩效评价的重要目标是必然选择，以考量耕地利用的有效性。

3.2.5　保障耕地经营者的合法利益

虽然我国有严格的耕地保护制度和相关农业补贴政策，要求农民不能抛荒，也不能随意转变用途，但是由于耕地利用相关补贴标准过低，加之户均耕地面积小，因而，耕地生产总体收益非常低，现有相关政策的实施效果并不理想。换个角度来看，耕地的社会功能和生态功能属于公共品，耕地利用与保护的受益对象是整体社会公众，但目前积极外部性的供给者即耕地生产经营者却没有得到有效补偿，因而，实质上损害了耕地生产经营者的合法利益。耕地利用绩效评价就是要评价这些外部性，通过政府补贴或向社会公众征税等方式纠正由此产生的市场失灵和政府失灵，增加适度规模化耕地生产经营者的经济收益，切实调动耕地生产经营者的生产积极性。

3.3　耕地利用绩效评价原则

虽然尚未发现耕地利用绩效评价原则相关文献，但关于土地评价原则或土地估价原则的文献则非常丰富，具有代表性的有：我国《农用地估价规程》（GB/T28406-2012）规定农用地估价的基本原则包括预期收益原则、替代原则、报酬递增递减原则、贡献原则、合理有效利用原则、变动原则、供需原则和估价时点原则八个原则，傅伯杰（1991）提出比较原则、针对性原则、区域性和综合性原则，周生路等（2006）提出针对性原则、因地制宜原则、可持续性利用原则等七个原则。这些原则的角度和层次明显不同，但可以作为耕地利用绩效评价原则的有益参考与借鉴，结合本书的研究目的，耕地利用绩效评价应该遵循以下原则。

（1）科学性原则。要求进行耕地利用绩效评价时，应该识别所要解决的问题，耕地和耕地利用绩效等相关概念必须明确，确定耕地利用绩效评价的目标和范围，选择合理的评价方法，调查数据可靠，从而保证评价结果的真实性和客观性。

（2）主导因素原则。耕地系统较为复杂，涉及的自然的、社会经济的和生态环境的因子也非常多，这些因子的作用大小各不相同。在进行耕地利用绩效评价时，受技术、时间、经费等因素限制，不可能对所有因子进行定量评价，而应该选取代表性较强的主导因子，尽可能以较少的因子包含较多的信息，使耕地利用绩效评价能够反映出耕地利用的整体状况。

（3）合理利用原则。合理利用原则包含两方面要求：一是强调耕地可持续利用。要求耕地利用方式合理与科学，不得破坏耕地生态环境。二是有效适宜利用。要求耕地经营者根据当地的气候、地形、地势等条件，结合所拥有的劳动等生产要素，选择相对适宜的利用方式和投入水平，以产生较大的耕地收益。

（4）可行性原则。该原则的要求包括：一是考虑评价数据的获取性和可量化性。应充分利用现有的调查资料和统计资料，选择具有明确内涵的数据。二是考虑数据的一致性。同类数据的统计口径、测量方法等应保持一致。三是考虑评价的经济成本和评价时间。应针对具体的耕地绩效评价内容，选择经济上和时间上可行的评价方法与技术。

3.4　耕地利用绩效评价内容

耕地利用绩效评价内容，又称耕地利用绩效的客体，是耕地利用绩效评价的具体对象。具体而言，由于耕地具有经济功能、社会功能和生态功能，因而评价内容体现为耕地利用的经济绩效、社会绩效和生态绩效。

3.4.1　耕地利用的经济绩效

耕地利用的经济绩效反映了耕地经济产出水平，比较直观。因为耕地是基本的生产资料，具有生产功能，在一定的自然条件下，人类投入必要的生产要素，将产出农产品，为人类提供食物。不同时期，耕地利用方式和水平并不相同，因此耕地的经济产出不断变化，因而耕地利用经济绩效是动态的。耕地利用的经济产出，可以通过绝对量和相对量来反映。从绝对量来看，可以采用数量指标和价值指标反映，数量指标主要是耕地的产出物的物理数量，如粮食或经济作物产量，价值指标则指这些产出物的货币化价值，如粮食产值。从相对量来看，可以通过利用效率、适宜性程度和潜力实现程度等比率指标反映。

3.4.2　耕地利用的社会绩效

耕地利用的社会绩效指耕地利用过程中耕地社会功能的实现程度。目前，人们对耕地社会功能的认识还不统一。例如，周生路等（2006）认为耕地社会功能包括社会保障和粮食安全两个方面，而谢建豪和袁伟伟（2006）将耕地社会保障功能细分为养老保障、生活保障、就业保障三个方面，蔡运龙和霍雅勤（2006）认为耕地的社会价值是粮食安全和生活保障价值。但是，学术界的基本共识是耕地具有社会功能，它对于社会保障和粮食安全具有重要意义。

3.4.3　耕地利用的生态绩效

耕地利用的生态绩效指耕地利用过程中耕地生态功能的产出水平。目前，人们认识到耕地系统具有多种生态功能。例如，Costanza 等（1998）认为耕地具有维持生物多样性功能，经济合作与发展组织（OECD，2001）指出耕地具有保护土壤功能，谢高地等（2003）通过对 200 位生态学者的问卷调查，调查结果显示耕地具有调节气体、水源涵养等生态功能。当然，目前关于耕地的生态功能的范围的认识也不统一，但一般认为耕地的生态功能至少包括调节气候、调节气体、保护土壤、涵养水源、净化环境和保护生物多样性功能。

3.5　耕地利用补偿机制

3.5.1　耕地利用补偿的意义

相关研究表明，西部地区粮食生产补贴等相关政策，对区域农业生产具有一定的积极作用。实施以适度规模化、生态化、机械化为导向的耕地利用补偿机制，具有以下现实意义。

（1）有利于稳定农业生产，保障粮食安全。我国是人口大国和粮食消费大国，保障绝大部分粮食自给是学术界和政府的一致共识。西部地区耕地占全国比重较大，其耕地利用情况对于全国粮食安全具有重要影响。耕地利用的主体是农民，农民行为决策关键驱动因子是经济利益，是务工收益、小规模耕地生产收益、适度规模化耕地生产收益等不同行为方式下实现利益最大化。耕地利用补偿政策有利于缩小农业生产与第二产业、第三产业之间的人均社会平均收益差距，降低农业生产风险，因此，耕地利用补偿有利于调动农民耕地的生产积极性，从而稳定农业生产，缓解我国粮食安全压力。

（2）有利于解决耕地利用的外部性问题，避免市场失灵。耕地是重要的自然资源，对人类生存与发展具有极其重要的作用，人类行为会影响耕地资源的数量和质量。人类行为选择通常受到利益驱使，现实中耕地利用外部性的供给者没有取得应有经济利益，而外部性的需求者也没有付出相应代价，换言之，耕地利用的边际私人成本（或边际私人收益）与边际社会成本（或边际社会收益）偏离甚远，耕地利用所产生的外部性收益或成本被其他社会成员分享或承担，其结果是导致市场失灵。从实际情况来看，由于耕地利用补偿政策不到位或标准过低，促进耕地经营者行为决策是重视耕地的经济价值，而忽视耕地的社会价值和生态价值，现实表现为耕地随意改变为非农用途，以及抛荒和不合理利用等现象较为常见。从理论和实践来看，解决外部性问题的重要途径是外部性内部化，耕地利用补偿是外部性内部化的重要形式，因此，耕地利用补偿有利于避免耕地的大量抛荒、低效利用和不合理利用行为，防止耕地利用的市场失灵。

（3）有利于改善农业生产方式，恢复耕地生态环境。随着时代的发展，农业生产方式不断转变，但是，由于我国农村经济不发达，农业生产方式转变缓慢，特别是 20 世纪 90 年代以前，不重视耕地生产对环境的影响问题。现实表现为政府大力宣传粮食生产和增产增收的重要性，而没有倡导有机生产的必要性，农民为了获取耕地经济收益或产量的最大化，不得不大量投入化肥、农药、农膜等，从而导致了非常严重的面源性污染，破坏耕地生态环境，直接导致耕地质量逐年下降，形成"越投越贫瘠，越贫瘠越投"的恶性循环。要改善这种状况，需要建立以生态农业为导向的耕地利用补偿政策，保障生态农业经营者的收益不低于社会平均收益。因此，合理的耕地利用补偿有利于促进农户改善农业生产方式，从而恢复耕地生态环境，实现耕地的可持续利用。

（4）有利于适度规模农业项目投资，促进农村社会分工。西部多数省（自治区、直辖市）人均耕地面积少，远低于联合国粮食及农业组织人均 8 亩的安全标准，小规模耕地经营的弊端突显，因而转移农村人口，促进农村适度规模经营是学术界和政府的基本共识。在这种背景下，如何加快农村分工进程，推动农村土地流转，实现土地的适度规模经营，切实提高利用效率，成为各级政府面临的重要任务。由于农村项目包括自然风险、市场风险、技术风险、经营风险等多种风险，特别是替代品多，市场风险尤为巨大，因而，现有农村适度规模经营创业主体严重不足。以适度规模为导向的耕地利用补偿有利于降低适度规模投资风险，增加投资收益，因而，有利于促进适度规模农业项目投资，从而加快农村土地流转，促进农村社会分工，使小部分人成为农业大户，其他人从耕地生产中分离出来。

（5）有利于农业供给侧改革，促进农业转型升级。从供给上来看，西部地区多数农户选择以粮食种植为主的无机农业生产方式，不仅比较效益低下，而且有机农产品、绿色农产品等供给严重不足，也不能满足社会对优质安全农产品不断增加的市场需求，因而，西部地区现有农业供给侧不合理。从农业生产来看，西部地区农业生产方式非常落后，具体表现为农业生产技术含量不高，以简单铁具或木制工具作为生产工具，耕地生产以人力或畜力为主，耕地利用效率普遍低下，因此，农业转型升级是当前西部农村地区的发展要求。耕地利用补偿并不是保障所有适度规模经营者的利益，而是要利用市场淘汰机制，促进他们选择适合市场需要的、比较效益高的耕地利用农业项目，提高机械化程度，提高农产品的科技含量，生产高质量的农产品，从而推动农业的转型升级。

3.5.2 耕地利用补偿机制分析

目前国内外研究集中于耕地保护补偿机制分析和相关外部性问题的生态补偿机制构建，尚未发现直接的耕地利用补偿机制文献。总体而言，相关文献重点关注补偿标准和补偿形式，不重视补偿监管，特别是政府具体执行部门的监管，现实表现为相关补偿政策实施过程中，部分地区出现了权力寻租现象。由于耕地利用补偿机制与耕地保护等外部性问题补偿机制的原理基本相同，课题组依据这些文献，结合本书，构建了耕地利用补偿机制。与多数补偿机制文献不同，我们不仅重视补偿政策制定要依据补偿目标和各地实情，而且更强调补偿后耕地利用的实际效果，通过补偿的全过程和多主体的监督，将信息反馈给相关部门，调整补偿政策，切实推动西部地区农村耕地利用的生态化、适度规模化和机械化。

我们认为，西部地区耕地利用补偿应以制度为保障，遵循公平性、利益协调、可持续发展等原则，考虑经济、人口、资源等约束条件，将政府补偿与市场竞争结合起来，基于农户意愿和行为决策，培养有实力、有创业精神的耕地利用适度规模农业经营群体，加快农村土地流转进程。耕地利用补偿机制（图 3-1）具体说明如下。

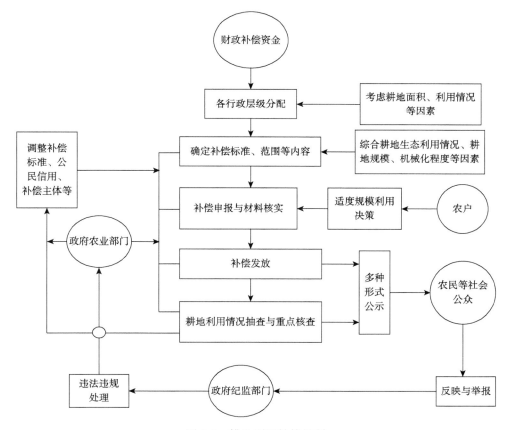

图 3-1　耕地利用补偿机制

具体来讲，主要内容是：第一，耕地利用财政补偿资金划拨与管理。将粮食补贴政策及相关的农业补贴政策与耕地利用补偿政策结合起来，统筹安排财政资金。在现有农业财政补贴政策体系下，确定耕地利用财政补偿资金总量，在中央政府、国土资源部和农业农村部的领导下，单独在农业农村部成立耕地利用补偿基金委员会，负责制定补偿基金委员会章程和运作制度，各级政府农业部门专设机构负责管理、分配和监督耕地利用财政补偿资金。

第二，根据多种因素按行政区划进行分配。国家耕地利用补偿基金管理机构制定耕地利用补偿规则，根据上年各省（自治区、直辖市）耕地面积、耕地质量等级、每公顷耕地负担人口数等因素，以及历史数据和耕地利用变动情况，测算各省（自治区、直辖市）耕地利用财政补偿资金量。在此基础上，各级管理部门，根据各地耕地适度规模申报情况和耕地利用实际情况，核算本区域适度规模耕地利用盈余，测算本级行政区域适度规模耕地利用补偿资金量，上级部门统筹安排，分配相应的财政资金。

第三，制定各省（自治区、直辖市）耕地利用补偿政策。各省（自治区、直辖市）根据各自定位，明确耕地利用方向和任务，将财政补偿与市场淘汰结合起来，制定本省（自治区、直辖市）耕地利用适度规模具体补偿政策。耕地利用补偿政策的主要内容包括：界定耕地适度规模、补偿标准、补偿等级、补偿范围，以及耕地利用的监督和管理等。

第四，审核补偿对象和申请材料的核查。明确补偿对象必须是经营主体，耕地流转出的农户不能作为补偿对象。农户参照相关补偿政策，提出补偿申请，按要求在规定时间内提交相关材料。各级行政管理机构对补偿对象资格和申请材料进行认真核查，重点审查土地流转合同，对相关工作人员设立奖惩办法，防止弄虚作假和权力寻租行为。

第五，补偿发放。根据审查结果，符合要求的，一律按相应的补偿政策，通过银行发放补偿资金。不符合要求的，说明理由或原因。为防止补偿资金发放过程中出现腐败问题，各省（自治区、直辖市）可以根据实情，采取技术补偿、设备补偿、固定资产建设补偿等方式，对耕地经营者进行补偿。

第六，耕地利用情况抽样与重点监管。各级管理部门制定本区域的抽查任务，采取不定期和突击性抽查方式，检查补偿对象耕地利用的实际情况，是否存在谎报、瞒报等情况，骗取补偿资金，并且，对于获取大额补偿的农业大户实施重点监管。

第七，信息公示与社会公众举报。相关部门及时公示补偿主体申报、审查结果，补偿金额，耕地利用抽查情况等信息，让其他社会公众知晓，以便实施社会监督。公示方式可以采取电视、张贴、报纸、网站等形式，公示信息时间要长。同时，通过设立举报电话、信箱、电子邮件、微信等，方便社会公众反映和举报耕地利用补偿各环节中违规或违法行为。

第八，纪监部门调查与处理。对于社会公众举报，应由非关联的纪监部门调查与处理，以增加监管部门的独立性。纪监部门应采取多种工作方式核实举报内容，划清补偿对象、工作人员等责任，对于涉及相关工作人员违法违纪行为的，从严从重处罚。

第九，耕地利用调查结果处理。农业部门根据耕地利用实际调查结果，比对补偿申请信息，判断耕地规模、利用方式等信息是否与申请时一致，对于严重不实或弄虚作假的，应取消补偿主体资格，并追缴补偿资金，并且将其计入公民信用。对于情节轻微的，通过采取警告、罚款或调低下一年度的补偿标准等形式加以处罚。

第十，根据反馈信息，调整补偿政策。按各层级，汇总本区域耕地利用信息，判断适度规模耕地利用农户数量是否严重不足，测算现有补偿标准与补偿等级对农户的激励效果，计算适度规模耕地利用净收益，并与农户社会平均收益进行比较，判断现有补偿标准属于过高或是过低情况，从而调整下一年度补偿政策。

3.5.3　耕地利用补偿机制的目标

耕地利用补偿涉及区域之间补偿和区域内部补偿两个方面，本书重点讨论区域内部的补偿。耕地利用补偿机制目标，实质上是耕地利用补偿政策的价值导向，根据西部地区农村耕地利用实情和特点，结合现代农业的发展方向，本书认为，耕地利用补偿机制的主要目标如下。

（1）提高耕地利用机械化程度，显著提升劳动生产率。西部多数省（自治区、直辖市）农业生产工具以人力、畜力为主，劳动生产率极低。许多国家或地区的成功经验显示，农业机械化程度越高，相应的劳动生产率越高，农业才能缩小与第二、第三产业之间的比较收益差距。随着人工成本的逐年上升，西部地区耕地利用不适宜采用劳动密集型生产经营方式。因此，西部地区耕地利用补偿需要以一定程度的农业机械化为导向，加大农业机械的补偿力度，激励规模化经营者或适度规模经营者，对不同类型的耕地采用不同的机械。根据西部地区山区和丘陵中耕地占比相对较大的特点，加大对小型、轻便型机械的补偿标准。

（2）促进耕地利用规模化，显著提高耕地利用总体经济效益。以贵州、重庆等省市为代表的多数西部省区市农村人均耕地面积小，小规模耕地利用弊端越发突出，小规模耕地利用纯农的经济收益远低于当地农民平均社会收益。大家的普遍共识是，对农村土地实施家庭联产承包责任制能够解决温饱问题，但不能解决致富问题，逐步提高农村耕地利用规模化程度是大势所趋，是从根本上解决"三农"问题的关键所在。相关研究显示，对小规模耕地利用与保护实施补偿，提高了土地租金，阻碍了土地流转，同时，因为补偿标准低，也不能调动小规模耕地经营者的生产积极性。所以，西部地区耕地利用补偿需要以规模化为导向，划分和界定规模化程度，对于耕地利用适度规模和大规模的耕地利用实施补偿，逐步取消小规模耕地利用补偿。

（3）促使耕地利用生态化，恢复和改善耕地生态环境。对多数耕地经营者而言，耕地生态利用与耕地经济收益之间是相互矛盾的，也就是耕地采用生态利用方式获取的经济收益，通常远远低于采用非生态利用方式获取的经济收益，因为现实中生态利用方式往往产量低、技术要求高，从而导致其单位产品成本高，人们也比较难以判断哪些是生态农产品，哪些是非生态农产品，并且市场鉴定成本高、时间长。因此，耕地利用生态外部性不能实现其市场价值，从而导致耕地经营者的短期行为，为追求经济利益大量使用化肥等，破坏耕地生态系统。所以，西部地区耕地利用补偿应以耕地利用生态化为价值导向，鼓励适度规模和大规模经营者，采用有机农业、生态农业、绿色农业和循环农业等有益于农业环境的生产方式，减少或不使用农药、化肥等，需要使用的，也尽可能使用高效、低毒、对环境影响相对较小的产品，保障采用恢复与改善耕地生态环境的生产方式所获取的经济收益不低于破坏耕地生态环境生产方式所获取的经济收益。

（4）调控农产品大类和耕地利用面积，保障农产品数量和质量。众所周知，不同农产品有不同的利润，一定时期，某类或某种农产品利润较高，人们为追求经济利益，可能导致某种或某类农产品的生产能力过剩，供给远大于需求，从而出现市场失灵情况，浪费社会资源，国内外已有大量的事实证明农产品存在市场失灵。我们认为，耕地利用补偿机制，应该基于国家层面测算不同省（自治区、直辖市）大类农产品的供求量和这些大类农产品的耕地利用面积，并将其作为分配各省（自治区、直辖市）耕地利用补偿资金的依据之一，各省（自治区、直辖市）再逐级分配耕地利用范围和产出物类型。同时，与耕地利用补偿主体签订协议，要求其不能随意转变耕地生产类型和减少耕地利用面积，对农业生产实现一定程度的宏观干预，从而降低农产品市场供求的波动性，保障农产品的数量和质量。

（5）与市场淘汰相结合，促进农村社会合理分工。西部农村人口占比大，在推动城镇化的进程中，如何通过市场和政策，让小部分人愿意留在农村从事耕地生产及相关农业活动，大部分人愿意转移到城镇是当前及今后数届政府面临的重要难题。农户愿意留在农村从事耕地生产的决策依据是耕地经营收益不低于转移农民的社会平均收益。提高耕地收益的重要途径是实现一定程度的规模化经营，由于我国实行家庭联产责任承包制，农民拥有土地承包权和使用权，对西部多数农村地区而言，要实现耕地的规模化经营，必然需要土地流转。在这种情况下，耕地规模化经营的补偿标准不能太高，否则会出现大家都愿意承包耕地，而不愿意流转出耕地的现象，不利于农村社会分工；补偿标准也不能太低，否则对规模化经营主体起不到激励作用，很少有人愿意从事规模化耕地经营。耕地规模化经营补偿政策，需要让大多数农民不愿意从事高风险的耕地利用规模化经营项目，从而流转出土地，让小部分有实力、愿意冒风险的农民或其他主体愿意从事耕地的规模化经营。同时，我们认为，需要测算不同大类农产品规模化经营的净收益的上下限范围和均值，制定较为适中的、公平的补偿标准，通过市场淘汰作用，让耕地规模化利用净收益率高的经营者生存下来，而让耕地规模化利用净收益率低的经营者退出该领域，促进农村社会资源的优化配置。

第4章　西部地区耕地利用现状与存在问题

4.1　西部地区耕地利用总体情况

4.1.1　耕地基本情况

（1）耕地特点与质量。一方面，城镇化建设和生态退耕导致西部地区耕地大量减少；另一方面，后备耕地开发和耕地占补平衡政策的实施增加耕地，两个方面的共同作用下西部耕地总量略有增加。据 2013 年《关于第二次全国土地调查主要数据成果的公报》，西部地区耕地 5 043.5 万公顷（75 652 万亩），占全国的比重为 37.3%，农村人均耕地面积 2.32 亩，高于全国平均水平，新疆、内蒙古和宁夏 3 个自治区相对人少地多，而四川等 9 个省区市则人多地少。西部地区耕地突出特点是山地多、平地少，其中：水田、水浇地和旱地，占比分别为 21.16%、19.21%和 59.63%。据 2014 年国土资源部发布的《全国耕地质量等别调查与评定主要成果公告》，西部耕地平均质量等级为 11.35 等，其中 9~14 等约占 3/4，西南区耕地以中等地为主，其次是高等地；西北区耕地以低等地为主，其次是中等地；青藏区耕地面积小，中等地比例略高于低等地。

（2）耕地面积。耕地调查成本很高、周期较长，改革开放后，至本书撰写时全国开展了两次调查。根据第二次全国土地调查结果和 2014 年《中国农村统计年鉴》，2012 年末西部各省区市的耕地总面积如图 4-1 所示。可以看出，西部地区耕地排名前 3 位的分别是内蒙古、云南和广西，分别为 714.9 万公顷、607.2 万公顷和 443.1 万公顷，耕地总面积排最后三位的是宁夏、青海和西藏，耕地面积分别仅有 113.6 万公顷、54.3 万公顷和 23.0 万公顷。但是，各省区市人口密度差异较大，因此，人均耕地面积排名有变化，排名前 3 位的是内蒙古、新疆和宁夏，排名后 3 位的是重庆、贵州和四川，分别为 1.29 亩、1.18 亩和 1.14 亩。广西、云南等 8 个省区市人均耕地面积不足 2 亩，甘肃、宁夏和新疆人均耕地面积为 2.7~5.8 亩，内蒙古人均耕地面积为 10.4 亩，相对较大。

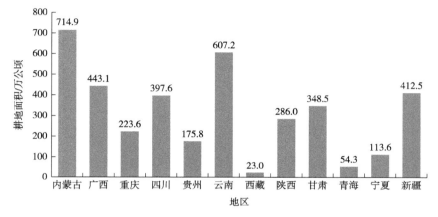

图 4-1　2012 年末西部各省区市耕地面积

资料来源：由 2014 年《中国农村统计年鉴》整理

（3）耕地构成与比例。根据最新的土地分类标准，耕地被划分为水田、水浇地和旱地三类。根据 2014 年《中国农村统计年鉴》，旱地总体占比较高，但西部各省区市耕地类型占比差异较大，具体如表 4-1 所示。2013 年末，旱地占比最高的分别是甘肃、陕西和云南，占比均超过 70%，旱地占比最低的是西藏和新疆，占比都不足 30%；水浇地占比最高的是新疆和西藏，占比都超过 70%，西部其他省区市水浇地占比均不足 35%，广西、重庆、四川、贵州占比均不足 1%；水田占比前三位分别是广西、重庆和四川，占比均超过 48%，云南和贵州为 25%~32%，西部其他省区市水田占比则不足 5%，最低的是甘肃和青海，占比分别为 0.3% 和 0。

表 4-1　2013 年西部地区耕地面积构成统计

地区	耕地	水田	水浇地	旱地
内蒙古	100%	1.2%	26.9%	72.0%
广西	100%	51.4%	0.4%	48.2%
重庆	100%	48.7%	0.4%	50.8%
四川	100%	48.3%	0.7%	51.0%
贵州	100%	31.8%	0.5%	67.7%
云南	100%	25.2%	1.4%	73.4%
西藏	100%	3.1%	71.4%	25.5%

续表

地区	耕地	水田	水浇地	旱地
陕西	100%	4.8%	21.6%	73.6%
甘肃	100%	0.3%	21.8%	77.9%
青海	100%	0.0%	34.1%	65.9%
宁夏	100%	4.1%	32.5%	63.4%
新疆	100%	1.7%	93.3%	5.0%
全国总计	100%	26.0%	19.0%	55.1%

注：由于舍入修约，数据存在误差

资料来源：由 2014 年《中国农村统计年鉴》整理

（4）耕地坡度情况。西部地区地形地貌以山地和丘陵为主，因此，坡耕地的占比较大。根据《关于第二次全国土地调查主要数据成果的公报》，西部地区 25 度以上的坡耕地面积为 439.4 万公顷，占全国 25 度以上坡耕地面积的 79.9%（表 4-2），远高于东部和中部地区，占西部地区耕地总面积的 8.71%。从分省区市情况来看，25 度以上坡耕地集中分布在四川和云南，6 度至 25 度的坡耕地集中分布在重庆、贵州、陕西和广西，平地主要分布在青海、甘肃、宁夏、新疆和内蒙古。

表 4-2　各地区 25 度以上的坡耕地面积

地区	面积/万公顷	占全国比重
全国	549.6	100%
东部地区	33.6	6.1%
中部地区	75.6	13.8%
西部地区	439.4	79.9%
东北地区	1.0	0.2%

资料来源：《关于第二次全国土地调查主要数据成果的公报》

4.1.2　农业生产条件

（1）总体情况。西部地区有效灌溉面积为 1 861.17 万公顷，可保障灌溉耕地比例约为 41%，低于全国平均水平，农业生产基本上还是靠天吃饭。农村户均生产性固定资产原值略高于全国水平，西藏、新疆、内蒙古和宁夏四个自治区较高，云南、甘肃、青海略高，广西等余下 5 省市显著低于全国平均水平。西部平均农机总动力为 5.14 万瓦/公顷，除西藏外，其他各省区市的农机总动力水平低于全国平均水平（8.54 万瓦/公顷）。除新疆等少数省区市，西部大部分省区市耕地破碎化程度高，耕作以人力和畜力为主，机械化程度低。

（2）水利设施和灌溉情况。据 2015 年《中国农村统计年鉴》，2014 年末西部地区拥有水库 27 368 座，水库总容量为 2 280.67 亿立方米，其中：四川、云南和广西拥有水库数最多，分别为 8 086 座、6 101 座和 4 545 座，而宁夏、青海和西藏拥有水库数较少，分别为 311 座、200 座和 102 座；从水库总容量来看，排名前 5 位的是广西、贵州、四川、云南和青海，水库总容量均超过 300 亿立方米，而宁夏和西藏水库总容量非常小，分别为 27 亿立方米和 34 亿立方米。相应地，西部地区有灌溉设施的耕地为 2 004.3 万公顷，占耕地面积的 39.7%，低于全国 45.1% 的平均水平，而无灌溉设施的耕地面积为 3 039.2 万公顷，占耕地比重为 60.3%，此比率指标高于全国 54.9% 的平均水平。但是，从总体上看，西部地区 2005~ 2014 年耕地有效灌溉面积逐年增加，除涝面积 2005~2012 年缓慢增长，2013 年出现下滑，2014 年又回升。按省级地区来看，有效灌溉面积总量排名前 3 位的是新疆、内蒙古和四川，2014 年末有效灌溉面积分别为 483.189 万公顷、301.188 万公顷和 266.632 万公顷，详见图 4-2。从灌溉率来看，新疆、西藏的灌溉率超过 95%，广西、重庆和四川灌溉率约为 50%，西部其他 7 个省区灌溉率则均不足 40%，低于全国平均水平（45%），其中，内蒙古、陕西和甘肃最为严重，灌溉率不足 30%。

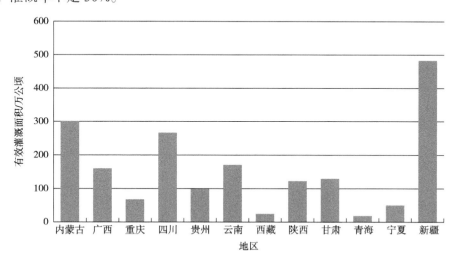

图 4-2　2014 年西部地区各省区市有效灌溉面积

资料来源：由 2015 年《中国农村统计年鉴》整理

（3）生产性固定资产。从 2004~2012 年数据来看，西部地区农村户均生产性固定资产和农业生产性固定资产增长较快，生产性固定资产由 2004 年的 7 937.85

元/户增长到 2012 年的 22 018.73 元/户，增长了 1.77 倍；农业生产性固定资产原值 2004 年为 6 506.24 元/户，2012 年为 16 721.78 元/户，增长了 1.57 倍，如图 4-3 所示。根据 2014 年《中国农村统计年鉴》，2012 年末西部地区农村居民家庭拥有生产性固定资产原值为 22 018.73 元/户，2012 年末拥有农业生产性固定资产原值 16 721.78 元/户，2011 年末拥有农业机械原值 3 703.2 元/户。分地区来看，如图 4-4 所示，2012 年末农村居民家庭拥有生产性固定资产原值最高的是西藏，其次是新疆和内蒙古，而宁夏、青海、甘肃和云南农村家庭平均拥有生产性固定资产原值则为 1.9 万~2.5 万元，广西、重庆、四川、贵州和陕西等 5 个省区市则为 1.1 万~1.4 万元；在西部各省区市中，2012 年农村居民家庭拥有农业生产性固定资产原值最高的是西藏，为 43 715.7 元/户，其次是新疆和内蒙古，分别为 29 085.4 元/户和 25 875.7 元/户，如图 4-4 所示；2011 年末农村居民家庭拥有农业机械原值排名前 3 位的是新疆、西藏和内蒙古，均超过 7 000 元/户，重庆、贵州和四川则非常低，都不超过 850 元/户。

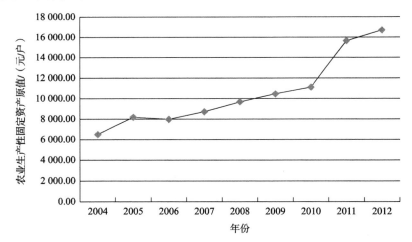

图 4-3　2004~2012 年西部农村户均农业生产性固定资产原值趋势图

资料来源：由历年《中国农村统计年鉴》整理

（4）农机总动力。2014 年，西部地区农机总动力总量为 27 541.27 万千瓦，比上年增长 5.75%。分地区来看，农机总动力排名前 3 位的是四川、内蒙古和广西，均超过 3 500 万千瓦，而排名最后 3 位的是西藏、青海和宁夏，均不足 900 万千瓦。从单位耕地面积拥有农机总动力来看，排名前 3 位的是西藏、贵州和四川，均超过 10 千瓦/公顷，农机总动力相对较少的是重庆、云南和内蒙古，具体如图 4-5 所示。

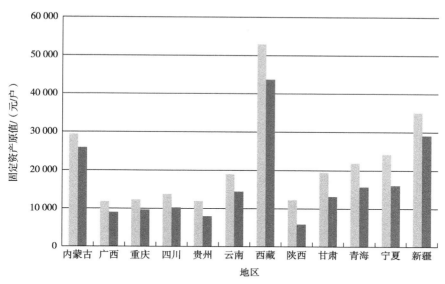

图 4-4　西部农村地区户均生产性固定资产原值和农业生产性固定资产原值

资料来源：由 2014 年《中国农村统计年鉴》整理

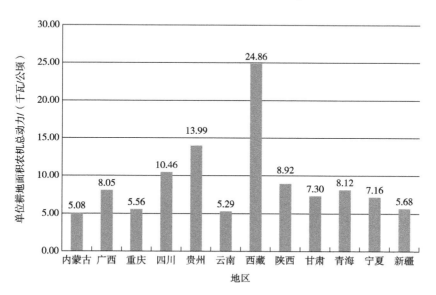

图 4-5　2014 年西部各省区市单位耕地面积农机总动力

资料来源：由 2015 年《中国农村统计年鉴》整理

4.1.3　耕地利用情况

（1）总体情况。农业土地利用率、垦殖率和复种指数可以反映耕地利用的总体情况。农业土地利用率，又称农业用地指数，指直接用于农业生产的土地占土地总面积的比例。从表4-3可以看出，2013年西部地区农业土地利用率最高的是陕西，达到90.46%，广西、重庆、四川、贵州和云南五个省区市农业土地利用率均超过80%，而内蒙古、西藏、宁夏的土地中有七成以上用于农业利用，青海和甘肃的土地则分别有六成多和四成多用于农业，新疆比例最低，略超过3成。垦殖率指耕地面积占土地面积的比重，反映耕地利用的广度，2013年西部各省区市中垦殖率排名前3位的是重庆、贵州和宁夏，分别是29.76%、25.80%和24.70%，西藏、青海和新疆则不足4%，内蒙古为8.03%，而广西等5个省区垦殖率则为10%~20%，总体上反映出西部地区的耕地占比不高。复种指数是全年农作物播种面积除以耕地面积，反映耕地利用的强度。从表4-3可以看出，2014年复种指数超过100%的有广西、重庆等7个省区市，其中，重庆、四川和广西的复种指数位居前列，青海和宁夏的复种指数接近于1，内蒙古和甘肃接近80%，西藏最低，不到六成。从2012~2014年来看，西部各省区市复种指数小幅变动，内蒙古、重庆、贵州、云南、西藏、甘肃和新疆7个省区市逐年增加，广西、四川5省区小幅波动，具体见表4-3。

表4-3　西部地区土地利用情况

地区	2013年农业土地利用率	2013年垦殖率	2014年复种指数	2013年复种指数	2012年复种指数
内蒙古	72.40%	8.03%	79.96%	78.39%	77.77%
广西	82.72%	18.66%	134.19%	138.88%	137.65%
重庆	86.03%	29.76%	144.15%	143.16%	141.60%
四川	87.21%	13.91%	143.56%	143.76%	143.39%
贵州	83.90%	25.80%	121.29%	118.52%	113.96%
云南	85.93%	16.20%	115.67%	114.92%	111.26%
西藏	72.43%	0.37%	56.78%	56.24%	55.19%
陕西	90.46%	19.39%	106.77%	106.94%	106.17%
甘肃	45.82%	13.28%	78.04%	77.26%	76.22%
青海	63.04%	0.82%	94.17%	94.52%	94.25%
宁夏	73.50%	24.70%	97.83%	98.72%	96.89%
新疆	31.65%	3.16%	106.93%	101.01%	99.30%

资料来源：由2013~2015年《中国农村统计年鉴》和2014年西部各省区市统计年鉴整理

（2）播种面积与空间分布。根据 1996~2015 年《中国农村统计年鉴》，可以整理出 1995~2014 年西部地区农作物播种面积和粮食作物播种面积趋势图。如图 4-6 所示，1995~2014 年，西部地区农作物播种面积有小幅波动，但总体是呈缓慢上升态势；但是，1995~2003 年，粮食作物播种面积下滑，2004~2014 年略有上升，总体呈平稳态势。从 2014 年农作物播种面积的空间分布来看，四川、内蒙古和云南位列前 3 位，超过 700 万公顷，西藏、青海和宁夏则排名后 3 位，具体如图 4-7 所示。从 2014 年粮食作物播种面积的空间分布来看，四川、内蒙古和云南依然排名前 3 位，均超过 400 万公顷，宁夏、青海和西藏仍排名靠后，都不足1 000 公顷，广西、重庆等 6 个省区市则基本为 200 万~300 万公顷。

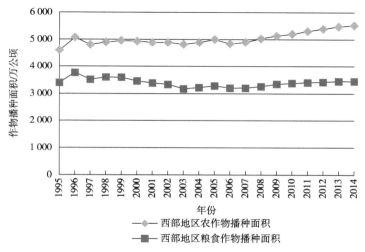

图 4-6　1995~2014 年西部地区农作物和粮食作物播种面积变化图

资料来源：由 1996~2015 年《中国农村统计年鉴》整理

（3）农作物结构与空间分布。统计资料表明，西部平原县主要播种粮食、棉花和油料，山区县和丘陵县主要种植粮食作物，其次是糖料和油料。从播种面积来看，1990~2014 年西部地区粮食作物、油料作物、棉花、糖料、烟叶、药材、蔬菜和瓜果播种面积上升明显，麻类作物播种面积显著下降。从农作物播种面积结构来看，1990~2014 年，粮食作物的比例下降了约 15 个百分点，棉花、糖料、药材、蔬菜和瓜果的比例明显上升，特别是蔬菜和瓜果的比例上升了 9 个多百分点，油料、烟叶则具有明显波动性。从粮食作物的结构来看，西部各省区市中，谷物的播种面积前 3 位的是四川、内蒙古和云南，均超过 300 万公顷，小麦播种面积前 3 位的则是四川、陕西和新疆，均超过 100 万公顷，玉米播种面积较大的是内蒙古、云南、四川、陕西和甘肃，均超过 100 万公顷，具体如表4-4所示。

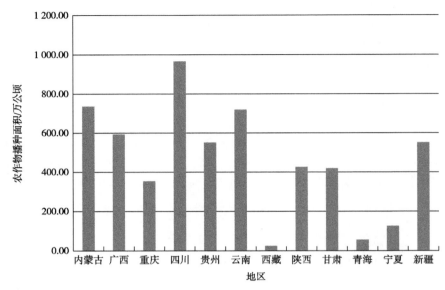

图 4-7　2014 年西部各省区市农作物播种面积图
资料来源：由 2015 年《中国农村统计年鉴》整理

从农作物结构来看（以农作物总播种面积为 100%），2014 年西部各省区市农作物生产以粮食作物为主，除新疆略超过 4 成外，其余 11 个省区市均在一半以上，粮食作物比例最高的是内蒙古、陕西和西藏，均超过 7 成。从其他农作物的占比来看，棉花占比最高的是新疆，达 35.4%，其余各省区市均不足 1%；油料占比最高的是青海，达到 27.2%，其次分别是四川、内蒙古和贵州，均超过 10%；糖料占比最高的是广西，达到 18.2%，其次是云南和新疆，分别为 4.7% 和 1.1%，其余各省区市均不足 1%；烟叶占比最高的是云南、贵州、重庆和四川，其余各省区市均不超过 1%；与其他农作物相比，蔬菜播种面积占比相对较大，除内蒙古外，其余西部各省区市均超过 5%，最高的是重庆、广西和贵州，均超过 15%；瓜果占比前 3 位的是宁夏、新疆和广西，均超过 2%，陕西和甘肃分别为 2% 和 1.2%，其余 8 个省区市则不足 1%，具体如表 4-5 所示。

表 4-4　2014 年西部各省区市主要农作物播种面积　　单位：万公顷

地区	谷物	小麦	玉米	豆类	薯类	油料	棉花	蔬菜
内蒙古	445.55	56.35	337.22	65.34	54.21	86.23	0.10	28.17
广西	263.12	0.14	58.40	16.28	27.38	23.71	0.23	116.25
重庆	127.69	8.70	46.79	23.75	72.81	30.00		70.81
四川	472.04	117.07	138.12	48.42	126.28	128.53	1.32	131.55

续表

地区	谷物	小麦	玉米	豆类	薯类	油料	棉花	蔬菜
贵州	186.97	25.15	78.75	32.41	94.45	58.21	0.16	92.43
云南	327.44	43.44	152.57	55.99	67.39	35.95	0.01	94.75
西藏	16.97	3.69	0.42	0.57	0.10	2.45		2.39
陕西	255.48	108.29	115.37	18.94	33.24	30.08	3.10	50.26
甘肃	198.39	79.25	100.09	17.60	68.26	32.90	3.81	50.69
青海	16.02	8.86	2.70	2.70	9.29	15.09		4.81
宁夏	56.56	12.75	28.88	2.84	17.74	8.02		12.34
新疆	214.78	114.24	91.08	7.24	3.57	22.05	195.33	31.01

资料来源：由 2015 年《中国农村统计年鉴》整理

表 4-5　2014 年西部各省区市主要农作物播种面积构成统计（以农作物总播种面积为 100%）

地区	粮食	棉花	油料	糖料	烟叶	蔬菜	瓜果
内蒙古	76.8%	0.01%	11.7%	0.5%		3.8%	0.9%
广西	51.7%	0.04%	4%	18.2%	0.4%	19.6%	2.1%
重庆	63.3%		8.5%	0.1%	1.3%	20%	0.6%
四川	66.9%	0.1%	13.3%	0.1%	1.1%	13.6%	0.5%
贵州	56.9%	0.03%	10.6%	0.5%	4.1%	16.8%	0.5%
云南	62.7%		5%	4.7%	7%	13.2%	0.4%
西藏	70.3%		9.8%			9.5%	
陕西	72.2%	0.7%	7.1%		0.8%	11.8%	2%
甘肃	67.7%	0.9%	7.8%	0.1%	0.1%	12.1%	1.2%
青海	50.6%		27.2%		0.01%	8.7%	0.1%
宁夏	61.6%		6.4%		0.03%	9.8%	6.9%
新疆	40.9%	35.4%	4%	1.1%		5.6%	2.6%
全国总计	68.1%	2.6%	8.5%	1.1%	0.9%	12.9%	1.5%

资料来源：2015 年《中国农村统计年鉴》

4.1.4 耕地经济产出效益

1. 农作物产量

耕地经济产出体现为耕地实物产量，耕地实物产量可以用农作物产量和单位面积产量（简称单产）来分别衡量总量和相对量。

（1）农作物产量。我国是发展中国家，人口多和人均耕地面积小的国情决定了粮食仍是最主要的农作物。统计资料表明，1995~2014 年，西部地区粮食产量总体呈上升态势，但有 4 次波动，分别是 1996 年、1998 年、2002 年和 2005 年出现峰值，其中第 1 次波动最大，具体如图 4-8 所示。从具体粮食作物来看，与小麦和玉米相比，谷物产量占粮食的比重最大，谷物产量波动与粮食产量波动基本相同，总体上表现为小幅波动中不断增长；玉米产量总体增长较快，1995 年为 2 589.80 万吨，2014 年为 6 507.71 万吨，增长了 1.51 倍；1995~2014 年，小麦产量总体呈缓慢下降态势，1997 年产量最大，为 3 076.92 万吨，最低为 2007 年，为 1 915.27 万吨，2014 年为 2 179.61 万吨。2014 年西部各省区市主要农作物产量如表 4-6 所示，从粮食产量来看，四川和内蒙古明显比其他 10 个省区市多，分别为 3 374.90 万吨和 2 753.01 万吨，青海和西藏粮食产量最少，分别为 104.81 万吨和 97.97 万吨；从具体粮食作物来看，谷物的主要产区是内蒙古、四川、云南、广西、新疆和陕西，产量均超过 1 000 万吨，小麦主要产区是新疆、四川和陕西，产量均超过 400 万吨，玉米的主要产区是内蒙古、云南、四川、陕西、甘肃和新疆，产量均超过 500 万吨。西部各省区市中，豆类产量排名前 3 位的是云南、内蒙古和四川，分别为 133.1 万吨、98.51 万吨和 96.2 万吨，其余各省区市产量均不足 50 万吨；薯类产量较大的是四川、重庆、贵州和甘肃，产量均超过 200 万吨，内蒙古和云南为 160 万~200 万吨，其余 6 省区市产量均不足 90 万吨；棉花主产区是新疆，2014 年产量为 367.72 万吨，其余各省区市均不足 7 万吨；油料主产区是内蒙古和四川，产量分别为 170.31 万吨和 300.79 万吨，广西、重庆等 7 个省区市为 50 万~100 万吨，西藏、青海和宁夏三个省区产量均不足 50 万吨；糖料主产区是广西和云南，分别为 7 952.57 万吨和 2 110.40 万吨，远远高于其他省区市；烟叶的主产区是四川、贵州和云南，产量分别为 22.45 万吨、37.39 万吨和 98.35 万吨，其余 9 个省区市则均不足 10 万吨；西部各省区市的蔬菜产量均较大，四川和广西产量排名前 2 位，分别为 4 069.31 万吨和 2 610.08 万吨，内蒙古、重庆、贵州、云南、陕西、甘肃和新疆的蔬菜产量则为 1 400 万~1 900 万吨，西藏、青海和宁夏的产量则明显低得多。

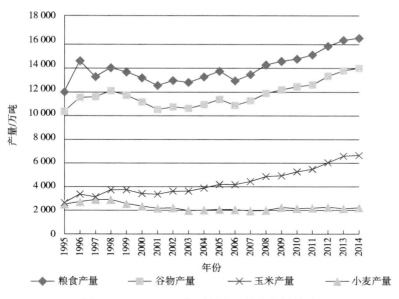

图 4-8　1995~2014 年西部地区粮食产量情况

资料来源：由 1996~2015 年《中国农村统计年鉴》整理

表 4-6　2014 年西部各省区市主要农作物产量　　　　　　单位：万吨

地区	粮食	谷物	小麦	玉米	豆类	薯类	棉花	油料	糖料	烟叶	蔬菜
内蒙古	2 753.01	2 493.07	153.9	2 186.07	98.51	161.42	0.15	170.31	160.18	1.05	1 472.68
广西	1 534.41	1 435.68	0.2	266.4	24.58	74.15	0.25	61.3	7 952.57	3.43	2 610.08
重庆	1 144.54	796.84	26.96	255.97	46.6	301.1	—	56.94	10.29	8.44	1 689.11
四川	3 374.90	2 784.2	423.2	751.9	96.2	494.5	1.24	300.79	55.84	22.45	4 069.31
贵州	1 138.50	816	61.5	313.81	32.59	289.91	0.11	98.05	168.28	37.39	1 625.62
云南	1 860.70	1 534.9	83.6	743.3	133.1	192.7	0.03	64.68	2 110.40	98.35	1 735.54
西藏	97.97	95.22	23.73	2.39	2.21	0.54	—	6.38	—	—	68.21
陕西	1 197.78	1 079.81	417.24	539.57	28.14	89.83	4.22	62.3	0.15	7.25	1 724.68
甘肃	1 158.65	887.6	271.6	564.48	33.16	237.89	6.44	72.42	26.41	0.99	1 705.19
青海	104.81	63.18	34.86	18.65	5.68	35.95	—	31.51	0.1	0.02	158.58
宁夏	377.90	332.36	40.55	224.08	3.43	42.11		16.52		0.2	540.83
新疆	1 414.47	1 369.14	642.27	641.09	21.67	23.66	367.72	59.33	471.94	—	1 815.44

资料来源：由 2015 年《中国农村统计年鉴》整理

　　（2）农作物单产。农作物单产是反映耕地产出效率的指标之一。根据 2015 年《中国农村统计年鉴》，1990~2014 年，西部地区主要农作物单产情况如表 4-7

所示。可以看出，粮食作物单产增加较快，2014 年为 4 686.4 千克/公顷，与 1990 年的 3 317.1 千克/公顷相比，增加了 41.28%。谷物中玉米单产增长最大，增加53.97%，小麦单产和稻谷单产，分别增加 39.66% 和 14.56%；2014 年豆类单产为 1 800.5 千克/公顷，与 1995 年相比，增加了 40.25%；薯类单产 2014 年增加到 3 382.2 千克/公顷，比 1990 年的 2 282.1 千克/公顷，增加了 48.21%。2014 年油料作物、棉花、麻类、糖料和烟叶的单产分别为 2 114.3 千克/公顷、1 862.9 千克/公顷、2 119.1 千克/公顷、69 647.5 千克/公顷和 1 900.9 千克/公顷，与 1990 年相比，均增长较快，分别增长了 61.03%、89.59%、26.92%、60.38% 和 23.06%。从表 4-8 可以看出 2014 年各农作物分省区市单产情况，谷物单产最高的是新疆和重庆，分别为 6 374.5 千克/公顷、6 240.5 千克/公顷，青海和贵州的单产则相对较低，为 3 900 千克/公顷至 4 400 千克/公顷；稻谷单产排名前 5 位的是新疆、宁夏、四川、陕西和重庆，均超过 7 000 千克/公顷；小麦单产排名前 2 位的是西藏和新疆，分别为 6 427.4 千克/公顷和 5 622.4 千克/公顷，其余 10 省区市单产均不足 4 000 千克/公顷；玉米单产排名前 2 位的是宁夏和新疆，均超过 7 000 千克/公顷，青海和内蒙古玉米单产也较高，为 6 400 千克/公顷至 7 000 千克/公顷；豆类单产前 4 位的是西藏、新疆、云南和青海，都超过 2 000 千克/公顷；薯类单产最高的是新疆，达到 6 636.7 千克/公顷，其次是西藏和重庆；油料单产最高的是新疆，达到 2 690.3 千克/公顷，其次是西藏、广西和四川；棉花单产最高的是云南，达到 2 340.6 千克/公顷，其次是新疆；麻类单产最高的是新疆，达到 6 145.8 千克/公顷，其次是云南和广西；糖料单产最高的是新疆，达到 75 042 千克/公顷，其次是广西。从 2014 年蔬菜的单产来看，根据国家发展和改革委员会价格司公布的《全国农产品成本收益资料汇编（2015）》，露地西红柿单产超过 5 000 千克/公顷的有新疆、宁夏、陕西、内蒙古和广西，最高的是新疆，达到 5 994.6 千克/公顷；露地黄瓜单产最高的是甘肃，达到 6 375.7 千克/公顷，其次是新疆；露地茄子单产最高的是新疆，达到 6 752 千克/公顷，其次是陕西和宁夏，均超过 5 100 千克/公顷。

表 4-7 1990~2014 年西部地区主要农作物单产 单位：千克/公顷

指标	1990 年	1995 年	2000 年	2010 年	2013 年	2014 年
粮食作物	3 317.1	3 458.1	3 734.9	4 271.6	4 635.3	4 686.4
谷物		3 864.6	4 239.9	4 934.0	5 256.1	5 303.4
稻谷	5 760.7	6 023.4	6 354.7	6 555.2	6 530.5	6 599.4
小麦	2 700.5	2 730.7	2 884.2	3 434.2	3 565.3	3 771.5
玉米	3 674.1	3 877.8	4 443.2	5 171.6	5 730.6	5 657.0

续表

指标	1990 年	1995 年	2000 年	2010 年	2013 年	2014 年
豆类		1 283.8	1 271.7	1 627.4	1 843.2	1 800.5
薯类	2 282.1	2 699.2	2 940.8	2 991.7	3 353.2	3 382.2
油料作物	1 313.0	1 379.1	1 522.0	1 866.3	2 069.1	2 114.3
棉花	982.6	1 193.5	1 390.2	1 671.9	2 019.1	1 862.9
麻类	1 669.7	1 520.1	1 902.1	2 034.3	2 029.3	2 119.1
糖料	43 425.3	48 584.8	53 392.3	63 877.6	68 507.3	69 647.5
烟叶	1 544.7	1 520.0	1 753.4	2 180.1	1 927.3	1 900.9

资料来源：2015 年《中国农村统计年鉴》

表 4-8　2014 年西部各省区市主要农作物单产　单位：千克/公顷

地区	谷物	稻谷	小麦	玉米	豆类	薯类	油料	棉花	麻类	糖料
内蒙古	5 595.5	6 704.3	2 731.2	6 482.7	1 507.6	2 977.7	1 975.1	1 462.5	—	40 508.0
广西	5 456.5	5 755.1	1 398.6	4 561.6	1 510.2	2 708.6	2 585.6	1 083.1	2 730.3	73 530.0
重庆	6 240.5	7 296.0	3 099.1	5 471.0	1 962.2	4 135.2	1 898.1	—	1 599.1	38 713.0
四川	5 898.2	7 663.9	3 614.9	5 443.8	1 986.8	3 915.9	2 340.3	944.3	1 813.1	40 534.0
贵州	4 364.3	5 913.0	2 445.3	3 985.0	1 005.5	3 069.5	1 684.3	673.0	1 674.5	60 423.0
云南	4 687.6	5 819.0	1 924.5	4 871.9	2 377.2	2 859.5	1 799.2	2 340.6	2 953.7	62 122.0
西藏	5 611.7	4 747.5	6 427.4	5 745.2	3 870.4	5 346.5	2 605.0			
陕西	4 226.7	7 362.7	3 853.1	4 676.7	1 485.7	2 702.5	2 070.9	1 358.6	1 314.6	18 475.0
甘肃	4 474.0	6 887.2	3 427.1	5 639.7	1 884.1	3 485.3	2 201.4	1 691.9	1 570.9	52 918.0
青海	3 944.6	—	3 935.4	6 907.4	2 101.4	3 869.8	2 088.4			24 500.0
宁夏	5 876.1	7 923.1	3 181.1	7 760.3	1 209.0	2 374.4	2 060.7			
新疆	6 374.5	10 147.9	5 622.4	7 038.8	2 994.7	6 636.7	2 690.3	1 882.5	6 145.8	75 042.0
全国总计	5 892.0	6 813.2	5 243.5	5 808.9	1 770.9	3 731.9	2 497.7	1 463.2	2 673.0	70 350.0

资料来源：2015 年《中国农村统计年鉴》

2. 主要作物成本收益

耕地利用经营模式以小规模粮食生产为主，但规模化经营比重逐年上升，各年各农作物利润波动相当大，各省区市粮食作物亩均利润大致为-614~357 元，大豆、花生、油菜籽、棉花、烟叶、糖料、桑蚕等农作物亩均现金收益都高于粮食作物，亩均利润在-1 093~974 元，蔬菜和水果经济收益最高，大致为 1 200~

11 000 元。

（1）稻谷成本收益。据国家发展和改革委员会价格司公布的资料，2014 年重庆等 7 个西部稻谷主产区稻谷成本收益如表 4-9 所示。从产值来看，云南最高，为 1 603.45 元/亩，其次是贵州和陕西，分别为 1 431.53 元/亩和 1 392.15 元/亩。从总成本来看，最高是贵州，中稻总成本达到 1 760.22 元/亩，最低是四川，为 1 117.86 元/亩，两者相差 600 多元/亩。从生产成本来看，也是贵州最高，四川最低，两者相差近 600 元/亩。从土地成本来看，云南土地成本最高，为 205.54 元/亩，最低是陕西，两者相差 126.51 元/亩。从净利润来看，四川中稻、云南中稻和广西晚稻是盈利的，而重庆中稻、贵州中稻、陕西中稻和广西早稻是亏损的，贵州中稻亏损最大，亏损额为 328.69 元/亩。从现金成本来看，现金成本最高的是广西早稻，最低的是四川中稻，两者相差约 175 元/亩。从现金收益来看，云南中稻的现金收益最高，达到 1 076.48 元/亩，最低是广西早稻。当然，由于广西稻谷有早稻和晚稻，而其他西部省市稻谷只有中稻，因此，每亩稻谷的现金总收益是广西最多，达到 1 433.07 元/亩。重庆、四川、贵州、云南、陕西和广西的每亩稻谷现金收益均高于全国平均水平。从成本利润率来看，四川最高，达到 17.39%，但仍低于全国平均水平 17.41%，贵州最低，成本利润率为 −18.67%，并且贵州、重庆和陕西的成本利润率均为负数，表明 2014 年西部地区稻谷生产的资本收益不占比较优势。

表 4-9　2014 年西部稻谷主产区稻谷成本收益　　　　单位：元/亩

项目	重庆 2)	四川 2)	贵州 2)	云南 2)	陕西 2)	广西 3)	广西 1)
产值	1 240.87	1 312.30	1 431.53	1 603.45	1 392.15	1 284.38	1 208.25
总成本	1 289.97	1 117.86	1 760.22	1 547.94	1 485.15	1 186.38	1 247.10
生产成本	1 144.10	1 009.09	1 591.89	1 342.54	1 406.12	1 050.64	1 106.44
土地成本	145.87	108.77	168.33	205.54	79.03	135.74	140.66
净利润	−49.10	194.44	−328.69	55.51	−93.00	98.00	−38.85
现金成本	422.45	370.29	493.95	526.97	412.66	514.28	545.28
现金收益	818.42	942.01	937.58	1 076.48	979.49	770.10	662.97
成本利润率	−3.81%	17.39%	−18.67%	3.59%	−6.26%	8.26%	−3.12%

注：1)、2)、3) 分别表示早稻、中稻和晚稻

资料来源：国家发展和改革委员会价格司，《全国农产品成本收益资料汇编（2015）》

（2）小麦成本收益。据相关统计资料，2014 年西部小麦产区小麦成本收益如表 4-10 所示。可以看出，小麦产值最高的是内蒙古，达到 1 234.52 元/亩，新疆也高于全国平均水平（1 052.96 元/亩），其他省区均低于全国平均水平，最

低的是云南，为 527.82 元/亩；从总成本和生产成本来看，内蒙古、四川等 7 个省区每亩总成本和生产成本均高于全国相应的平均水平，总成本和生产成本最高的是甘肃，分别为 1 168.40 元/亩、1 032.53 元/亩，总成本最低的是云南，为 984.87 元/亩，生产成本最低的是新疆，也达到 809.85 元/亩；从土地成本来看，内蒙古和新疆高于全国平均水平，其他省区低于全国平均水平，土地成本最低的是陕西，为 82.33 元/亩；从净利润来看，最高的是新疆，为 176.79 元/亩，其次是内蒙古，达到 127.33 元/亩，四川、云南、陕西、甘肃和宁夏均处于亏损状态；从现金成本和现金收益来看，现金成本和现金收益最高的均是内蒙古，分别达到 584.93 元/亩、649.59 元/亩，现金成本最低的是四川，为 238.87 元/亩，现金收益最低的是云南，为 266.31 元/亩；从成本利润率来看，2014 年四川、云南、陕西等 5 省区小麦的成本利润率为负值，新疆和内蒙古分别为 17.36%、11.50%。

表 4-10　2014 年西部小麦产区小麦成本收益　　单位：元/亩

项目	内蒙古	四川	云南	陕西	甘肃	宁夏	新疆
产值	1 234.52	596.45	527.82	965.03	847.82	978.78	1 195.19
总成本	1 107.19	1 003.13	984.87	1 003.03	1 168.40	1 083.47	1 018.40
生产成本	875.12	905.78	845.51	920.70	1 032.53	909.24	809.85
土地成本	232.07	97.35	139.36	82.33	135.87	174.23	208.55
净利润	127.33	−406.68	−457.05	−38.00	−320.58	−104.69	176.79
现金成本	584.93	238.87	261.51	427.80	425.50	486.05	566.13
现金收益	649.59	357.58	266.31	537.23	422.32	492.73	629.06
成本利润率	11.50%	−40.54%	−46.41%	−3.79%	−27.44%	−9.66%	17.36%

资料来源：国家发展和改革委员会价格司，《全国农产品成本收益资料汇编（2015）》

（3）玉米成本收益。2014 年西部玉米产区玉米成本收益如表 4-11 所示。可以看出，玉米是西部地区的主要粮食作物之一，播种面积较广。从产值来看，玉米产值最高的是甘肃，达到 1 494.24 元/亩，其次是新疆，达到 1 406.08 元/亩，最低的是广西，为 882.29 元/亩，广西、重庆、四川、贵州、云南和陕西的产值均低于全国平均水平（1 145.71 元/亩）；从总成本和生产成本来看，总成本和生产成本最高的是甘肃，分别为 1 844.35 元/亩和 1 656.17 元/亩，总成本和生产成本最低的均是内蒙古，分别为 895.45 元/亩、669.60 元/亩，除内蒙古外，其余 9 个省区市总成本和生产成本均高于全国平均水平；从土地成本来看，内蒙古和新疆高于全国平均水平，其他省区市低于全国平均水平，土地成本最低的是陕西，为 79.67 元/亩；从净利润来看，最高的是内蒙古，为 376.69 元/亩，其次是新疆和宁夏，其余 7 个省区市都处于亏损状态；从现金成本和现金收益来看，现金成本最高是新疆，达到 583.52 元/亩，最低的是重庆，为 253.91 元/亩，现金收益最高的是甘肃，为 915.46 元/亩，其次是内蒙古和宁夏，现金收益最低的是广西，为 517.61元/亩；从成本利润率来看，内蒙古、新疆和宁夏分别为 42.07%、26.90% 和8.80%，高于全国 7.69% 的平均水平，广西、重庆、四川、云南、陕西等 7 个省区市的成本利润率为负值，其中，云南最低，为−28.81%。

表 4-11 2014 年西部玉米产区玉米成本收益　　　　　　单位：元/亩

项目	内蒙古	广西	重庆	四川	贵州	云南	陕西	甘肃	宁夏	新疆
产值	1 272.14	882.29	1 042.63	1 066.48	1 007.88	1 043.62	1 015.14	1 494.24	1 264.33	1 406.08
总成本	895.45	1 170.57	1 295.34	1 154.11	1 374.72	1 466.03	1 132.94	1 844.35	1 162.02	1 108.03
生产成本	669.60	1 035.77	1 203.56	1 050.60	1 269.97	1 331.94	1 053.27	1 656.17	970.23	866.28
土地成本	225.85	134.80	91.78	103.51	104.75	134.09	79.67	188.18	191.79	241.75
净利润	376.69	−288.28	−252.71	−87.63	−366.84	−422.41	−117.80	−350.11	102.31	298.05
现金成本	418.20	364.68	253.91	302.38	361.01	389.65	377.42	578.78	430.46	583.52
现金收益	853.94	517.61	788.72	764.10	646.87	653.97	637.72	915.46	833.87	822.56
成本利润率	42.07%	−24.63%	−19.51%	−7.59%	−26.68%	−28.81%	−10.40%	−18.98%	8.80%	26.90%

资料来源：国家发展和改革委员会价格司，《全国农产品成本收益资料汇编（2015）》

（4）蔬菜成本收益。蔬菜是西部各省区市的重要农作物，西部地区以露地蔬菜为主，部分省区市也有大棚蔬菜，并且蔬菜的种类很多，因此，以常见的主要露地蔬菜的成本收益为例进行说明。如表 4-12 所示，2014 年西部地区露地西红柿的主要产区是内蒙古、广西等 8 个省区市。从产值来看，广西的产值最高，达到13 469.93 元/亩，最低的是宁夏，为 3 457.67 元/亩，广西、重庆、贵州、云南、陕西和新疆的产值均高于全国 6 530.7 元/亩的平均水平；从总成本和生产成本来看，总成本和生产成本最低的均是贵州，分别为 4 096.77 元/亩、3 791.95 元/亩，总成本和生产成本最高的均是广西，分别为 8 089.70 元/亩、7 126.16 元/亩，除贵州外，其余 7 个省区市的总成本和生产成本均高于全国平均水平；土地成本最低的是内蒙古，为 174.73 元/亩，最高的是广西，高达 963.54 元/亩，远高于全国 233.93元/亩的平均水平；从净利润来看，广西、重庆、贵州、云南、陕西和新疆均高于全国 2 228.27 元/亩的平均水平，最高的是重庆，达到 6 246.41 元/亩，2014 年内蒙古和宁夏的露地西红柿处于亏损状态；现金成本最高的是广西，最低的是重庆；从现金收益来看，最高的是重庆，达到 9 816.15 元/亩，最低的是宁夏，为 957.58元/亩；从成本利润率来看，仅有内蒙古和宁夏为负值，新疆接近于全国 51.79% 的平均水平，广西、重庆等 5 个省区市均高于全国平均水平。2014 年西部地区露地黄瓜的主要产区是内蒙古、广西、重庆、四川、云南、贵州、陕西、甘肃、宁

夏和新疆，从成本收益来看，总成本和生产成本最高的均是云南，分别达到
5 562.54 元/亩、5 346.61 元/亩，总成本和生产成本最低的均是贵州，分别为 3 193.34
元/亩、2 999.80 元/亩；净利润最高的是甘肃，为 3 971.82 元/亩，宁夏是亏损，为
−1 529.09 元/亩，其余省区市均为盈利；成本利润率最高的是贵州，达到96.76%，
最低的是宁夏，为−29.42%。2014 年西部地区露地茄子的主要产区是内蒙古、广
西、重庆、四川、云南、贵州、陕西、甘肃、宁夏和新疆等 10 个省区市，从成本
收益来看，总成本和生产成本最高的均是广西，分别达到5 268.71 元/亩、4 948.54
元/亩，总成本和生产成本最低的均是新疆，分别为 3 129.81 元/亩、2 696.09 元/
亩；净利润最高的是陕西，为 7 850.47 元/亩，宁夏是亏损，为−832.99 元/亩，广
西也略有亏损，其余省区市均为盈利；成本利润率最高的是陕西，达到208.08%，
最低的是宁夏，为−24.92%。

表 4-12　2014 年西部地区露地西红柿成本收益情况　　单位：元/亩

项目	内蒙古	广西	重庆	贵州	云南	陕西	宁夏	新疆
产值	5 558.11	13 469.93	11 263.98	9 408.83	9 818.44	10 395.17	3 457.67	7 430.46
总成本	6 136.69	8 089.70	5 017.57	4 096.77	5 480.53	4 605.43	5 965.13	4 981.27
生产成本	5 961.96	7 126.16	4 633.96	3 791.95	5 236.32	4 405.43	5 695.68	4 715.81
土地成本	174.73	963.54	383.61	304.82	244.21	200.00	269.45	265.46
净利润	−578.58	5 380.23	6 246.41	5 312.06	4 337.91	5 789.74	−2 507.46	2 449.19
现金成本	2 410.83	3 811.15	1 447.83	2 077.00	1 936.81	1 600.88	2 500.09	2 325.53
现金收益	3 147.28	9 658.78	9 816.15	7 331.83	7 881.63	8 794.29	957.58	5 104.93
成本利润率	−9.43%	66.51%	124.49%	129.66%	79.15%	125.72%	−42.04%	49.17%

资料来源：国家发展和改革委员会价格司，《全国农产品成本收益资料汇编（2015）》

3. 劳动生产率

耕地的劳动生产率是反映劳动者的生产效果和能力的指标，通常用平均每个
农业劳动者在单位时间内生产的农产品产量或产值来表示，是衡量农业劳动者生
产效率的指标。根据国家统计局网站提供的数据，2012 年西部地区单位农村劳
动力生产的主要农产品如表 4-13 所示[1]。可以看出，粮食生产劳动生产率排前 3
位的是内蒙古、新疆和宁夏，分别为 4 617.51 千克/劳动力、3 097.02 千克/劳动

---

[1] 需要说明的是，2015 年《中国农村统计年鉴》、2015 年《中国统计年鉴》等相关统计年鉴没有 2014 年
或 2013 年的平均每一农业劳动力生产的农产品数量的数据，仅有 2012 年的。虽然这一指标可以通过获取农产品
产量和乡村劳动力数量指标后，计算得到。但是，因统计指标发生变化，乡村劳动力改为第一产业就业数，且
缺乏 2014 年和 2013 年相应数据，因而本书直接采用 2012 年统计数据。

力、3 068.59 千克/劳动力，最低的是广西、贵州和青海，均不足 1 000 千克/劳动力；从棉花的劳动生产率来看，新疆最高，达到 861.10 千克/劳动力，其他省区市则非常低；从油料的劳动生产率来看，最高的是青海，达到 302.29 千克/劳动力，其次是内蒙古，为 264.94 千克/劳动力，其他省区市均不足 150 千克/劳动力；从水果的劳动生产率来看，新疆、陕西和宁夏位居前列，均超过 2 000 千克/劳动力，青海和西藏最低，均不足 40 千克/劳动力；从糖料的劳动生产率来看，广西最高，达到 5 034.49 千克/劳动力，其次是新疆和云南，分别为 1 404.22 千克/劳动力和 1 251.76 千克/劳动力，其他省区市均不足 400 千克/劳动力；从瓜果的劳动生产率来看，最高的是宁夏，达到 1 391.63 千克/劳动力，其次是新疆，为 1 180.79 千克/劳动力，最低的是西藏，不足 5 千克/劳动力；从蔬菜的劳动生产率来看，最高的是新疆，超过 4 000 千克/劳动力，其次是宁夏和内蒙古，分别为 3 855.02 千克/劳动力和 2 695.99 千克/劳动力，最低的是云南和西藏，均不足 1 000 千克/劳动力。

表 4-13　2012 年西部地区单位农村劳动力生产的主要农产品

单位：千克/劳动力

地区	粮食	棉花	油料	水果	糖料	瓜果	蔬菜
内蒙古	4 617.51	0.28	264.94	517.72	306.66	416.47	2 695.99
广西	954.79	0.14	35.03	851.99	5 034.49	189.09	1 515.36
重庆	1 912.07	0.02	84.16	489.03	19.96	68.38	2 534.80
四川	1 595.99	0.64	138.54	395.57	29.62	61.29	1 812.51
贵州	938.97	0.10	76.01	128.49	111.40	50.16	1 196.54
云南	1 071.28	0.04	38.49	355.92	1 251.76	43.12	901.96
西藏	1 031.69		68.83	14.75		4.15	713.13
陕西	1 545.17	8.34	74.87	2 102.03	0.21	317.79	1 893.29
甘肃	1 570.63	11.47	94.83	799.67	34.89	290.55	2 067.03
青海	871.06		302.29	31.58	0.03	19.49	1 362.36
宁夏	3 068.59		147.56	2 050.13	0.07	1 391.63	3 855.02
新疆	3 097.02	861.10	143.64	2 973.18	1 404.22	1 180.79	4 028.86

资料来源：国家统计局网站，http://data.stats.gov.cn/easyquery.htm?cn=E0103，2016-05-30

当然，以平均每一农业劳动力生产的农产品数据反映农业劳动生产率具有一定的偏差，因为相当一部分农业劳动力并未从事相应的农产品生产，因而该指标缩小了真实的劳均产量。为此，采用农产品产量与劳动用工投入之比，来反映耕地的劳动生产率，根据《全国农产品成本收益资料汇编（2015）》提供的每亩农产品产量（千克）和用工投入（日），可以计算出相应结果，整理后如表 4-14 所示。可以看出，从稻谷的单位劳动时间来看，四川省的产量最高，达到 57.15 千克/日，其次是广西，早稻和晚稻均超过 50 千克/日；小麦单位劳动时间产量最高的是新疆，达到 96.15 千克/日，其次是内蒙古，达到 76.02 千克/日，除陕西略高于 60 千克/日外，其余省区市均低于 60 千克/日；玉米单位劳动时间产量最高的是新疆，达到 147.56 千克/日，其次是内蒙古，达到 141.82 千克/日，其余省区市均低于 81 千克/日；油菜籽单位劳动时间产量位居前 2 位的是甘肃和青海，均超过 18 千克/日，第 3 位是四川，其余省区市均低于 14 千克/日；烤烟单位劳动时间产量最高的是内蒙古，达到 11.69 千克/日，其余省区市均低于 5 千克/日；桑蚕茧单位劳动时间产量最高的是甘肃，其次是四川，均超过 3 千克/日，其余省区市则较低；蔬菜单位劳动时间产量明显高于其他农产品，但不同蔬菜之间，不同地区之间存在较大差异，露地西红柿单位劳动时间产量位居前 3 位的是新疆、陕西和宁夏，露地黄瓜单位劳动时间产量前 3 位的是甘肃、新疆和宁夏，露地茄子单位劳动时间产量位居前 3 位的是新疆、宁夏和陕西，广西、贵州、重庆和云南蔬菜的产量相对较低。

表 4-14　2014 年西部地区农业劳动生产率　　　　单位：千克/日

地区	稻谷	小麦	玉米	油菜籽	烤烟	桑蚕茧	露地西红柿	露地黄瓜	露地茄子
内蒙古		76.02	141.82	9.34	11.69		92.66	88.19	144.80
广西	53.09[1)] 53.89[3)]		37.16		4.08	2.24	109.84	78.83	83.15
重庆	48.69		31.50	9.22	4.46	1.86	98.59	116.62	81.24
四川	57.15	27.59	41.92	16.40	4.35	3.18		97.68	147.92
贵州	30.16		29.27	13.97	4.21		73.68	91.74	100.06
云南	43.44	25.09	32.17	13.85	4.34	2.21	99.94	93.24	75.27
陕西	36.59	61.32	47.30	11.14	4.01	1.62	134.58	77.23	156.71
甘肃		38.82	42.04	18.56	4.50	3.74		163.39	126.53
宁夏		58.17	80.93				128.25	119.01	211.53
新疆		96.15	147.56				152.65	152.84	343.44
青海				18.24					

注：1）表示早稻，3）表示晚稻，其余省区市稻谷为中稻；空单元格表示对应省区市不生产该农产品或产量较少，缺乏相应统计数据；官方统计资料缺乏西藏相应农产品产量和用工投入数据，故没有列示西藏

资料来源：国家发展和改革委员会价格司，《全国农产品成本收益资料汇编（2015）》

4.2 西部地区耕地利用调查与分析

4.2.1 调查设计与实施

（1）调查目的。根据研究目的，本部分主要调查西部地区农村耕地利用真实状况，耕地利用的成本收益情况，以及调查对象特征。

（2）调查设计。根据调查目的，笔者设计了耕地利用调查表，主要包括耕地基本情况、耕地利用类型、粮食作物成本收益、经济作物成本收益、农产品需求量、土地流转意愿等部分，以全面掌握西部地区农村耕地利用及经济产出状况，具体详见附录 1。农作物成本收益调查内容包括：耕地类型、播种耕地等级、播种耕地面积、种植作物、作物产量、当年作物市价、种子费、肥料费、植保费、农药费、机械作业费、畜力作业费、管理费、其他直接和间接费用等。

（3）调查方式和调查对象。调查采用面对面的问卷调查方式，实地走访，入户调查，以收集真实可靠的原始数据。以西部农村拥有土地承包权的家庭为样本单位，调查对象以户主为主，以家庭成员为辅。

（4）调查范围。考虑项目经费、时间和调查便利性等因素，调查包括广西、重庆等 7 个省（自治区、直辖市），占整个西部地区 12 个省级单位的 58.33%。西部地区总共 1 079 个县（县级市、区），共调查 41 个区县，占比约为 3.80%，如表 4-15 所示。从调查样本的分布来看，重点调查区域是重庆、四川和贵州，在广西、云南、陕西和甘肃 4 省分别调查了 4 个县 8 个乡镇。本书没有调查新疆、内蒙古、宁夏、青海和西藏，主要原因是这些地区缺乏相应配合调查的联系单位或人员，实地农村调查困难。

表 4-15　西部地区耕地利用调查样本地区分布

地区	县（县级市、区）	区县个数	乡镇数量	调查份数	有效份数
广西	灵川、阳朔、武鸣、马山	4	8	160	157
重庆	北碚、丰都、涪陵、合川、綦江、万州、铜梁、武隆、永川、忠县、荣昌	11	24	486	481
四川	仪陇、南部、岳池、武胜、邻水、仁寿、丹棱、隆昌	8	17	359	354
贵州	金沙、正安、桐梓、绥阳、习水、开阳	6	13	275	271
云南	永平、云龙、通海、富民	4	8	160	155
陕西	岐山、扶风、周至、户县	4	8	160	158

续表

地区	县（县级市、区）	区县个数	乡镇数量	调查份数	有效份数
甘肃	清水、武山、宕昌、成县	4	8	160	156
合计		41	86	1 760	1 732

（5）调查实施说明。西部地区耕地面积分布广泛，调查采用简单随机抽样方法。依据统计学理论，获取高质量的样本统计结果需要拥有统计意义上的样本数，简单最大随机抽样样本量公式为式（4-1）（Lind et al., 2005）。假设耕地利用调查数据均可转化为标准正态分布，最大可容许误差 E 为 0.05，标准正态分布的方差 σ 为 1，95%的置信水平下对应的 z 值为 1.96，可计算出相应的抽样样本量为 1 537 份。

$$n = \frac{z^2\sigma^2}{E^2} \tag{4-1}$$

其中，n 为适合样本数；z 为调查置信度；σ 为总体标准差；E 为最大可容许误差。

本书调查样本来源于两部分，一是课题组教师带队调查，二是培训后学生的小分队调查。根据课题组人员情况，教师分为 4 个调查小队，调查区域是重庆的北碚、丰都、合川、铜梁、永川、忠县，四川的仪陇、岳池、武胜、邻水，以及贵州的金沙、正安、桐梓。根据学生小分队调查的需要，结合学校每年组织的学生假期社会实践调查活动，以生源是上述西部 7 个省区市的农村学生为对象，坚持农业经济管理专业和研究生优先原则，选择大二、大三或研一、研二学生，共招收调查成员 62 名。调查培训由项目负责人、骨干成员和学生工作管理者具体落实，集中培训，要求调查者认真负责，学习调查沟通方式、交流方法和注意问题，要求访谈语言上尽量简单易懂，较少使用专业词汇。强调调查过程的真实性，对调查问卷进行验收，依据调查质量支付报酬，不认真或虚假者不付费和取消相关评优资格。样本调查落实到责任人，每个学生负责 20 个样本，2 个学生组成 1 个小分队，每份样本 25 元包干（包含支付给调查对象——农民的 10 元）。课题组利用 2013~2014 学年学校寒、暑假，调查小规模耕地利用为拥有承包耕地（无论是自己耕种还是通过流转方式转给他人耕种）的农户，不包括林牧渔专业户。课题组调查采用面对面调查方式，共发放调查问卷 1 760 份以确保样本数量符合统计要求，其中教师带队调查 600 份，学生调查 1 160 份，收回有效问卷 1 732 份，有效率达 98.41%，如表 4-15 所示。

4.2.2　调查样本基本情况

（1）家庭人口与劳动力。从表 4-16 可以看出，各地区平均农村家庭人口规模相差较小,为 2.75~3.42 人。其中,广西、贵州、云南、陕西和甘肃农村户均人口数超过 3 人,重庆和四川农村户均人口数略低,分别为 2.75 人、2.81 人。从具体的人口规模分组统计来看,农村 1~2 人户占比最大,主要原因是农村成人分家和老人家庭相对较多,重庆和四川尤其明显,其他省区则占比相对小一些;各省区市 3 人户占比相差在 6%以内,均接近于 30%;4 人户占比较高的是陕西和云南,最低的是四川;5 人户差异明显,广西、云南和贵州相对占比高些,而重庆最低;6 人户和 7 人及以上户,占比最高的是广西,而重庆、贵州和四川则占比相对较低。

表 4-16　农村家庭人口规模

地区	1~2 人	3 人	4 人	5 人	6 人	7 人及以上	户均人口
广西	29.94%	26.75%	20.38%	11.46%	6.37%	5.10%	3.42 人
重庆	43.04%	28.27%	21.00%	5.20%	2.08%	0.42%	2.75 人
四川	44.63%	29.66%	14.69%	6.78%	2.26%	1.98%	2.81 人
贵州	34.32%	31.73%	20.30%	9.59%	1.85%	2.21%	3.14 人
云南	32.26%	26.45%	25.81%	9.68%	3.87%	1.94%	3.27 人
陕西	32.91%	27.85%	25.32%	8.23%	4.43%	1.27%	3.05 人
甘肃	32.05%	28.85%	23.72%	8.33%	5.77%	1.28%	3.15 人
地区平均*	35.59%	28.51%	21.60%	8.47%	3.80%	2.03%	3.08 人

*表示此处统计平均数时,没有按照总样本进行平均处理,而是按地区进行平均,以避免不同调查地区因样本数存在较大差异的干扰。下同

资料来源:由调查数据整理,下同

从每户农村家庭拥有的劳动力数量来看[①],甘肃、云南和陕西户均拥有劳动力数超过 2.5 人,而重庆和四川农村家庭每户拥有劳动力平均水平较低,调查样本总的户均劳动力为 2.22 人,按地区平均则为 2.37 人。从每户劳动力人数的分组来看,没有劳动力的家庭占比极低,主要原因是病残和年老;仅有 1 个劳动力的户数占比较大,原因是分家和离婚等,最高的是重庆和四川,云南和甘肃相对比例较低;2 个劳动力的户数占比也较大,原因是结婚分家是多数农村地区的习俗;3 个劳动力的户数占比相对小一些,最高的是陕西,最低的是重庆;4 个及以上劳动力的户数占比差异较大,最高的是甘肃,最低的是四川和重庆。劳动力数量的户均结构详见表 4-17。

---

① 劳动力指具有劳动能力的人口,本书样本统计考虑劳动年龄和劳动能力两个因素。劳动力的年龄界定按照我国现行制度规定,男性年龄界限为 16~60 周岁,女性为 16~55 周岁;劳动能力则考虑健康状况。有劳动能力,但属于劳动力年龄范围之外,计入家庭人口,但不作为劳动力统计。

表 4-17　农村家庭劳动力情况

地区	0 人	1 人	2 人	3 人	4 人及以上	户均劳动力
广西	0.64%	23.57%	36.94%	16.56%	22.29%	2.44 人
重庆	1.04%	35.55%	39.92%	10.40%	13.10%	2.01 人
四川	0.85%	27.97%	47.46%	10.73%	12.99%	2.12 人
贵州	0.37%	26.94%	37.27%	15.13%	20.30%	2.29 人
云南	1.94%	17.42%	38.71%	16.13%	25.81%	2.53 人
陕西	1.27%	20.25%	33.54%	18.35%	26.58%	2.52 人
甘肃	0	16.03%	38.46%	17.95%	27.56%	2.70 人
地区平均	0.87%	23.96%	38.90%	15.04%	21.23%	2.37 人

（2）户主特征。主要从两个方面来考察受访农村家庭户主特征：第一，从户主年龄来看，样本总体平均年龄 49.31 岁，其中甘肃和贵州农村家庭户主平均年龄相对较高，分别为 52.29 岁和 52.16 岁，四川和重庆则相对低一些，分别为 46.61 岁和 48.52 岁。从年龄分组统计来看，30 岁以下户主占比最高的是四川，其次重庆，而甘肃则最低；60~69 岁和 70 岁及以上两组合计比例最高的是甘肃，最低的是四川；总体来看，调查样本户主的老龄化较为严重，略占总户数的四分之一，具体见表 4-18。第二，从文化程度来看，调查样本户主的平均文盲数占比为 6.70%，按地区平均为 7.14%，文盲程度较高的是甘肃和贵州，广西和重庆则相对较低；小学文化程度比重较高的是云南和贵州，较低的是广西和陕西；初中文化程度的总体比例最高，按地区平均为 49.17%，其中最高的是广西，最低的是云南和贵州；高中文化程度或中专文化程度的比例也较低，均不足 20%，相对较高的是甘肃和陕西；大专及以上比例非常低，为 0.64%~1.91%，具体如表 4-19 所示。

表 4-18　户主年龄分组统计

省（自治区、直辖市）	30 岁以下	30~39 岁	40~49 岁	50~59 岁	60~69 岁	70 岁及以上
广西	4.46%	15.92%	28.66%	25.48%	20.38%	5.10%
重庆	9.98%	24.53%	21.83%	16.22%	18.92%	8.52%
四川	11.58%	24.58%	22.32%	24.01%	12.71%	4.80%
贵州	4.06%	12.92%	28.78%	26.20%	17.71%	10.33%
云南	3.87%	13.55%	29.68%	25.16%	19.35%	8.39%
陕西	6.33%	13.92%	29.11%	23.42%	17.09%	10.13%
甘肃	3.21%	17.31%	21.79%	27.56%	21.15%	8.97%
地区平均	6.21%	17.53%	26.02%	24.01%	18.19%	8.03%

表 4-19　户主文化程度

省（自治区、直辖市）	未上过学	小学文化程度	初中文化程度	高中文化程度或中专文化程度	大专及以上
广西	3.18%	22.93%	56.69%	15.29%	1.91%
重庆	3.33%	31.19%	51.56%	12.06%	1.87%
四川	7.91%	32.49%	49.44%	9.04%	1.13%
贵州	9.96%	38.38%	44.65%	5.90%	1.11%
云南	8.39%	40.65%	40.00%	10.32%	0.65%
陕西	6.96%	22.15%	53.80%	15.82%	1.27%
甘肃	10.26%	24.36%	48.08%	16.67%	0.64%
地区平均	7.14%	30.31%	49.17%	12.16%	1.23%

（3）家庭人均年收入与消费支出。调查样本中 2014 年农村人均年收入按地区平均为 6 315.54 元，其中重庆最高，达 8 125.74 元，其次是四川，甘肃最低，为 4 566.83 元，其余地区则为 5 200~6 800 元；从人均农业收入来看，地区平均为 2 111.02 元，排名前 3 位的是广西、云南和陕西，均超过 2 100 元，而重庆、贵州和甘肃则均不足 2 000 元；从人均农业收入占总收入比重来看，排名前 3 位的是甘肃、云南和广西，均超过 37%，而四川和重庆则比例较低，均不足 30%，平均农业收入占总收入的比重约为三分之一，反映农村家庭收入主要来源不再是农业收入；从人均消费支出来看，样本平均为 5 442.83 元，其中重庆和四川均超过 6 500 元，而贵州、云南和甘肃则不足 5 000 元，反映西部农村各省区市消费支出存在较大差异；从消费支出占当年收入的比重来看，样本平均为 86.65%，表明农村居民将绝大部分收入用于消费，其中占比前 2 位的是贵州和甘肃，均超过 90%，而广西则最低，不足 80%，具体如表 4-20 所示。

表 4-20　2014 年农户家庭人均收入、支出及其比重

地区	人均收入/元	人均农业收入/元	人均消费支出/元	人均农业收入占总收入比重	消费支出占当年收入比重
广西	6 783.23	2 562.07	5 161.27	37.77%	76.09%
重庆	8 125.74	1 912.92	6 968.76	23.54%	85.76%
四川	7 531.58	2 124.49	6 587.30	28.21%	87.46%
贵州	5 238.37	1 775.38	4 763.45	33.89%	90.93%
云南	5 689.44	2 237.16	4 816.46	39.32%	84.66%
陕西	6 273.61	2 175.56	5 538.57	34.68%	88.28%

续表

地区	人均收入/元	人均农业收入/元	人均消费支出/元	人均农业收入占总收入比重	消费支出占当年收入比重
甘肃	4 566.83	1 989.55	4 263.98	43.57%	93.37%
地区平均	6 315.54	2 111.02	5 442.83	34.43%	86.65%

4.2.3　农户耕地利用情况

（1）耕地情况。从表 4-21 可以看出，调查地区不同耕地类型的人均面积大小和结构。总体来看，人均耕地面积按地区平均为 1.64 亩，其中甘肃、广西和云南排名前 3 位，分别为 3.11 亩、1.72 亩和 1.65 亩，重庆和四川则相对低一些，略超过 1 亩。从耕地类型来看，人均水田面积样本平均为 0.34 亩，广西、重庆和四川相对多一些，分别为 0.76 亩、0.45 亩和 0.41 亩，而陕西和甘肃没有水田；水浇地主要分布在陕西和甘肃，人均面积分别为 0.41 亩和 0.78 亩，其他样本地区基本没有；人均旱地面积样本平均为 1.13 亩，最大的是甘肃，达 2.33 亩，其次是云南和陕西，均超过 1 亩。从耕地类型的结构来看，样本平均水田、水浇地和旱地的比例分别为 24.82%、7.80% 和 67.38%，表明样本地区以旱地为主，其中，水田占比前 3 位的分别是广西、四川和重庆，水浇地比例最高的是陕西和甘肃，而旱地比例较高的是云南、甘肃、陕西和贵州，均超过 70%。

表 4-21　耕地类型与结构

地区	耕地/（亩/人）	水田/（亩/人）	水浇地/（亩/人）	旱地/（亩/人）	水田占比	水浇地占比	旱地占比
广西	1.72	0.76	0.00	0.96	44.19%	0.00%	55.81%
重庆	1.18	0.45	0.00	0.73	38.14%	0.00%	61.86%
四川	1.02	0.41	0.01	0.60	40.20%	0.98%	58.82%
贵州	1.32	0.38	0.00	0.94	28.79%	0.00%	71.21%
云南	1.65	0.37	0.02	1.26	22.42%	1.21%	76.36%
陕西	1.50	0.00	0.41	1.09	0.00%	27.33%	72.67%
甘肃	3.11	0.00	0.78	2.33	0.00%	25.08%	74.92%
地区平均	1.64	0.34	0.17	1.13	24.82%	7.80%	67.38%

从分地区户均耕地规模的分组统计来看，1.5 亩以下组和 1.5~3 亩组占比前 2 位的是重庆和四川，最低的是甘肃；3~5 亩组占比最高的是四川，最低的仍是甘

肃；5~8 亩组占比前 4 位的是广西、贵州、云南和陕西，均超过 30%，而重庆和四川则不足 10%；8~15 亩组和 15 亩以上组，占比最高的是甘肃，其次是广西，而四川等其余 5 个省级样本地区的占比则非常低，具体如表 4-22 所示。

表 4-22　调查样本家庭户均耕地规模分组统计情况

地区	1.5 亩以下	1.5~3 亩	3~5 亩	5~8 亩	8~15 亩	15 亩以上
广西	3.82%	24.84%	27.39%	31.85%	10.83%	1.27%
重庆	14.35%	43.04%	34.72%	7.28%	0.62%	0.00%
四川	12.99%	31.36%	45.76%	9.04%	0.85%	0.00%
贵州	7.75%	26.57%	32.10%	31.37%	2.21%	0.00%
云南	3.23%	27.74%	30.97%	33.55%	4.52%	0.00%
陕西	3.80%	29.11%	27.22%	34.18%	5.06%	0.63%
甘肃	0.00%	3.21%	16.03%	19.87%	54.49%	6.41%
地区平均	6.56%	26.55%	30.60%	23.88%	11.23%	1.19%

（2）耕地利用程度。根据复种指数的计算公式，我们将调查样本不同类型耕地上全年农作物的总播种面积除以相应类型的耕地面积，然后按地区样本进行平均，以掌握样本地区耕地的总体利用情况，计算结果如表 4-23 所示。总体来看，调查地区耕地平均复种指数为 122.51%，其中重庆和四川的复种指数相对较高，均超过 140%，原因在于调查地区耕地以旱地为主，这两个地区的旱地复种指数高，而陕西和甘肃这两个地区耕地的复种指数相对较低，分别为 108.30% 和 81.05%。具体来看，水田复种指数最高的是广西，达到 173.59%，主要原因是广西适宜种植双季稻，而重庆、四川、贵州和云南则不足 100%，原因是种植单季稻，少部分边远水田闲置；水浇地复种指数较高的是四川和云南，而陕西和甘肃则略低一些，其他 3 个省区市调查地区没有水浇地；旱地复种指数最高的是重庆，较低的是广西、陕西和甘肃。

表 4-23　不同类型耕地的复种指数情况

地区	水田	水浇地	旱地	耕地
广西	173.59%	—	109.48%	138.46%
重庆	96.71%	—	173.41%	144.16%
四川	97.82%	84.26%	171.23%	140.87%
贵州	93.18%	—	138.85%	125.70%
云南	95.37%	86.12%	126.51%	119.03%

续表

地区	水田	水浇地	旱地	耕地
陕西	—	73.67%	121.32%	108.30%
甘肃	—	65.92%	86.12%	81.05%
地区平均	111.33%	77.49%	132.42%	122.51%

（3）从事耕地生产的劳动力数量。从图 4-9 可以看出，调查地区农村家庭从事耕地生产的劳动力投入类型中，比例最高的是家庭投入 2 个劳动力，占比略超过三分之一，主要来源于拥有 2 个劳动力的纯农户和拥有 2 个以上劳动力的兼业家庭。其次是家庭投入 1 个劳动力从事耕地生产，且主要为女性，主要原因是 1 个劳动力基本能够满足规模较小的耕地生产需要，且能够照顾家中小孩。排名第三和第四的是家庭投入 4 个及以上劳动力和 3 个劳动力的情况，占比分别为 19.42%、15.02%，主要为分布在比较边远和贫困的地区，拥有多个劳动力的农村家庭。家庭没有劳动力从事耕地生产的占比非常低，为 7.04%，主要是两种情况，一是家庭中没有劳动力，二是家庭劳动力全部外出务工。

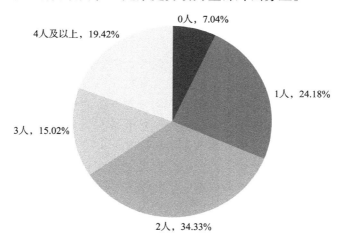

图 4-9　西部地区农村家庭从事耕地生产的劳动力结构百分比

由于舍入修约，数据存在误差

分地区来看，4 个及以上劳动力从事耕地生产的比例最低的是重庆和四川，均不足 15%，比例较高的是云南和甘肃，接近或略超过 30%；3 个劳动力投入耕地生产的比例差异相对小一些，大致在 12%~19% 范围内；各地区家庭投入 2 个劳动力从事耕地生产的总体比例都较高，排名前 3 位的是重庆、四川和贵州，而云南和陕西相对低一些；各地区家庭投入 1 个劳动力的整体比例也较高，最高的是重庆，达 31.39%，最低的是甘肃，原因是甘肃地区家庭耕地规模相对较大；

各地区家庭没有劳动力投入的整体比例较低，最高的是重庆，接近 10%，主要原因是重庆农民工就业机会较多，农村家庭劳动力全部外出务工情况比较常见，具体见表 4-24。

表 4-24　按户统计家庭从事耕地生产的劳动力结构百分比

地区	0 人	1 人	2 人	3 人	4 人及以上
广西	3.82%	23.57%	32.48%	16.56%	23.57%
重庆	9.36%	31.39%	35.97%	12.89%	10.40%
四川	7.34%	27.97%	34.46%	16.10%	14.12%
贵州	6.64%	23.25%	35.06%	14.76%	20.30%
云南	7.74%	17.42%	32.26%	13.55%	29.03%
陕西	5.06%	19.62%	31.65%	18.35%	25.32%
甘肃	3.21%	16.03%	33.97%	16.67%	30.13%
地区平均	6.17%	22.75%	33.69%	15.55%	21.84%

4.2.4　主要农作物成本与收益

虽然各地气候、地理等自然条件差异较大，调查地区耕地种植农作物的类型多样，但根据研究需要，在此，选择水稻、玉米、小麦、水果、经济作物和蔬菜归类进行成本收益比较与分析。从种植结构来看，各地仍以粮食作物生产为主，但水果、经济作物等农作物近年来种植比例呈上升态势。需要说明的是，农作物生产费用合计中没有包括土地成本，主要原因在于：一是土地成本是机会成本，以土地租金或农作物生产的剩余价值等指标界定存在较大误差，因为土地成本会受到区位因素、土地质量、市场供求、农作物类型等因素影响，且这些因素计量较为困难；二是调查农户的耕地利用类型均属于小规模耕地利用，农户拥有土地承包权，使用土地不需要支付租金。人工成本则按照劳动力投入天数乘以当地劳动单价进行计算，劳动单价则以当地农村每天平均人工报酬为准。为便于比较分析，每个地区的数据，根据该地区样本量计算均值数据，总体平均则按地区数据进行再次平均，因而，总体平均并不是全样本平均，主要原因是避免数据受到各地区样本数的差异的影响。

（1）水稻生产略有盈利，各地现金收益差异不大。调查地区中，重庆、广西等五个省区市种植水稻，成本收益如表 4-25 所示，其中：广西是两季稻，将其合并计算。可以看出，平均每亩单季水稻产量为 578.59 千克，产值为 1 532.59 元，总生产成本为 1 190.44 元，净利润达到 342.15 元，现金收益为 1 034.01 元。

分地区来看，广西是两季稻，单产每亩均超过 400 千克，重庆等四省市中季稻的单产和产值差异并不大，单产均接近或略超过 500 千克，每亩产值在 1 200~1 500 元。从各成本项目来看，各地人工成本差异较大，主要原因是各地人工单价存在差异；种子费则差异较小，因为种子市场比较活跃，且受到政府监管；化肥、农肥等肥料费差异也不大，主要原因是施肥量是一个相对固定的范围；农药费绝对差异小，但相对差异较大，原因是各地水稻病虫害差异较大；机械作业费各地也存在明显差异，重庆机械作业成本相对高一些，而贵州则低一些；畜力作业费差异较小，水田种植的畜力主要是水牛，广西的畜力用量相对多一些，而四川则相对少些，总体来看，受机械替代的影响，畜力用量呈下降态势；各地排灌作业费不高，主要受到灌溉水利设施和降水量的影响；其他费用包括技术咨询费、工具材料费等，各地水稻种植的其他费用较小，每亩不超过 50 元。总的来看，调查地区每亩水稻种植均为小额盈利状态，广西最高，两季合计每亩平均超过 650 元，重庆则相对较低，不足 200 元，其余地区水稻净利润则为 250~350 元。从现金收益来看，广西是两季，总体现金收益最高，超过 1 400 元，单季水稻现金收益最高的是云南，其他省市则在 850~1 000 元。

表 4-25　按户分地区统计水稻亩均成本收益

项目	广西[1)、3)]	重庆[2)]	四川[2)]	贵州[2)]	云南[2)]	平均
作物产量/千克	843.11	502.54	516.67	493.51	537.14	578.59
产值/元	2 412.14	1 239.68	1 241.34	1 304.32	1 465.45	1 532.59
人工成本/元	741.20	678.12	593.45	695.25	751.28	691.86
种子费/元	136.93	48.36	55.31	58.71	75.16	74.89
化肥、农肥等肥料费/元	292.09	96.53	116.54	125.72	146.32	155.44
农药费/元	134.98	22.57	29.91	28.35	38.51	50.86
机械作业费/元	168.05	105.23	69.51	48.12	85.34	95.25
畜力作业费/元	107.01	45.62	37.95	43.78	45.93	56.06
排灌作业费/元	58.81	10.33	7.26	11.94	15.35	20.74
其他费用/元	88.48	46.61	38.17	35.20	18.21	45.33
费用合计/元	1 727.55	1 053.37	948.10	1 047.07	1 176.10	1 190.44
净利润/元	684.59	186.31	293.24	257.25	289.35	342.15
现金收益/元	1 425.79	864.43	886.69	952.50	1 040.63	1 034.01
样本数/个	146	323	271	197	141	1 078[*]

*表示合计数，表 4-26 至表 4-30 中同此

注：1)、2)、3) 分别表示早稻、中稻和晚稻，广西地区为两季稻，合并处理

（2）玉米生产成本较高，普遍小额亏损。玉米种植技术含量不高，是西部各省区市旱地普遍种植的农作物，调查地区亩均成本收益如表 4-26 所示。可以看出，7 个省级调查地区的玉米产量差异比较明显，最高的甘肃平均亩产达到621.14 千克，而广西则仅为 358.16 千克，主要原因是广西受到比较严重的旱灾，相应地，亩均产值最大的是甘肃，最低的是广西，两者相差超过 550 元；从人工成本来看，各地玉米种植的人工成本较高，均超过 700 元，最高的是甘肃，达到993.37 元；种子费数额较小，均不超过 80 元，且各地差异不大；各地化肥、农肥等肥料费在 120~200 元范围，平均为 161.01 元；农药费金额非常小，亩均成本均不超过 26 元，但各地相对差异较大；机械作业费差异非常突出，甘肃和陕西成本较高，而其他地区机械化水平则较低；广西、贵州的畜力作业费相对较高，而甘肃则非常低；陕西和甘肃的排灌作业费较高，亩均超过 40 元，主要是干旱问题，而重庆等地则因降雨量丰富，不需要承担该费用；其他费用差异也较大，甘肃高达 85.29 元，其他地区普遍在 10~30 元。总体来看，调查地区玉米种植平均每亩的生产费用、净利润和现金收益分别为 1 207.06 元、-160.89 元和 708.10元，其中：各地生产费用差异较大，甘肃高达 1 516.73 元，最低的是陕西，亩均成本也达到 1 064.3 元，与水稻和小麦相比，玉米的生产费用最高，主要原因是人工成本和肥料费偏高；各地净利润普遍为负，贵州亏损额超过 300 元/亩；各地玉米亩均现金收益普遍低于水稻，但高于小麦，现金收益最高的是甘肃，达到899.05 元，最低的是广西，主要原因是产量差距。

表 4-26　按户分地区统计玉米亩均成本收益

项目	广西	重庆	四川	贵州	云南	陕西	甘肃	平均
作物产量/千克	358.16	428.59	436.97	387.34	418.59	428.57	621.14	439.91
产值/元	870.33	1 030.66	1 075.05	921.87	1 017.17	985.71	1 422.41	1 046.17
人工成本/元	745.78	935.34	791.81	948.91	951.36	716.38	993.37	868.99
种子费/元	75.28	41.58	60.23	45.26	61.25	62.38	67.13	59.02
化肥、农肥等肥料费/元	171.44	153.95	152.76	137.23	177.24	135.73	198.75	161.01
农药费/元	6.11	15.33	12.85	10.08	25.18	9.35	8.87	12.54
机械作业费/元	21.23	8.25	25.21	18.93	16.52	64.19	118.36	38.96
畜力作业费/元	31.58	7.26	11.23	38.12	30.17	6.54	3.49	18.34
排灌作业费/元	0	0	10.51	0	5.93	58.38	41.47	16.61
其他费用/元	18.33	25.18	28.36	27.17	25.47	11.35	85.29	31.59
费用合计/元	1 069.75	1 186.89	1 092.96	1 225.70	1 293.12	1 064.30	1 516.73	1 207.06

续表

项目	广西	重庆	四川	贵州	云南	陕西	甘肃	平均
净利润/元	−199.42	−156.23	−17.91	−303.83	−275.95	−78.59	−94.32	−160.89
现金收益/元	546.36	779.11	773.90	645.08	675.41	637.79	899.05	708.10
样本数/个	93	374	282	193	115	136	128	1 321*

（3）小麦生产成本相对低些，现金收益也非常低。因小麦种植效益相对较低，调查中发现，各地对于小麦种植的积极性不高，调查地区中小麦种植主要分布在四川、云南、陕西和甘肃，重庆、广西和贵州则不再种植小麦。从表 4-27可以看出，四川等 4 省小麦亩均产量差异较大，陕西高达 427.32 千克，而云南仅为 217.61 千克，相应地，亩均产值差异也突出，云南不足 530 元，而陕西接近1 000 元。从生产费用来看，各地区亩均生产费用为 965.95 元，低于玉米和水稻。具体来看，各地亩均人工成本在 540~680 元范围内，最大差异不足 150 元，四川和甘肃相对高些；甘肃种子费较高，而四川则相对较低；陕西和甘肃的化肥、农肥等肥料费明显高于四川和云南，主要原因是土壤肥力差异；农药费各地差异较小；机械作业费、畜力作业费和排灌作业费差异则非常明显，陕西和甘肃机械作业费较高，亩均超过 130 元，而四川和云南的畜力作业费则相对高些，陕西的排灌作业费非常突出，反映出当地农业用水成本高。总体来看，除陕西外，小麦种植普遍亏损，小麦种植的现金收益也非常低，平均为 420.41 元/亩，明显低于玉米和水稻种植现金收益，其中陕西相对高些，亩均达到 547.39 元，而云南则最低，亩均仅为 296.36 元。

表 4-27　按户分地区统计小麦亩均成本收益

项目	四川	云南	陕西	甘肃	平均
作物产量/千克	258.82	217.61	427.32	353.44	314.30
产值/元	623.92	528.79	991.38	873.00	754.27
人工成本/元	678.21	638.37	542.84	668.92	632.09
种子费/元	34.75	53.89	56.75	75.31	55.18
化肥、农肥等肥料费/元	98.13	88.27	140.87	142.56	117.46
农药费/元	12.96	16.32	12.52	10.82	13.16
机械作业费/元	62.11	39.26	139.47	142.82	95.92
畜力作业费/元	17.22	15.32	6.52	4.39	10.86
排灌作业费/元	7.85	8.65	78.94	15.67	27.78
其他费用/元	16.29	10.72	8.92	18.16	13.52

续表

项目	四川	云南	陕西	甘肃	平均
费用合计/元	927.52	870.80	986.83	1 078.65	965.95
净利润/元	−303.60	−342.01	4.55	−205.65	−211.68
现金收益/元	374.61	296.36	547.39	463.27	420.41
样本数/个	135	67	114	126	442*

（4）水果生产费用非常高，各地利润差异非常大。随着我国人民生活水平的提高，水果消费量越来越大，相应地，各地水果种植也日益增多，但规模化种植户的比例仍较低。受地理、气候等因素影响，各地农村往往种植特色水果，以追求经济利益。由于果树从苗木到挂果至少需要 2~3 年的生长周期，农民通常没有对前期苗木成本等进行记录，无法收集相应数据，加之果树的折旧年限和方法具有一定主观选择性，因而，不考虑水果的种苗费。从表 4-28 可以看出各地果树日常的生产成本项目和收益情况。从调查样本来看，云南虽然有不少农户种植水果，但规模非常小，基本不对外销售，因而，农户对产量等缺乏测量，因而表 4-28 中没有统计该地区调查数据。从产值来看，各地水果的亩均产值都比较高，陕西水果的亩均产值超过 7 800 元，最低的贵州也超过 4 500 元。从各成本项目来看，人工成本普遍较高，每亩平均人工成本接近 2 000 元，且各地绝对差异非常大，甘肃高达 3 524.27 元，而重庆和贵州则不足 1 400 元；化肥、农肥等肥料费和农药费也非常高，平均分别为 831.31 元和 260.16 元，各地差异也十分明显；机械作业费和畜力作业费相对较小，主要是水果种植的特殊性，机械和畜力难以在采摘等生产环节发挥作用；果树比较耐旱，因而排灌作业费也非常小；由于果树种植需要的工具较多，因而其他费用较高，不同水果之间差异也十分突出。总体来看，水果的生产费用非常高，每亩平均为 3 378.16 元，远高于三大粮食作物。相应地，净利润也比较高，平均超过 2 800 元/亩，且各地差异非常大，陕西每亩超过 4 000 元，贵州和甘肃则较低。水果的现金收益非常高，平均收益超过 4 500 元/亩，但各地差异也比较突出，最高的是陕西，超过 6 500 元/亩，最低的是贵州，不足 3 600 元/亩。

表 4-28　按户分地区统计水果亩均成本收益

项目	广西	重庆	四川	贵州	陕西	甘肃	平均
水果名称	砂糖橘、板栗、夏橙、龙眼	柑橘、枇杷、桃子、脐橙	柚子、葡萄、柑橘、脐橙	葡萄、樱桃、李子	猕猴桃、苹果	梨、核桃、苹果	
产值/元	6 353.37	5 038.78	6 482.51	4 537.18	7 811.29	7 166.12	6 231.54

续表

项目	广西	重庆	四川	贵州	陕西	甘肃	平均
水果名称	砂糖橘、板栗、夏橙、龙眼	柑橘、枇杷、桃子、脐橙	柚子、葡萄、柑橘、脐橙	葡萄、樱桃、李子	猕猴桃、苹果	梨、核桃、苹果	
人工成本/元	1 405.53	1 348.95	1 891.46	1 285.26	2 181.32	3 524.27	1 939.47
化肥、农肥等肥料费/元	1 078.57	648.81	1 534.12	542.43	551.02	632.88	831.31
农药费/元	388.52	210.73	316.94	188.91	216.46	239.42	260.16
机械作业费/元	0	5.65	76.31	0	89.25	77.51	41.45
畜力作业费/元	15.93	18.13	0	57.35	0		18.28
排灌作业费/元	10.11	8.75	2.38	0	50.12	64.76	22.69
其他费用/元	114.98	165.12	228.77	198.82	368.83	512.30	264.80
费用合计/元	3 013.64	2 406.14	4 049.98	2 272.77	3 457.00	5 051.14	3 378.16
净利润/元	3 339.73	2 632.64	2 432.53	2 264.41	4 354.29	2 114.98	2 853.38
现金收益/元	4 745.26	3 981.59	4 323.99	3 549.67	6 535.61	5 639.25	4 792.85
样本数/个	39	82	54	41	23	37	276*

（5）经济作物生产成本较高，各地现金收益差异较大。西部各省区市经济作物种植类型多样，主要包括芝麻、甘蔗、药材、烤烟、榨菜、茶叶等作物，调查地区的主要经济作物如表 4-29 所示。从产值来看，平均亩产值为 2 359.71 元，明显高于粮食作物，各地亩均产值差异较大，云南最高，亩均超过 3 100 元，广西最低，为 1 819.32 元。从生产费用来看，经济作物的平均生产费用为 2 402.49 元，明显高于粮食作物。具体来看，主要是人工成本和其他费用偏高，种子费，化肥、农肥等肥料费，农药费，机械作业费，畜力作业费和排灌作业费则与粮食作物比较接近。分地区来看，甘肃和云南的亩均人工成本超过 2 000 元，重庆、四川、贵州和陕西也均超过 1 500 元，远远超过同地区粮食作物种植的人工成本。从净利润来看，广西、重庆、贵州和陕西属于小额亏损，而四川等其余 3 省则属于盈利，主要原因是受市场供求变化影响，经济作物市场价格波动大。从现金收益来看，经济作物的平均现金收益为 1 659.47 元/亩，但各地差异非常明显，甘肃和云南亩均超过 2 000 元，而广西则不足 1 000 元。

表 4-29 按户分地区统计经济作物亩均成本收益

项目	广西	重庆	四川	贵州	云南	陕西	甘肃	平均
主要作物	芝麻、甘蔗	药材、烤烟、榨菜、茶叶	药材、油菜、蚕桑、花生	烤烟、茶叶、油菜	茶叶、烤烟、药材	油菜、烤烟、花生、芝麻、棉花	药材、油菜	
产值/元	1 819.32	2 282.95	2 186.27	2 152.69	3 177.28	2 029.63	2 869.85	2 359.71
人工成本/元	1 153.96	1 530.67	1 622.46	1 573.79	2 038.11	1 867.48	2 129.22	1 702.24
种子费/元	135.22	94.33	140.37	65.96	105.74	58.96	45.16	92.25
化肥、农肥等肥料费/元	415.45	315.14	131.25	282.12	314.52	187.41	121.05	252.42
农药费/元	57.13	42.18	20.91	23.27	68.81	28.33	31.47	38.87
机械作业费/元	45.61	18.66	25.13	58.34	65.93	42.27	71.91	46.84
畜力作业费/元	26.15	6.79	8.87	15.71	18.39	36.15	4.35	16.63
排灌作业费/元	2.35	0	0	0	25.44	16.74	51.39	13.70
其他费用/元	165.87	421.59	58.62	183.45	436.15	152.12	258.97	239.54
费用合计/元	2 001.74	2 429.36	2 007.61	2 202.64	3 073.09	2 389.46	2 713.52	2 402.49
净利润/元	−182.42	−146.41	178.66	−49.95	104.19	−359.83	156.33	−42.78
净现金收益/元	971.54	1 384.26	1 801.12	1 523.84	2 142.30	1 507.65	2 285.55	1 659.47
样本数/个	26	55	37	32	34	21	18	223*

（6）蔬菜人工成本和肥料费非常高，现金收益明显高于其他农作物。西部地区蔬菜种植以常见蔬菜为主，但各地有所区别，如表 4-30 所示。总体来看，蔬菜种植的生产费用高，每亩平均超过 3 300 元，主要是人工成本和肥料费十分突出；净利润超过 2 600 元/亩，现金收益为 4 879.88 元/亩，现金收益明显高于其他农作物。从各地区人工成本来看，广西最高，接近 3 000 元/亩，贵州最低，也超过 1 750 元/亩；种子费总体数值不大，但明显高于其他农作物，广西最高，为 274.13 元/亩，而重庆最低，为 109.23 元/亩；化肥、农肥等肥料费总体金额较大，广西最高，超过 800 元/亩，贵州最低，为 300.08 元/亩；广西农药费也最高，贵州和甘肃则较低；机械作业费明显高于其他农作物，主要是蔬菜种植一般为平地，便于机械耕作，广西和甘肃机械作业费相对较高，而重庆和四川相对低些；畜力作业费各地差异大，但总体水平低，四川和贵州相对高些；云南、陕西和甘肃的排灌作业费相对较高，而重庆、四川和贵州则较低。总的来讲，蔬菜种植中，广西的生产费用最高，贵州最低；陕西、贵州和重庆的净利润较高，而四川和甘肃则相对低些；广西、重庆和陕西的现金收益超过 5 500 元/亩，四川最低，但也超过 3 600 元/亩。

表 4-30　按户分地区统计蔬菜亩均成本收益

项目	广西	重庆	四川	贵州	云南	陕西	甘肃	平均
主要蔬菜	番茄、黄瓜、菜椒、萝卜	空心菜、花菜、茄子、四季豆	黄瓜、四季豆、大白菜、辣椒	土豆、黄瓜、番茄、辣椒	圆白菜、土豆、番茄、辣椒	茄子、黄瓜、番茄、菜椒	黄瓜、土豆、大白菜	
产值/元	7 632.85	6 475.25	4 709.64	5 842.90	5 629.80	6 958.77	4 840.20	6 012.77
人工成本/元	2 914.82	2 351.15	2 070.81	1 775.25	2 260.70	2 278.01	2 015.69	2 238.06
种子费/元	274.13	109.23	146.48	159.19	191.77	141.37	139.12	165.90
化肥、农肥等肥料费/元	820.67	331.62	427.42	300.08	480.58	432.22	353.59	449.45
农药费/元	423.44	148.35	101.99	72.71	192.79	115.91	57.63	158.97
机械作业费/元	122.64	51.04	33.68	56.57	72.51	76.29	94.32	72.44
畜力作业费/元	22.20	0	41.18	35.21	27.25	0	10.27	19.44
排灌作业费/元	36.75	0	19.16	1.68	51.45	53.65	56.32	31.29
其他费用/元	341.97	242.24	311.73	181.73	282.91	173.08	114.11	235.40
费用合计/元	4 956.62	3 233.63	3 152.45	2 582.42	3 559.96	3 270.53	2 841.05	3 370.95
净利润/元	2 676.23	3 241.62	1 557.19	3 260.48	2 069.84	3 688.24	1 999.15	2 641.82
现金收益/元	5 591.05	5 592.77	3 628.00	5 035.73	4 330.54	5 966.25	4 014.84	4 879.88
样本数/个	17	56	63	15	21	13	8	193*

4.3　西部地区耕地利用存在问题

（1）耕地经营规模小。耕地收益取决于耕地规模和单位面积净利润，家庭经营的耕地规模反映了一个国家或地区的耕地资源优势。尽管与东部和中部相比，西部家庭平均耕地面积较高，但各省区市分布极不平衡。从调查情况来看，调查地区农村家庭耕地规模普遍不高，主要集中在 1.5~3 亩和 3~5 亩这两组，占比分别为 30.20% 和 33.20%，其次是 5~8 亩组，占比接近 20%，1.5 亩以下组的占比为 8.83%，而 8~15 亩组的占比为 7.45%，15 亩以上组的占比非常小，为 0.75%，表明西部地区农村家庭耕地规模小，具体如图 4-10 所示。并且，出于历史分配原因，农户拥有的地块十分零碎分散，每户通常有 4~6 个地块。这种情况下，以家庭为单位的耕地经营不能实现规模化经营。由于耕地单产收益提高相对困难且具有很大波动性，因而调查地区的耕地收入在家庭收入中的比重越来越低。

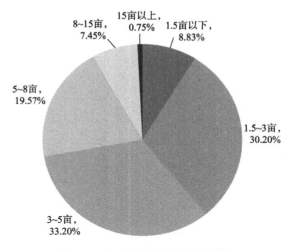

图 4-10 户均耕地规模结构百分比

（2）生产工具非常落后。现代生产工具是农业现代化水平的重要指示器，是提高劳动生产率的必备条件，但是西部大多数地区仍以畜力、木制农具、简单的金属农具等为生产工具，机械化水平低，从而导致人工劳动投入比例过大，劳动生产率低下。根据生产工具类型和耕地生产中使用比例，将其细分为五种类型，即机械为主、部分机械、部分畜力、小部分畜力和完全人工，具体界定标准参见附录 1，统计结果百分比如图 4-11 所示。可以看出，比例最高的是完全人工，高达 44.54%，其次是小部分畜力，为 24.19%，再次是部分机械，为 17.56%，部分畜力占比约超过 1 成，机械为主的情况则非常少。

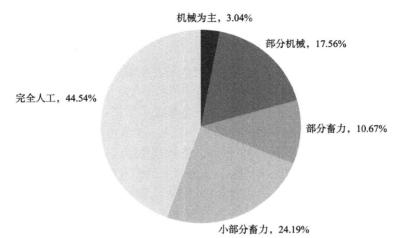

图 4-11 调查地区耕地生产工具使用情况结构百分比

（3）耕地利用方式不合理。主要表现在：一是耕作不合理。调查地区普遍采用浅耕模式，长期频繁浅耕作业，导致活土层明显变薄，土壤物理性状变劣，耕地质量下降。二是化肥和农药施用不科学。据了解，农民为追求产量而严重超量使用化肥、农药和农膜等，导致土壤养分严重失衡，耕地污染问题十分突出，部分地区耕地出现严重的板结化、酸化、盐渍化和沙化现象。三是普遍采用非可持续利用方式，存在"重用轻养"现象。将施肥的类型划分为全部无机肥、大部分无机肥+小部分有机肥、小部分无机肥+大部分有机肥、全部有机肥四种，以反映耕地利用的可持续性。调查结果表明，在耕地利用过程中，约有一半的农户采用"大部分无机肥+小部分有机肥"的方式，接近 4 成的农户全部使用无机肥，略超过 1 成农户耕地生产施用小部分无机肥+大部分有机肥情况，不足 4%的农户完全施用有机肥（图 4-12）。造成这种现象的主要原因是农作物品种研究追求无机肥条件下的产量，有机肥增产效果远不如无机肥，加之农户普遍不愿意养殖牲畜，导致有机肥数量严重不足。因此，农户为了眼前利益，对耕地利用采用非可持续利用模式，反映为耕地的"重用轻养"现象。

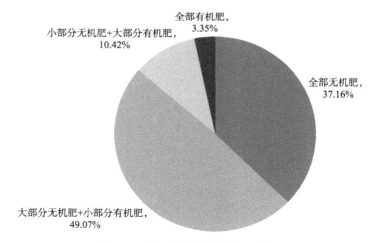

图 4-12　耕地生产方式结构百分比

（4）耕地利用经营管理水平低。耕地利用经营管理涉及农作物类型选择、品种选择、种植密度与间种类别、田间管理、技术选择、施肥与农药技术、病虫害防治等内容，简言之是"种什么和如何种"的问题，它直接关系到农作物产量、成本和收益。调查显示，西部地区普遍存在种子选择不当、病虫害防治不到位、栽培管理措施不力等问题。根据耕地生产管理水平，结合实际情况，将耕地经营管理划分为凭经验的粗放式管理、凭经验的精心管理、凭农业理论和技术的管理三种类型，调查结果如图 4-13 所示。可以看出，超过 6 成的农户属于凭经验种植，精心管理耕地生产，追求耕地产量与效益，属于这种情况的主要是受教育程度低的纯农或零星打工的农户；超过 3 成的农户属于凭经验种植，但采用粗放式管理，耕地生产的目的是自给或提供劳动机会，不太关注产量与效益，属于这种情况的农户主要是有其他收入来源，耕地收入在家庭收入中的比例非常低；不足 6% 的农户采用科学管理方式，依靠农业理论和新技术管理耕地生产，追求耕地利润最大化，属于这种情况的农户普遍文化程度相对较高，将农业作为创业产业。

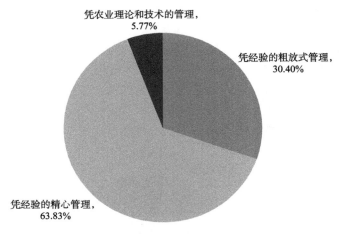

图 4-13　耕地利用经营管理类型结构百分比

（5）耕地生产集约化程度低。与中部和东部地区相比，西部地区耕地生产要素投入严重不足，集约化程度低，具体表现为：一是劳动力投入不足。西部地区农户兼业现象较为常见，很多家庭耕地生产主要依靠妇女和老人，耕地劳动力数量投入严重不足。调查显示，农户兼业现象十分常见，各地区农户兼业情况见表 4-31。可以看出：零星打工农户超过 1 成；主要劳动力大部分时间外出打工，耕地以妇女和老人种植为主，农忙时回家帮忙务农，这种情况的农户占比约为 1 成；主要劳动力长期外出打工，农忙时没有回家劳动，这种类型的农户占比超过 2 成；全部劳动力外出务工的占比约为 7%。由于西部农村机械化程度低，家庭耕地生产需要较多的劳动力，调查数据证实农村劳动力大量外出务工，使得耕地生产农村劳动力数量不足。二是耕地生产的科技含量低。西部地区耕地生产各种新技术推广与应用较少，突出表现在灌溉技术、施肥（药）技术和农业机械技术方面，科技成果转化率和利用率不高。三是资本投入不足。调查显示，西部农户家庭耕地生产依然采用人工劳作方式，耕地生产资本投入主要是种子、化肥、农药和简单的铁具或木具，表现为机械化水平低、技术含量不高。四是农业基础设施仍旧薄弱，耕地生产仍以"靠天吃饭"为主。突出表现在农田基础设施建设滞后，水利设施相对薄弱，导致农业抗灾能力较差。

表 4-31　按户统计调查地区农户兼业结构百分比情况

地区	纯农	兼业 1	兼业 2	兼业 3	全部劳动力外出务工
广西	53.50%	9.55%	14.01%	19.11%	3.82%
重庆	37.01%	16.22%	13.51%	23.91%	9.35%
四川	50.56%	8.19%	7.91%	25.99%	7.34%
贵州	60.89%	10.33%	6.27%	15.87%	6.65%
云南	48.39%	13.55%	7.74%	22.58%	7.74%
陕西	44.94%	17.09%	8.86%	24.05%	5.06%
甘肃	63.46%	11.54%	8.33%	13.46%	3.21%
平均	49.13%	12.47%	9.87%	21.59%	6.93%

注：兼业 1 指主要劳动力零星打工；兼业 2 指主要劳动力外出务工，但农忙时回家劳动；兼业 3 指主要劳动力长期外出打工，农忙时没有回家劳动；全部劳动力外出务工，指家庭劳动力均外出务工，统计范围局限于耕地生产主要由超过劳动力年龄的老人承担，劳动力在外打工的家庭。对于全家人常年均不在本地农村的，不在统计范围内。由于舍入修约，数据存在微小误差

（6）耕地利用比较收益低。我国主要农作物的经营成本过高，而农产品价格低，加之经营规模小，从而导致耕地利用的总体收益低，这种情况在西部农村地区更为突出。从三种粮食作物的净利润来看，将人工成本计算在内，调查地区玉米和小麦种植均属于亏损情况，水稻种植也仅有小额利润，尽管水果和经济作物的利润较高，但市场风险很大，总体种植比例并不高，西部地区多数农村家庭耕地利润不足 1 万元。从资本收益率来看，部分农作物资本收益率非常低。例如，调查地区玉米和小麦的资本收益率分别为−15.08%、−22.64%，经济作物资本收益率为 5.17%，客观事实进一步佐证西部地区耕地利用的比较收益低。

第5章 西部地区耕地利用经济绩效评价与影响因素

5.1 耕地利用经济绩效评价方法述评与选择

通常，经济绩效表现为经济效果和经济效率，因而，可用绝对值和相对比率来反映耕地利用的经济绩效。耕地利用的经济效果体现为经济效益，一般采用单一性经济指标反映，如耕地利用的实物产出量、净利润和现金收益等，利用统计方法计算其值，优点是方法简单，易于理解，缺点是综合性不强，不能反映资源配置的效率，可比性较差。从效率角度衡量耕地利用的经济绩效，实质上是耕地利用的投入与产出比例，其反映指标可以划分为单一性指标和综合性指标。单一性指标包括劳动生产率、资本收益率等，反映某个单位投入要素的实物或利润产出情况，在第4章已进行计算，在此不再重复计算。综合性指标，包括技术效率、生产潜力指数等，可以采用 SFA、DEA、Malmquist 法和生产潜力函数等方法进行计算，优点是综合反映各种投入要素的整体效率情况。当然，还有一类方法是采用综合指标体系法来衡量耕地利用的经济绩效，主要是选择具有代表性的相关指标构建指标体系，界定指标阈值，选择 AHP 法、熵值法等确定权重，从而测算结果。综合性指标体系法的优点是综合性强，反映全面，缺点是指标选择、评价标准和权重界定等往往具有一定主观性。耕地利用的经济绩效本质上表现为耕地的经济投入与经济产出及其关系，由于技术效率反映了耕地生产的投入与产出水平，具有综合性强的特点，因而，技术效率可以反映耕地利用的经济绩效。

与 DEA 等其他方法相比，SFA 属于参数估计法，可以检验，因而成为当前技术效率评价的主流方法，因此，本书选择 SFA 评价耕地利用的经济绩效。国外农业生产中技术效率评价及影响因素应用研究文献较为丰富，近年来具有代表性的研究有：Amaza 和 Olayemi（2002）采用 SFA 研究尼日利亚的贡贝地区粮食生产中技术的非效率性；Sekhon 等（2010）采用 SFA 模型发现印度平均技术效率最高的地区是中部地区（90%）；Ogundari（2013）以尼日利亚为例，测算出该国农业生产技术效率为 81%，且作物多样性能够提高技术效率，Coelli 和 Fleming（2004）、Rahman（2009）等也得到类似结论，但是 Lleweln 和 Williams（1996）、Haji（2007）的研究结论认为作物多样化会降低农业生产技术效率；Balde 等（2014）以几内亚为例，运用 SFA 模型研究发现户主、家庭规模等有利于提高技术效率；Devi 和 Singh（2014）以印度的曼尼普尔邦地区为研究区域，研究认为种植规模与技术效率呈正相关关系。

国内关于粮食生产技术效率及影响因素具有代表性的研究有：张雪梅（1999）采用随机边界生产函数，测算出我国 1991~1996 年玉米生产的平均技术效率为 0.829，研究结果表明技术进步和化肥是主要推动力；亢霞和刘秀梅（2005）利用 1992~2002 年分省的成本和产量数据，采用随机前沿超对数生产函数，分别测算出小麦、玉米、大豆和粳稻平均技术效率为 0.63、0.81、0.77 和 0.9，研究发现扩大土地经营规模对粮食产量增加有积极作用；宿桂红和傅新红（2011）采用 SFA 模型，测算出 1998~2008 年粮食主产区的水稻平均技术效率为 0.937 1，研究表明主产区水稻生产的技术效率较高，整体上呈现上升趋势，粮食生产在很大程度上受到自然灾害的影响；张海鑫和杨钢桥（2012）以安徽农户为例，研究发现农户农业生产技术效率仅为 77.97%，效率损失较为严重，耕地细碎化不利于农户农业生产技术效率的提高；Li 和 Sicular（2013）以辽宁省为例，采用超越对数随机前沿生产函数和技术效率模型分析农业劳动力与技术效率的关系，研究发现当家庭劳动力的平均年龄为 45 岁时，家庭层面的技术效率达到最高；赵敏娟和姚顺波（2012）利用 SFA 模型，研究退耕还林政策与粮食生产中的技术效率关系，发现两者在不同地区呈现的正负相关性存在显著差异，农户的平均技术效率为 80%。

综述，耕地利用经济产出可以采用实物和价值形式进行度量，价值形式的主要指标是产出物的市场价格和生产利润，耕地利用技术效率则可采用 DEA、SFA 模型等方法进行测度。一般认为，SFA 模型能够进行参数检验，优于 DEA 法，因而本书选择 SFA 模型评价耕地利用的经济绩效。

5.2　随机前沿生产函数模型构建

总的来讲，技术效率经历了全要素生产率、技术进步、技术效率等指标演变过程，测度方法包括 C-D 及扩展函数、生产潜力函数、SFA 和 Malmquist 指数等。与其他方法相比，前沿生产函数假设存在无效率，更符合客观实际，因而被广泛应用。前沿生产函数分为两大类：一类是确定性前沿生产函数，估计方法包括线性规划法和 DEA 法，属于非参数估计法，不能进行计量检验；另一类是SFA，采用极大似然法、修正最小二乘法等方法估计，属于参数估计法，可以进行检验。因此，本书选择SFA模型，估计不同类型农作物的生产技术效率，从而反映耕地利用的经济绩效。

构建合理的生产函数是计算技术效率的关键所在，尽管国内外关于技术效率及影响因素的研究文献较多，但大多侧重于技术效率或技术非效率及影响因素的计算，忽视投入要素的识别。例如，将灌溉作为技术效率的影响因素，而不是作为投入要素。因此，本书在借鉴相关文献成果的基础上，将劳动、化肥等投入纳入生产函数模型，采用随机前沿分析技术测算耕地利用的技术效率。具体而言，假设农作物的生产符合扩展 C-D 函数[①]，根据 Bettese 和 Coelli（1995）及 Coelli 等（1998）模型，SFA 模型构建如下：

$$\ln Y_{it} = \beta_0 + \sum_{i=1}^{6} \beta_i \ln x_{it} + \upsilon_{it} - u_{it} \tag{5-1}$$

其中，Y_{it} 为被解释变量，反映第 t 时期第 i 个样本每亩农作物产量（或产值）；β_0 为截距项；β_i 为第 i 个解释变量的待估计系数；x_{it}（$i=1, 2, \cdots, 7$）是投入变量，分别表示第 t 时期第 i 个样本每亩的劳动投入、化肥施用量、农药施用量、机械投入量、畜力投入量、灌溉保证率和其他资本投入[②]，分别反映劳动要素、化肥资本、农药资本、农业机械化、畜力程度、灌溉水平和其他资本情况；$\upsilon_{it} - u_{it}$ 表示混合误差 ε_{it}，υ_{it} 服从 $N(0, \sigma_\upsilon^2)$ 分布的正态随机误差项，u_{it} 服从 $N(0, \sigma_u^2)$ 分布的半正态随机变量，反映第 t 时期仅仅影响第 i 个样本的随机因素，表示农作物生产中技术非效率导致的产出损失，υ_{it} 与 u_{it} 相互独立。

模型（5-1）的参数估计采用最大似然法估计，似然函数中构造如下方差函数：

$$\gamma = \frac{\sigma_u^2}{\sigma_u^2 + \sigma_\upsilon^2} \tag{5-2}$$

其中，γ 接近于 0，表示技术非效率 u_{it} 接近于 0，随机前沿估计无效，最小二乘法估计优于最大似然估计；γ 接近于1，表示技术非效率 u_{it} 接近于混合误差 ε_{it}，

---

① 在此，没有选择超对数生产函数，主要是解释变量较多，不仅产生多重共线性问题，而且导致解释变量之间的非独立性问题，虽然一次项、二次项和交互项通过了卡方独立性检验，但它们存在事实上的非独立性。

② 生产函数投入要素选择依据是直接影响粮食产出的可控因素。与 BC（1995 年）实证模型不同，没有将时间因素单独作为解释变量纳入生产函数中，我们认为时间只是一个维度，它不是直接的投入要素，其他条件不变的情况下，时间并不能增加或减少粮食产出，因此没有将时间作为单个变量纳入模型。

最大似然估计优于最小二乘法估计，模型采用随机前沿估计是合理的。

采用混合误差分解方法（JLMS 技术），从混合误差 $\upsilon_{it}-u_{it}$ 中分离出技术非效率 u_{it}，于是技术效率定义如下：

$$\mathrm{TE}_{it}=E\left(\exp\{-u_{it}\}\mid\varepsilon_{it}\right)=\left[\frac{1-\Phi\left(\sigma_*-u_{*it}/\sigma_*\right)}{1-\Phi\left(-u_{*it}/\sigma_*\right)}\right]\exp\left\{-u_{*it}+\frac{1}{2}\sigma_*^2\right\}\quad(5\text{-}3)$$

其中，$u_{*it}=-\varepsilon_{it}\sigma_u^2/\left(\sigma_u^2+\sigma_\upsilon^2\right)$；$\sigma_*^2=\sigma_u^2\sigma_\upsilon^2/\left(\sigma_u^2+\sigma_\upsilon^2\right)$；$\varepsilon_{it}=\upsilon_{it}-u_{it}$；$\mathrm{TE}_{it}$ 表示第 t 期第 i 个样本的技术效率，如果 $u_{it}=0$，则 $\mathrm{TE}_{it}=1$，此时该样本的生产点位于生产前沿上，相反，如果 $u_{it}>0$，则 $0<\mathrm{TE}_{it}<1$，表明技术效率存在一定的损失，此时该样本的生产点位于生产前沿之下。

5.3 模型估计与检验

5.3.1 数据来源与处理说明

本书选择西部广西、重庆和四川等 7 个省区市作为研究地域，调查时段为 2012~2014 年，受时间、经费和人员等因素限制，仅对同一农户进行一次调查，因而，收集的是不同地区不同年份的农户数据。考虑到这些个体具有独立性，研究目的是考察耕地利用的经济绩效，进行数据处理时，不宜作为面板数据处理，而将其作为混合样本处理，进行参数估计。

生产函数模型中的被解释变量是每亩耕地的经济产出，三种粮食作物均采用实物产量（千克），而水果、经济作物和蔬菜则采用货币价值——产值（元），主要理由是后者属于大类农作物，由于同一大类中不同农作物之间不仅产量差异较大，而且价格差异大，采用不同农作物的产量不具有可比性，故后三大类农作物的生产函数模型选择产值作为被解释变量。解释变量均按每亩进行相应折算，其中：劳动量按天进行计算，而没有按小时进行折算，因为调查时，多数农户都不会按小时统计工作量，而按天进行粗略计算。耕地利用中需要施用不同的化肥，化肥用量根据《化肥折纯量参考计算表》进行折纯计算。农药用量则计算有效成分的重量，按公式：重量百分比浓度×使用农药总重量或容量百分比浓度×体积×密度进行测算。机械量采用金额统计，没有采用作业量统计，原因是租赁机械时，农户仅要求在具体日期前完成，并不清楚具体的作业时间或作业量，同时，农业机械功率大小也存在差异，不便于统计，而支付费用则十分明确；畜力量情况相同，也采用金额计算。灌溉率是农户相应农作物保障灌溉面积除以相应农作物的播种面积。其他资本则包括农作物的种子费、农膜费、工具费等直接费用或间接费用，但水果的其他资本没有包含种苗费。需要说明的是，实际调查时，农户提供的是粗略数据，并没有真正地进行物理计量，因而存在较小的统计误差。对各变量进行对数处理时，均采用自然对数，但由于水稻、玉米、小麦农药用量的数值均小于 1，取对数后产生负值，不利于进行经济学解释，且不能通过模型检验，因而在相应生产函数中，未进行对数处理；同样，所有生产函数模型中，灌溉率为 0~1，也未进行对数处理；机械量和畜力量通常大于 1，取对数后为正，小于 1 或者没有使用机械（或畜力）情况下，按 0 处理。

5.3.2　描述性统计

根据模型所涉及的变量，汇总相关农作物调查数据，利用 Stata 8.0 可得到各变量的描述性统计指标，具体如表 5-1 所示。可以看出，水稻生产函数中，被解释变量水稻的产量较高，每亩均值为 547.07 千克，标准差明显大于其他两种粮食作物，主要原因是广西是两季稻，而其他地区是一季中稻，广西地区水稻产量接近其他地区的 2 倍，另一个原因是部分地区遭受洪灾和病虫害而大量减产；从劳动量来看，每亩水稻劳动投入 10.71 个工作日，最小值不到 7 天，最大值为 18.91 天，产生差异的原因是除草的次数与方式、病虫害次数与程度等不同；化肥用量、农药用量每亩均值分别为 20.92 千克和 0.20 千克，两个变量差异也较大，原因是各地区土壤肥力、植保和病虫害情况不同；与过去相比，水稻的机械量有所提升，而畜力量有所下降，各地差异大，机械主要用于翻地、运输和收割，畜力主要用于翻地和运输；各地灌溉条件差异也非常大，少部分农户水田无保障灌溉设施，而相当多农户水田则可完全保证灌溉；其他资本每亩均值为 106.44 元，其中，各地种子费差异并不大，主要差异来源于农膜费、工具费和其他直接费用。玉米和小麦生产的投入与产出情况，与水稻存在一些差异，主要特点是小麦产量亩均低，玉米化肥用量相对大些，三种粮食作物的农药用量相差并不大，但玉米的机械量和畜力用量相对小些，玉米和小麦的可保证灌溉率非常低，其他资本投入与水稻相差不大。

表 5-1　主要农作物生产函数各变量描述性统计

水稻生产函数变量							
项目	变量名	单位	观测数	均值	标准差	最小值	最大值
每亩产量	output	千克	1 078	547.07	123.30	240.00	1 083.00
劳动量	labour	天	1 078	10.71	3.01	6.92	18.91

续表

水稻生产函数变量

项目	变量名	单位	观测数	均值	标准差	最小值	最大值
化肥用量	fertilizer	千克	1 078	20.92	10.91	11.63	55.19
农药用量	pesticide	千克	1 078	0.20	0.16	0.01	0.79
机械量	mechanization	元	1 078	90.20	71.71	0.00	328.72
畜力量	animal	元	1 078	50.43	48.56	0.00	300.00
灌溉率	irrigation		1 078	0.41%	0.08%	0.28%	1.00%
其他资本	othercapital	元	1 078	106.44	36.79	71.58	251.00

玉米生产函数变量

项目	变量名	单位	观测数	均值	标准差	最小值	最大值
每亩产量	output	千克	1 321	433.38	75.14	305.90	705.95
劳动量	labour	天	1 321	11.68	1.67	8.84	15.24
化肥用量	fertilizer	千克	1 321	22.29	3.55	17.21	31.87
农药用量	pesticide	千克	1 321	0.34	0.14	0.08	0.60
机械量	mechanization	元	1 321	30.21	44.01	0.00	164.29
畜力量	animal	元	1 321	16.84	21.50	0.00	69.45
灌溉率	irrigation		1 321	0.12%	0.10%	0.00%	0.38%
其他资本	othercapital	元	1 321	83.31	24.67	57.95	169.01

小麦生产函数变量

项目	变量名	单位	观测数	均值	标准差	最小值	最大值
每亩产量	output	千克	442	304.11	77.59	206.49	448.06
劳动量	labour	天	442	8.27	0.73	6.70	9.73
化肥用量	fertilizer	千克	442	19.51	6.18	11.58	28.90
农药用量	pesticide	千克	442	0.28	0.06	0.15	0.39
机械量	mechanization	元	442	90.15	46.96	0.00	159.18
畜力量	animal	元	442	12.07	8.43	0.00	32.40
灌溉率	irrigation		442	0.16%	0.10%	0.00%	0.36%
其他资本	othercapital	元	442	69.13	12.07	51.04	93.47

水果生产函数变量

项目	变量名	单位	观测数	均值	标准差	最小值	最大值
每亩产值	output	元	276	5 948.72	1 133.42	4 006.16	8 764.41
劳动量	labour	天	276	20.47	4.50	11.46	28.92

水果生产函数变量

项目	变量名	单位	观测数	均值	标准差	最小值	最大值
化肥用量	fertilizer	千克	276	157.47	78.44	90.10	289.75
农药用量	pesticide	千克	276	4.91	1.64	2.18	8.91
机械量	mechanization	元	276	34.44	24.00	0.00	72.84
畜力量	animal	元	276	16.16	13.51	0.00	49.41
灌溉率	irrigation		276	0.11%	0.07%	0.00%	0.25%
其他资本	othercapital	元	276	168.05	40.37	108.20	259.95

经济作物生产函数变量

项目	变量名	单位	观测数	均值	标准差	最小值	最大值
每亩产值	output	元	221	2 387.80	830.53	1 000.18	4 497.35
劳动量	labour	天	221	21.62	4.66	10.41	33.35
化肥用量	fertilizer	千克	221	46.68	11.66	21.41	76.78
农药用量	pesticide	千克	221	0.94	0.45	0.35	2.61
机械量	mechanization	元	221	42.93	30.63	0.00	98.77
畜力量	animal	元	221	15.40	25.35	0.00	79.69
灌溉率	irrigation		221	0.15%	0.10%	0.00%	0.44%
其他资本	othercapital	元	221	326.57	124.55	123.71	726.09

蔬菜生产函数变量

项目	变量名	单位	观测数	均值	标准差	最小值	最大值
每亩产值	output	元	193	5 824.53	1 354.85	3 587.83	9 173.04
劳动量	labour	天	193	29.52	5.16	16.81	43.04
化肥用量	fertilizer	千克	193	54.65	11.94	31.88	98.97
农药用量	pesticide	千克	193	3.75	1.66	0.64	9.61
机械量	mechanization	元	193	57.94	55.74	0.00	147.27
畜力量	animal	元	193	21.52	26.80	0.00	59.92
灌溉率	irrigation		193	0.30%	0.11%	0.12%	0.69%
其他资本	othercapital	元	193	278.16	49.72	114.11	366.75

在水果生产函数中，被解释变量产值的每亩均值为 5 948.72 元，但标准差较大，最小值仅略超过 4 000 元，最大值超过 8 500 元；劳动量、化肥和农药用量明显高于三大粮食作物，每亩均值分别为 20.47 天、157.47 千克和 4.91 千克，受到

水果类型和各地地理条件影响，其标准差均大于三种粮食作物；机械量和畜力量相对较低，主要是水果生产依然以人工为主，不适合使用机械和畜力；灌溉率低于三种粮食作物，原因是果树相对耐旱，对灌溉条件要求不高，果树种植大多分布在丘陵和山区；其他资本投入较高，均值为168.05元，主要来源是工具费和咨询服务费，不同水果和不同地区之间差异较大。经济作物和蔬菜生产投入与产出情况与水果有些类似，明显高于三大粮食作物，相对而言，经济作物的产值较低，蔬菜产值与水果相当，相应地，经济作物的劳动量、化肥用量、农药用量也基本低于蔬菜和水果；蔬菜种植中机械量和畜力量高于水果和经济作物；蔬菜灌溉率也明显高些，原因是蔬菜栽培要求高；经济作物和蔬菜的其他资本高于水果，主要原因是经济作物和蔬菜大多属于一年生植物，其他资本中包含了每年的种子费，而水果大多数属于多年生植物，没有包含种苗费。

5.3.3　参数估计与检验

生产函数有多种形式，课题组运用 Stata 8.0 软件，采用 frontier 命令，比较了线性生产函数和对数生产函数，结果发现，所有线性模型的生产函数，γ 估计值均接近于 0，不能通过检验，表明随机前沿估计无效。对数生产函数模型中，也比较了技术非效率 u_{it} 分别服从半正态分布（half-normal distribution）、截断分布（truncated-normal distribution）和指数分布（exponential distribution）的情况，估计结果表明，仅在半正态分布情况下，模型 γ 估计值接近于 1，拒绝 $\mu = 0$ 的假设，通过检验，其他两种分布假设不成立。

因此，选择半正态分布下的随机前沿估计，水稻生产函数对数模型随机前沿估计结果如表 5-2 所示。可以看出，γ 估计值为 0.969 8，非常靠近 1，且在 1% 显著性水平下通过了卡方检验，表明随机误差项中约有 96.98% 来自技术非效率，只有 3% 左右来自统计误差等外部影响，因此，采用 SFA 是整体有效的。从 $\sigma_u = 0$ 检验来看，拒绝原假设，表明生产函数存在技术非效率。模型的整体似然检验（LR）Test 值非常大，远大于 1% 水平的临界值，拒绝增加约束条件引起模型大幅变动的原假设，表明模型整体稳定。Wald 检验表明，参数非常显著。从模型的估计系数来看，除劳动量、机械量和畜力量外，其他解释变量均通过显著性 1% 水平下的检验，反映化肥用量、农药用量、灌溉率、其他资本与水稻产量具有显著的正相关关系。劳动量、机械量和畜力量三者之间具有一定的替代性，并且各地劳动投入与农业机械、畜力的替代程度不同，因而，模型反映出，水稻是否使用人力、机械和畜力对水稻产量不具有显著影响。

表 5-2 水稻生产函数对数模型随机前沿估计结果

变量名	参数/统计量/原假设	估计系数/统计值	标准误差	Z 值	P>|z|
labour	β_1	0.022 3	0.016 8	1.330 0	0.184 0
fertilizer	β_2	0.298 3	0.022 5	13.260 0	0.000 0
pesticide	β_3	0.131 6	0.026 9	4.900 0	0.000 0
mechanization	β_4	−0.004 1	0.001 8	0.650 0	0.514 0
animal	β_5	−0.004 4	0.001 8	0.810 0	0.416 0
irrigation	β_6	0.280 6	0.039 0	7.190 0	0.000 0
othercapital	β_7	0.168 0	0.028 2	5.950 0	0.000 0
_cons	β_0	4.539 4	0.089 9	50.520 0	0.000 0
gamma	γ	0.969 8			
sigma_u	σ_u	0.104 4	0.009 7		
sigma_v	σ_v	0.018 4	0.001 5		
（LR）Test	LR	1 047.17			0.000 0
Wald chi^2（7）	$\beta_1=\beta_2=\cdots=\beta_7=0$	3 131.81			0.000 0
LRTest	$\sigma_u=0$	17.82			0.000 0

　　同样，采用半正态分布下的随机前沿估计，得到玉米生产函数对数模型随机前沿估计结果，具体如表 5-3 所示。可以看出，γ 估计值为 0.736 3，比较靠近 1，且在 1% 显著性水平下通过了卡方检验，表明随机误差项中约有 73.63% 来自技术非效率，只有 26.37% 来自统计误差等外部影响，因此，采用 SFA 是整体有效的。从 $\sigma_u=0$ 检验来看，拒绝原假设，表明生产函数存在技术非效率。模型的整体似然检验（LR）Test 值比较大，大于 1%水平的临界值，拒绝增加约束条件引起模型大幅变动的原假设，表明模型整体稳定。Wald 检验表明，拒绝整体参数均为 0 的假设，参数整体检验非常显著。从模型的估计系数来看，除机械量和农药用量对玉米产量不具有显著影响外，其他解释变量均通过显著性 1%水平下的检验，反映劳动量、化肥用量、畜力量、灌溉率、其他资本与玉米产量具有显著的正相关关系。

表 5-3 玉米生产函数对数模型随机前沿估计结果

变量名	参数/统计量/原假设	估计系数/统计值	标准误差	Z 值	P>|z|
labour	β_1	0.496 2	0.075 2	6.600 0	0.000 0
fertilizer	β_2	0.289 9	0.072 8	3.980 0	0.000 0
pestcide	β_3	0.064 5	0.054 6	1.180 0	0.237 0

续表

变量名	参数/统计量/原假设	估计系数/统计值	标准误差	Z值	P>|z|
mechine	β_4	−0.000 7	0.004 4	−0.150 0	0.881 0
animal	β_5	−0.013 5	0.004 9	−2.760 0	0.006 0
irrigation	β_6	0.818 8	0.122 5	6.680 0	0.000 0
othercapital	β_7	0.148 6	0.051 2	2.900 0	0.004 0
_cons	β_0	3.290 5	0.196 0	16.790 0	0.000 0
gamma	γ	0.736 3			
sigma_u	σ_u	0.066 9	0.016 8		
sigma_v	σ_v	0.111 7	0.031 8		
（LR）Test	LR	145.72			0.000 0
Wald chi^2（7）	$\beta_1 = \beta_2 = \cdots = \beta_7 = 0$	296.72			0.000 0
LRTest	$\sigma_u = 0$	1.57			0.108

采用半正态分布下的随机前沿估计，得到小麦生产函数对数模型随机前沿估计结果，具体如表 5-4 所示。可以看出，γ 估计值为 0.862 6，比较靠近 1，且在 1%显著性水平下通过了卡方检验，表明随机误差项中约有 86.26% 来自技术非效率，只有 13.74% 来自统计误差等外部影响，因此，采用 SFA 是整体有效的。从 $\sigma_u = 0$ 检验来看，拒绝原假设，表明生产函数存在技术非效率。模型的整体似然检验（LR）Test 值比较大，大于 1% 水平的临界值，拒绝增加约束条件引起模型大幅变动的原假设，表明模型整体稳定。Wald 检验表明，拒绝整体参数均为 0 的假设，参数整体检验非常显著。从模型的估计系数来看，除其他资本对小麦产量不具有显著影响外，其他解释变量均通过显著性 10%水平下的检验，其中劳动量对小麦生产具有抑制作用，而化肥用量、农药用量、机械量、畜力量和灌溉率对玉米产量具有显著的促进作用。

表 5-4　小麦生产函数对数模型随机前沿估计结果

变量名	参数/统计量/原假设	估计系数/统计值	标准误差	Z值	P>|z|
labour	β_1	−0.273 8	0.090 1	−3.040 0	0.002 0
fertilizer	β_2	0.730 0	0.023 2	31.440 0	0.000 0
pestcide	β_3	0.346 1	0.104 6	3.310 0	0.001 0
mechine	β_4	−0.011 7	0.005 2	−2.230 0	0.026 0
animal	β_5	0.008 2	0.004 6	1.790 0	0.073 0
irrigation	β_6	0.164 4	0.061 3	2.680 0	0.007 0

续表

变量名	参数/统计量/原假设	估计系数/统计值	标准误差	Z 值	P>|z|
othercapital	β_7	0.002 0	0.048 5	0.040 0	0.967 0
_cons	β_0	4.090 6	0.334 4	12.230 0	0.000 0
gamma	γ	0.862 6			
sigma_u	σ_u	0.029 7	0.009 8		
sigma_v	σ_v	0.074 4	0.015 3		
（LR）Test	LR	130.13			0.000 0
Wald chi^2（7）	$\beta_1 = \beta_2 = \cdots = \beta_7 = 0$	1 881.44			0.000 0
LRTest	$\sigma_u = 0$	1.74			0.094

在半正态分布假设下，水果生产函数对数模型随机前沿估计结果如表 5-5 所示。可以看出，γ 估计值为 0.822 6，比较靠近 1，且在 1%显著性水平下通过了卡方检验，表明随机误差项中约有 82.26%来自技术非效率，只有 17.74% 来自统计误差等外部影响，因此，采用 SFA 是整体有效的。从 $\sigma_u = 0$ 检验来看，拒绝原假设，表明生产函数存在技术非效率。模型的整体似然检验（LR）Test 值比较大，大于 1% 水平的临界值，拒绝增加约束条件引起模型大幅变动的原假设，表明模型整体稳定。Wald 检验表明，拒绝整体参数均为 0 的假设，参数整体检验非常显著。从模型的估计系数来看，机械量、畜力量、灌溉率和其他资本对水果产值不具有显著影响，其他解释变量均通过显著性 1%水平下的检验，劳动量、化肥用量和农药用量对水果产值具有显著的积极作用。

表 5-5　水果生产函数对数模型随机前沿估计结果

变量名	参数/统计量/原假设	估计系数/统计值	标准误差	Z 值	P>|z|
labour	β_1	0.059 4	0.077 6	7.730 0	0.000 0
fertilizer	β_2	0.007 8	0.071 3	5.110 0	0.000 0
pestcide	β_3	0.372 6	0.061 9	6.020 0	0.000 0
mechine	β_4	0.013 3	0.013 5	0.980 0	0.325 0
animal	β_5	0.005 3	0.009 1	0.580 0	0.560 0
irrigation	β_6	−0.032 8	0.302 8	−0.110 0	0.914 0
othercapital	β_7	0.106 7	0.089 2	1.200 0	0.231 0
_cons	β_0	7.515 7	0.378 3	19.870 0	0.000 0
gamma	γ	0.822 6			
sigma_u	σ_u	0.086 7	0.023 5		

续表

变量名	参数/统计量/原假设	估计系数/统计值	标准误差	Z 值	P>|z|
sigma_v	σ_v	0.186 8	0.037 9		
（LR）Test	LR	99.214 1			0.000 0
Wald chi^2（7）	$\beta_1 = \beta_2 = \cdots = \beta_7 = 0$	170.58			0.000 0
LRTest	$\sigma_u = 0$	1.86			0.086

采用半正态分布下的随机前沿估计，得到经济作物生产函数对数模型随机前沿估计结果，具体如表 5-6 所示。可以看出，γ 估计值为 0.960 5，非常靠近于 1，且在 1% 显著性水平下通过了卡方检验，表明随机误差项中约有 96.05% 来自技术非效率，只有 3.95% 来自统计误差等外部影响，因此，采用 SFA 是整体有效的。从 $\sigma_u = 0$ 检验来看，拒绝原假设，表明生产函数存在技术非效率。模型的整体似然检验（LR）Test 值比较大，大于 1% 水平的临界值，拒绝增加约束条件引起模型大幅变动的原假设，表明模型整体稳定。Wald 检验表明，拒绝整体参数均为 0 的假设，参数整体检验非常显著。从模型的估计系数来看，化肥用量、农药用量、机械量和畜力量对经济作物产值不具有显著影响，其他解释变量均通过显著性检验，劳动量、灌溉率和其他资本对经济作物产值具有显著的正向作用。

表 5-6　经济作物生产函数对数模型随机前沿估计结果

变量名	参数/统计量/原假设	估计系数/统计值	标准误差	Z 值	P>|z|
labour	β_1	0.392 1	0.050 8	7.720 0	0.000 0
fertilizer	β_2	−0.034 2	0.040 9	−0.840 0	0.404 0
pestcide	β_3	−0.016 9	0.035 8	−0.470 0	0.637 0
mechine	β_4	−0.003 7	0.012 3	−0.300 0	0.764 0
animal	β_5	0.001 6	0.013 2	0.120 0	0.901 0
irrigation	β_6	0.468 6	0.119 2	3.930 0	0.000 0
othercapital	β_7	0.119 0	0.037 4	3.180 0	0.001 0
_cons	β_0	6.363 9	0.242 6	26.230 0	0.000 0
gamma	γ	0.960 5			
sigma_u	σ_u	0.113 6	0.019 1		
sigma_v	σ_v	0.560 6	0.025 9		
（LR）Test	LR	−218.998 9			0.000 0

续表

变量名	参数/统计量/原假设	估计系数/统计值	标准误差	Z 值	$P>\lvert z\rvert$
Wald chi^2（7）	$\beta_1 = \beta_2 = \cdots = \beta_7 = 0$	154.34			0.000 0
LRTest	$\sigma_u = 0$	47.91			0.000

采用半正态分布下的随机前沿估计，得到蔬菜生产函数对数模型随机前沿估计结果，具体如表 5-7 所示。可以看出，γ 估计值为 0.889 5，比较靠近 1，且在 1%显著性水平下通过了卡方检验，表明随机误差项中约有 88.95% 来自技术非效率，只有 11.05% 来自统计误差等外部影响，因此，采用 SFA 是整体有效的。从 $\sigma_u = 0$ 检验来看，拒绝原假设，表明生产函数存在技术非效率。模型的整体似然检验（LR）Test 值比较大，大于 1%水平的临界值，拒绝增加约束条件引起模型大幅变动的原假设，表明模型整体稳定。Wald 检验表明，拒绝整体参数均为 0 的假设，参数整体检验非常显著。从模型的估计系数来看，化肥用量、机械量和畜力量对蔬菜产值不具有显著影响，而劳动量、农药用量、灌溉率和其他资本对蔬菜产值具有显著的积极作用。

表 5-7　蔬菜生产函数对数模型随机前沿估计结果

变量名	参数/统计量/原假设	估计系数/统计值	标准误差	Z 值	$P>\lvert z\rvert$
labour	β_1	0.647 1	0.088 8	7.290 0	0.000 0
fertilizer	β_2	−0.088 4	0.076 6	−1.150 0	0.248 0
pestcide	β_3	0.120 5	0.030 3	3.980 0	0.000 0
mechine	β_4	−0.005 3	0.008 2	−0.650 0	0.513 0
animal	β_5	−0.016 3	0.009 9	−1.640 0	0.101 0
irrigation	β_6	0.420 6	0.106 0	3.970 0	0.000 0
othercapital	β_7	0.460 3	0.080 2	5.740 0	0.000 0
_cons	β_0	9.624 7	0.418 3	23.010 0	0.000 0
gamma	γ	0.889 5			
sigma_u	σ_u	0.090 2	0.023 0		
sigma_v	σ_v	0.256 5	0.033 8		
（LR）Test	LR	64.918 1			0.000 0
Wald chi^2（7）	$\beta_1 = \beta_2 = \cdots = \beta_7 = 0$	182.39			0.000 0
LRTest	$\sigma_u = 0$	4.64			0.016

上述估计的样本均为同一类农作物，且粮食作物经济产出因变量的计量单位

为千克，而非粮食作物的计量单位为元，为便于比较种植不同类型农作物的经济绩效，我们采用全样本估计方式，即将所有样本均纳入估计模型，同时将因变量的计量单位均统一为千克，其中水稻和小麦采用 2014 年全国粮食最低收购价格，分别为 135 元/50 千克、118 元/50 千克，玉米采用 2014 年 12 月 30 日市场平均价格 113 元/50 千克。采用半正态分布下的随机前沿估计，得到全样本农作物的生产函数对数模型随机前沿估计结果，具体如表 5-8 所示。可以看出，γ 估计值为 0.669 2，偏向于 1，表明随机误差项中统计误差等外部影响相对较小，因此，采用 SFA 基本是整体有效的。从 $\sigma_u = 0$ 检验来看，拒绝原假设，表明生产函数存在技术非效率。模型的整体似然检验（LR）Test 值比较大，大于 1% 水平的临界值，拒绝增加约束条件引起模型大幅变动的原假设，表明模型整体稳定。Wald 检验表明，拒绝整体参数均为 0 的假设，参数整体检验非常显著。从模型的估计系数来看，机械量和畜力量对农作物的产值不具有显著影响，而劳动量、化肥用量、农药用量、灌溉率和其他资本对其具有显著的积极作用。

表 5-8　全样本生产函数对数模型随机前沿估计结果

变量名	参数/统计量/原假设	估计系数/统计值	标准误差	Z 值	P>|z|
labour	β_1	0.352 7	0.022 6	15.590 0	0.000 0
fertilizer	β_2	0.246 3	0.016 5	14.890 0	0.000 0
pestcide	β_3	0.165 3	0.006 1	27.000 0	0.000 0
mechine	β_4	−0.013 4	0.003 5	−0.138 0	0.863 3
animal	β_5	−0.005 6	0.003 7	−1.530 0	0.127 0
irrigation	β_6	0.617 5	0.056 8	10.870 0	0.000 0
othercapital	β_7	0.064 7	0.012 6	5.120 0	0.000 0
_cons	β_0	5.420 7	0.062 0	87.490 0	0.000 0
gamma	γ	0.669 2			
sigma_u	σ_u	0.298 1	0.023 1		
sigma_v	σ_v	0.209 6	0.010 9		
（LR）Test	LR	306.161 0			0.000 0
Wald chi^2（7）	$\beta_1 = \beta_2 = \cdots = \beta_7 = 0$	8 848.41			0.000 0
LRTest	$\sigma_u = 0$	22.43			0.000

5.4 经济绩效测算结果与分析

以单项农作物为样本，基于技术效率的耕地利用经济绩效估计结果的描述性统计结果如表 5-9 所示。可以看出，水稻生产的平均技术效率水平为 0.922 4，与宿桂红和傅新红（2011）、杨万江和李琪（2016）得到的水稻生产技术效率结果为 0.937 1 和 0.89 比较接近，相应的效率损失为 7.76%，表明水稻生产投入与产出的总体效率优秀，但各样本之间差异大，最大值为 0.987 5，最小值为 0.657 5；玉米生产的平均技术效率水平为 0.916 6，与郭志超（2009）得出的我国玉米技术效率为 91.2% 的研究结果非常接近，与赵红雷和贾金荣（2011）的研究结果 0.824 存在较大差异，调查地区玉米的效率损失仅为 8.34%，表明玉米生产投入与产出整体经济绩效高，但各样本之间差异较大，最大值为 0.976 2，最小值为 0.777 0；小麦生产的平均技术效率水平 0.943 1，与陈书章等（2012）的研究结果较为接近，而与孙昊（2014）、苗珊珊（2014）和郝晓燕等（2016）分别得出的结果 0.86、0.87、0.81，存在一定差异，调查样本的效率损失为 5.69%，表明小麦生产投入与产出整体经济绩效优秀，各样本之间差异相对较小，最大值为 0.989 7，最小值为 0.844 4；水果生产的平均技术效率水平为 0.865 5，效率损失为 13.45%，表明水果生产投入与产出的整体经济绩效良好，但各样本之间差异较大，最大值为 0.966 1，最小值为 0.647 9；经济作物生产的平均技术效率水平为 0.664 8，对应的效率损失为 33.52%，表明经济作物生产投入与产出整体效率中等，且各样本之间差异较大，最大值为 0.949 6，最小值为 0.288 9；蔬菜生产的平均技术效率水平为 0.821 8，与孔祥志等（2016）的研究结果 0.81 相近，与徐家鹏和李崇光（2011）得出七种蔬菜平均技术效率在 0.946~0.990 范围内存在较大差异，相应的效率损失为 17.82%，表明蔬菜生产投入与产出整体经济绩效良好，但各样本之间差异较大，最大值为 0.965 0，最小值为 0.565 5。

表 5-9 单项样本不同农作物的经济绩效描述性统计

作物名称	均值	标准差	最小值	最大值
水稻	0.922 4	0.034 5	0.657 5	0.987 5
玉米	0.916 6	0.043 4	0.777 0	0.976 2
小麦	0.943 1	0.035 1	0.844 4	0.989 7
水果	0.865 5	0.073 7	0.647 9	0.966 1
经济作物	0.664 8	0.185 0	0.288 9	0.949 6
蔬菜	0.821 8	0.102 3	0.565 5	0.965 0

如果单纯以同类农作物为样本，可能会误认为种植粮食作物的经济效率均优于水果、经济作物和蔬菜，但是，由于因变量计量单位不同，粮食作物以产量作为产出变量，而非粮食作物则以产值作为产出变量，二者样本选择不同，为不同类样本，因此，它们之间不具有可比性。所以，如上所述，统一因变量计量单位，且将所有类型农作物的样本纳入 SFA 模型，不同类型农作物耕地利用的经济绩效描述性统计如表 5-10 所示。可以看出，从全样本的平均技术效率来看，均值为 0.801 1，与赵敏娟和姚顺波（2012）、张海鑫和杨钢桥（2012）、Ogundari（2013）等得到的农户农业生产技术效率均值分别为 0.779 7、0.80、0.81 接近。其中，水稻、玉米、小麦、水果、蔬菜和经济作物的平均技术效率在 0.621 1~0.838 8 范围内，非粮食作物的平均技术效率总体水平高于粮食作物，最低的是小麦 0.621 1，倒数第二的是玉米，为 0.715 9，与亢霞和刘秀梅（2005）基于多种农作物研究得出的小麦、玉米平均技术效率结果 0.63、0.81 比较接近，而蔬菜、水稻和水果的平均技术效率均高于 0.80。从不同类型农作物的标准差、最大值和最小值可以看出，种植非粮食作物的技术效率虽然较高，但风险较大，其技术效率的最小值整体均低于粮食作物，具有风险大、收益大的特征。主要原因是水果、经济作物和蔬菜的价格波动大，受市场供求影响明显，技术风险、自然风险和病虫害等也明显高于粮食作物，且各种要素投入非常大，因此，正常情况下属于"高投入，高产出"，另外，不少地区农户出现销售困难或低价出售情况，属于"高投入，低产出"，出现"低投入，高产出"情况较少。相反，粮食作物价格不断上升，技术要求低，属于"低投入，低产出"情况。因而，总体来看，尽管耕地利用种植不同类型农作物的技术效率存在一定差异性，但是西部调查地区样本农户的非粮食作物平均技术效率并未远高于粮食作物，水稻的技术效率与水果、蔬菜的技术效率基本接近，而略高于经济作物，而玉米和小麦的平均技术效率低于其他类型农作物。总之，对于西部的多数地区而言，玉米和小麦种植不具有经济比较优势。

表 5-10　全样本不同类型农作物耕地利用经济绩效描述性统计

作物名称	均值	标准差	最小值	最大值
水稻	0.826 4	0.040 7	0.631 9	0.930 7
玉米	0.715 9	0.042 8	0.614 4	0.839 8
小麦	0.621 1	0.077 5	0.494 2	0.791 8
水果	0.810 0	0.097 0	0.514 4	0.934 1
蔬菜	0.838 8	0.087 2	0.534 0	0.956 8
经济作物	0.770 9	0.119 0	0.410 1	0.936 1
全样本	0.801 1	0.087 7	0.410 1	0.956 8

5.5　耕地利用经济绩效影响因素

5.5.1　耕地利用经济绩效影响因素选择

耕地利用的经济绩效受到自然环境和社会经济条件的共同影响，由于自然环境系统和社会经济系统非常复杂，它们所包含的因素非常多，在现有技术手段与水平下，人们还无法掌握其内在规律，因而，尽管相关文献颇丰，但对于耕地利用经济绩效（经济效益、经济效率或经济产出）的具体影响因素尚未达成共识，不同文献所选择的因素存在一些差异，近年来代表性研究包括：Tian 和 Wan（2000）选择劳动力受教育程度、人均耕地规模、有效灌溉面积占比、复种指数，考察这些因素对农业全要素生产率的影响；刘瑞平等（2005）认为，耕地经济价值来源包括自然因素和社会经济因素，自然因素包含土壤质地、有机质含量、砾石含量、土层厚度和海拔等，社会经济因素包含灌溉保证率、田块分散度、地面平整度、中心城镇影响度、外部交通通达度和田间道路状况等；高魏等（2006）根据主成分分析结果，将影响耕地经济产出的因子概括为资源禀赋、耕作制度、农业科技进步和政策制度四个因素，实证结果显示资源禀赋、耕作制度、农业科技进步是目前影响耕地经济产出的重要因素，但农村税费改革、种粮补贴等政策对耕地经济产出影响并不显著；有的研究认为，粮食价格是提高粮食生产收益最为关键的因素，远大于其他因素对收益的影响（彭克强，2009；曾福生和戴鹏，2011）；Monchuk（2009）选择农业生产特征、农村信用可得性、工业化程度和农业劳动力占比四个因素，实证其对中国农业生产非效率的影响；李谷成等（2009）以湖北省为例，将耕地规模、耕地细碎化程度、受教育程度、技术培训、家庭背景、市场化程度和信用可得性作为耕地利用效率影响因素；刘玉海和武鹏（2011）利用 Tobit 模型检验自然气候、生产技术、工业化和城市化，以及教育程度和农业规模等因素对全要素耕地利用效率的影响；杨朔等（2011）的研究表明单位耕地面积农业机械总动力、有效灌溉率、受灾面积占农作物播种面积比重、人均 GDP 和政策虚拟变量等因素对陕西省耕地利用效率影响显著；韩春鲜等（2010）认为耕地系统生产能力受到多因素影响，短时期内主要受人类经济活动的影响，选择人口总数、农业劳动力、农均耕地面积、农均粮食播种面积、农均棉花播种面积、农业机械总动力和化肥使用量等作为耕地系统生产力能力的影响因素；赵翠萍（2012）运用 Tobit 回归模型分析耕地生产效率的主要影响因素，结果表明人均耕地面积和单位面积平均机械总动力对耕地生产效率影响最显著；许恒周等（2012）从户主个人特征、家庭特征、耕作条件等方面构建耕地生产效率的影响因素；张鹏岩等（2013）选取城镇化率、复种指数、灌溉指数、单位耕地化肥施用量、单位耕地农机投入动力、单位耕地农业劳动力、农业投资比重和粮食单产八个指标作为河南省耕地利用效益的影响因素，实证结果表明十年间影响粮食产量的主要因素由化肥施用量逐渐转变为单位耕地农业劳动力；王良健和李辉（2014）选择第一产业单位从业人员、灌溉保证率、粮食作物种植面积占比、劳均耕地规模、货运总量、人均邮电业务总量、农业贷款规模、免征农业税政策共计八个要素作为影响中国耕地利用效率的影响因素；杜继丰和袁中友（2014）研究发现珠三角地区粮食播种面积是粮食总产量的首要正向影响因素，耕地非农化比较效益对粮食总产及单产具有显著的负向影响，而化肥、农药、农业机械总动力、灌溉、粮价不再是粮食生产的主要决定因素，2004 年以后耕地保护制度对粮食生产的促进作用明显下滑；经阳和叶长盛（2015）选择人均 GDP、耕地复种指数、有效灌溉面积、单位面积机械总动力四个因素来解释江西省耕地利用效率，结果表明单位面积机械总动力>耕地复种指数>有效灌溉面积>人均 GDP。

综上所述，已有研究表明耕地利用效率的影响因素主要有自然条件（灾害指数、耕地质量等级、细碎化程度、经营规模等）、利用强度（复种指数等）、耕地生产投入（灌溉、化肥、农药、机械、劳动等）、市场条件（价格、供求关系等）和政策性因素（农业补贴、耕地保护制度等）。不同文献选择耕地利用经济绩效影响因素存在显著差异，有的侧重于耕地自然条件，有的侧重于粮食补偿政策，有的侧重于农民分工或非农效益，有的侧重于粮食价格或市场因素。在耕地利用经济绩效（效率、效益等）影响因素的选择上，普遍选择直接的、明显的影响因素，如化肥施用量、耕地劳动投入、资本投入等，少部分选择非显性且间接因素，如人口总数、城镇化率、人均邮电业务总量、农业贷款规模，但这些因素并不直接作用于耕地生产，与耕地利用经济绩效基本无关，因而，部分文献选择因素并不妥当，存在明显的伪实证问题。从数据来源看，多数采用宏观统计数据，属于第二手资料，而基于微观农户调查的第一手数据相对较少。更为重要的是，农作物类型、耕作管理等又对耕地经济绩效起着至关重要的作用，但尚未发现基于农作物类型、耕地生产管理和技术水平等利用方式对耕地经济绩效的研究。因此，本书在借鉴国内外相关研究成果的基础上，结合数据的易获性和数据收集成本，选择的耕地利用经济绩效影响因素包括农作物类型、耕地经营规模、从事该类农作物生产者数、每亩投入资本总量、耕地生产管理水平、耕地质量等级和农业补贴，具体说明如下。

（1）农作物类型。不同农作物，生产投入和经济产出都存在明显差异，因而选择种植何种农作物，对于耕地利用的经济绩效具有非常重要的影响。例如，在重庆，旱地可以种植小麦、玉米、水稻等大宗的粮食作物，可以种植油料、茶叶、烟叶等经济作物，也可以种植水果和蔬菜等农作物，显然，不同农作物类型很大程度上决定着耕地利用的经济绩效。从实地调查数据来看，西部多数地区耕地用于粮食生产的净收益较低，而种植水果和蔬菜的经济效益较高。

（2）耕地经营规模。耕地经营规模与单位耕地经济效率是否具有显著正向关系是我国农业经济学领域学术界讨论的热点问题之一。从国外研究看，随着规模的扩大，单位面积耕地利用的经济绩效（或效率）是一个先从低到高，再从高到低，边际效益递减的过程。但由于我国目前现代化耕作技术和管理水平等生产力水平低下的情况，耕地经营规模与单位耕地面积效率之间的关系被扭曲了（朱向东和谭文平，1990）。罗政和周斯黎（2014）指出家庭联产承包责任制形成了数量较多、规模小、土地零散的农业生产单位，造成农业劳动生产效率低、农产品科技含量低等不良影响。商明星等（2016）认为我国农户在追求利润最大化前提下，耕地经营存在一个适度规模，由于各个地区的自然环境和社会经济发展水平不同，农户耕地经营适度规模存在区域差异。西部调查地区，耕地小规模经营背景下，经营规模对于耕地利用的经济效率是否显著，是积极影响，还是抑制作用，还需要采用调查数据进行验证。

（3）从事该类农作物生产者数。耕地生产离不开劳动者，劳动者越多，通常劳动投入也越多，人工成本也越大，带来的耕地经济产出也可能越大，因而单位耕地面积劳动者数量对耕地经济效率具有影响。对多数农户而言，耕地质量、技术水平等往往难以在短时间内改变，但劳动者投入数量是可以由农户自身决定的，由于劳动与其他生产要素之间具有一定的替代性，因而，从理论上讲，单位面积耕地投入的劳动者多，则往往耕地利用的劳动投入多，耕地利用的经济产出也会较大，但经济绩效不一定大，因为它是一个投入与产出的相对指标，从事该农作物种植的人数与耕地利用经济绩效之间的关系是先递增后递减。从现实情况来看，在一定耕地经营规模和生产条件下，总存在一个相对的适合劳动者数量，使得耕地利用的经济绩效最大，如果实际的劳动者数量低于适合值，则劳动者数量与耕地的经济绩效表现为递增关系，反之，当实际劳动者投入数量大于适合值时，劳动者数量与耕地利用的经济绩效之间表现为递减关系。

（4）每亩投入资本总量。由生产函数理论可知，资本投入量直接影响耕地生产的产量和效益。因为资本投入决定了耕地利用的生产条件，耕地生产投入的资本，如化肥、农药、农膜、农机等越多，则表明其生产条件越好，相应地耕地产出越大，但耕地经济成本也越大，因而每亩资本投入与单位耕地面积的经济绩效之间也存在递增、递减关系。所以，资本量与耕地利用的经济绩效之间并非是完全的正相关关系，受自然灾害、技术水平、耕地质量、农产品价格、资本机会成本等因素影响，资本量投入加大，耕地收益并不会同步增长。现实中，耕地生产者往往根据经验和农技知识等，寻求相对合理的资本投入量，以获得较高的资本报酬率。

（5）耕地生产管理水平。耕地生产管理是指对耕地生产活动进行管理，如在农田建设、农作物栽培和病虫害防治等各个方面进行管理。目前，普遍认为现代农业生产活动不单纯依赖农业科技，同时也取决于农业生产经营管理水平。耕地生产管理可以满足客户需求、提高投入资源的附加值、提高生产系统的工作效率和减少不必要的浪费及资源损耗，因而，耕地生产管理水平对耕地生产具有直接的重要影响。例如，农作物发生的病虫害，管理到位，则能及时发现并采取措施进行治理，反之，则可能导致大的损失。

（6）耕地质量等级。耕地用于农作物栽培时，耕地质量包括对农作物的适宜性、耕地地力和耕地环境是否被污染等方面。耕地适宜性是指耕地适宜的农作物种类和适宜程度高低。耕地地力是指农作物栽培时，在一定时期内单位面积耕地的物质生产力水平。耕地质量反映了耕地物质生产力大小，耕地质量要素一般包括土层厚度、土壤质地、土壤养分构成与含量，乃至地质地貌条件等。同样劳动投入和生产条件下，优等地的经济产出更高，而劣等地则产出较少，因而，耕地质量等级对于耕地利用的经济绩效具有直接影响，是耕地利用的重要自然条件。相关文献研究表明，耕地质量等级与耕地利用的经济绩效（效益、效率）具有正向关系（高魏等，2006）。

（7）农业补贴。农业补贴是为了提高农民种粮积极性，一定程度上解决农业发展所面临的资金不足问题，切实提高农民的收入。农业补贴范围、补贴标准和补贴对象等直接影响激励效果，农业补贴对农业生产行为是否具有显著影响，国内学者的相关研究存在明显分歧，如有的研究认为农业财政补贴政策对耕地利用效率或农业生产能力具有显著影响（黄季焜等，2011；杨朔等，2011；张彦君和郑少锋，2015），而有的研究则相反，认为农村税费改革、种粮补贴等政策对耕地经济产出影响并不显著（高魏等，2006）。

5.5.2　耕地利用经济绩效影响因素数据处理与统计分析

数据处理说明。耕地利用经济绩效数据来源于随机前沿生产函数的估计结果TE。农作物类型，则根据农作物的产值划分为四种类型，并分别赋值，具体而言：低经济价值作物（小麦为1，水稻和玉米为1.5）、中经济价值作物（经济作物）为2、较高经济价值作物（水果）为3、高经济价值作物（蔬菜）为4。耕地经营规模，选择该类作物种植面积（亩），而非家庭实际拥有的耕地面积，这种处理更加有利于经济学解释。从事该类农作物生产者数，反映农村家庭投入该类农作物的劳动力人数。每亩投入资本总量，根据当年种植该类作物单位面积（亩）的投入资本要素按价值进行汇总计算，具体包括种子费、化肥费用、农药费、植保费、机械或畜力费、排灌费和其他资本费用。耕地生产管理水平，将耕地经营管理划分为粗放式管理、精耕细作、专业化管理三种类型，分别赋值为1、2、3。粗放式管理属于凭经验种植，耕地管理松散，耕地生产的目的是自给或提供劳动机会，不太关注产量与效益；精耕细作类型指凭经验种植，主要依靠人力和畜力，精心管理耕地生产，追求耕地产量与效益；专业化管理指依靠一定的农业理论和新技术管理耕地生产，追求耕地利润最大化。耕地质量等级，依据全国耕地质量等别图，按组（队）进行识别，存在一些误差。农业补贴包括粮食直补、农综补贴和良种补贴，没有统计其他补贴，如农机补贴、规模化养殖补贴等，原因是一般农户未享受。由于小规模的非粮食农作物没有农业补贴，因而取对数没有意义，故这类情况假设农业补贴为 0.01，比较接近于0，按此进行对数处理。

描述性统计与分析。根据调查数据，按上述处理方法，可以得到经济绩效成因模型各变量的描述性统计结果，如表 5-11 所示。可以看出，西部地区农作物的经济绩效总体水平较高，效率均值为 0.801 1。从农作物的种植类型来看，其均值为 1.722 8，与玉米和水稻的赋值比较接近，反映西部地区农村以种植粮食作物为主，较高经济价值和高经济价值的作物种植相对较少；从耕地经营规模来看，某类农作物的每户经营规模并不大，平均水平为 2.510 2 亩，反映出耕地利用的规模化程度相当低；从从事该类农作物生产者数来看，每户平均劳动力投入为 2.205 4个；从每亩投入资本总量来看，总体投入水平低，平均水平为 658.47 元；也可以看出，耕地生产管理水平处于粗放式管理和精耕细作之间；耕地质量等级较低，平均质量等别水平为 10.703 6；农业补贴标准较低，非粮作物没有补贴，粮食作物各类补贴差异大，但最大值每亩不超过 160 元，平均水平为 58.48 元。

表 5-11　经济绩效成因模型各变量描述性统计

统计指标	经济绩效 Y	农作物类型 X_1	耕地经营规模 X_2/亩	从事该类农作物生产者数 X_3/人	每亩投入资本总量 X_4/元	耕地生产管理水平 X_5	耕地质量等级 X_6	农业补贴 X_7/（元/亩）
均值	0.801 1	1.722 8	2.510 2	2.205 4	658.47	1.753 6	10.703 6	58.48
最大值	0.956 8	4	63	6	2 588	3	14	160
最小值	0.410 1	1	0.3	1	161	1	5	0
标准差	0.087 7	0.717 4	2.125 2	0.863 08	458.508	0.671 983	1.654 87	41.658 1
样本数	3 533	3 533	3 533	3 533	3 533	3 533	3 533	3 533

需要说明的是，本书的重要目的是研究不同类型农作物的经济绩效成因，

因而，以农户种植的主要农作物作为样本，不是以农户数为样本。所以，虽然调查农户数为 1 732 户，但由于多数农户种植两种及以上农作物，按第 5 章不同类型农作物的经济绩效样本汇总数，得到总样本数为 3 533。这种做法，虽然会导致样本之间存在部分农户信息重复问题，但好处是没有损失同一农户种植其他农作物耕地利用绩效样本，由于样本数足够大，因而，可以认定不会对研究结论产生重大影响。耕地利用社会绩效成因和生态绩效成因样本情况类似，不再复述。

5.5.3　耕地利用经济绩效影响因素模型构建与检验

大多数影响因素回归模型选择了线性模型，但为减少模型设定的主观性，提高构建模型的质量，本书选择常见模型进行估计和检验，以判断不同模型的优劣。利用 Eviews 软件，使用怀特法修正异方差，分别对线性模型、对数模型、双对数模型、二次模型和二次多项式模型进行估计，主要检验指标如表 5-12 所示。可以看出，与其他模型相比，对数模型的综合检验结果最优。从调整拟合度来看，它仅次于二次多项式模型，优于其他模型。从 F 值来看，它的值最大，表明模型的整体解释力度最好。从 AIC 准则来看，对数模型的值仅次于二次多项模型，表明变量设定比较合理。从 DW 值来看，对数模型的 DW 值为 1.330 9，与其他模型相比，除二次多项式模型外，更接近于 2，反映其自相关程度弱于其他模型。

表 5-12　经济绩效成因常见模型主要检验指标对比表

检验指标	线性模型	对数模型	双对数模型	二次模型	二次多项式模型
R^2	0.370 1	0.418 4	0.385 4	0.298 6	0.449 1
调整 R^2	0.368 2	0.416 6	0.383 6	0.296 5	0.445 8
Log likelihood	2 947.76	3 041.05	2 246.60	2 822.00	3 104.54
F 值	195.63	239.53	208.83	141.74	135.33
AIC 准则	−2.513 7	−2.593 5	−1.914 2	−2.406 2	−2.641 8
DW 值	1.258 6	1.330 9	1.299 4	1.181 1	1.397 4

选择对数模型，可以得到变量的相关系数矩阵，如表 5-13 所示。可以看出，多数变量之间的相关系数都不大，仅有 $\ln X_1$、$\ln X_4$、$\ln X_7$ 三个变量之间的相关系数大于0.7，可以初步判断出模型的多重共线性并不强。利用SPSS软件计算方差膨胀因子（variance inflation factor，VIF），得到 VIF 最大值为 2.569，远小

于 10，容许度最小值为 38.9%，大于 10%，表明模型不存在严重的多重共线性。

表 5-13　经济绩效成因对数模型变量的相关系数矩阵

变量	Y	$\ln X_1$	$\ln X_2$	$\ln X_3$	$\ln X_4$	$\ln X_5$	$\ln X_6$	$\ln X_7$
Y	1.000 0	0.172 5	−0.226 1	−0.047 1	−0.022 9	0.603 2	0.065 4	−0.118 1
$\ln X_1$	0.172 5	1.000 0	0.323 8	0.058 3	0.722 6	0.115 2	0.103 1	−0.901 2
$\ln X_2$	−0.226 1	0.323 8	1.000 0	0.442 4	0.470 4	−0.147 7	0.007 4	−0.329 6
$\ln X_3$	−0.047 1	0.058 3	0.442 4	1.000 0	0.064 2	−0.037 3	−0.038 5	−0.033 3
$\ln X_4$	−0.022 9	0.722 6	0.470 4	0.064 2	1.000 0	−0.013 8	−0.021 4	−0.711 9
$\ln X_5$	0.603 2	0.115 2	−0.147 7	−0.037 3	−0.013 8	1.000 0	0.024 8	−0.085 9
$\ln X_6$	0.065 4	0.103 1	0.007 4	−0.038 5	−0.021 4	0.024 8	1.000 0	−0.055 7
$\ln X_7$	−0.118 1	−0.901 2	−0.329 6	−0.033 3	−0.711 9	−0.085 9	−0.055 7	1.000 0

对数模型的回归估计结果如表 5-14 所示。可以看出，除农业补贴外，其他解释变量的 T 值较大。整体而言，F 值较大，反映模型的整体解释能力较强。从拟合度和调整拟合度来看，模型的整体拟合度一般。从 AIC 值来看，与其他常见模型相比，其值较小，表明模型变量设定比较合理。

表 5-14　经济绩效成因对数模型回归估计结果

变量名	估计系数	标准误差	T 值	Sig.
C	0.736 6	0.033 4	22.036 2	0.000 0
$\ln X_1$	0.073 1	0.013 5	5.425 5	0.000 0
$\ln X_2$	−0.027 2	0.002 8	−9.666 5	0.000 0
$\ln X_3$	0.011 1	0.003 4	3.250 8	0.001 2
$\ln X_4$	0.011 6	0.003 3	3.523 3	0.000 4
$\ln X_5$	0.118 6	0.004 2	27.942 7	0.000 0
$\ln X_6$	0.014 4	0.008 2	1.755 9	0.079 2
$\ln X_7$	0.007 7	0.006 2	1.241 3	0.214 6
检验指标				
R^2	0.418 4		F 值	239.528 5
调整 R^2	0.416 6		AIC 值	−2.593 5
Log likelihood	3 041.052 0		DW 值	1.330 9

5.5.4　耕地利用经济绩效影响因素实证结果分析

（1）农作物类型与耕地利用的经济绩效具有显著正相关关系。从表 5-14 可以看出，农作物类型变量的估计系数为正数，且显著性水平为 0，表明拒绝不显著的原假设。因此，可以认定农作物类型选择，直接关系到耕地利用的绩效效率。由于农作物按经济价值进行分类，因而农作物经济价值越高，耕地利用的经济绩效也越高，因而，两者之间具有正相关关系。从实际情况来看，粮食作物的经济价值相对较低，投入产出效率也较低，反之，蔬菜、水果类农作物的经济价值较高，投入产出效率也高于粮食作物。因此，选择经济价值较高的农作物，有利于提高耕地利用的经济绩效。

（2）在现有生产条件下，耕地经营规模对于耕地利用经济绩效具有抑制作用。与其他部分研究结论不同，耕地经营规模与耕地利用的经济绩效估计系数为负数，表明在调查样本范围内，两者具有统计学意义上的负相关关系。换言之，耕地经营规模对于耕地利用经济绩效具有抑制作用。主要原因是西部调查样本地区，农业机械化程度低，生产工具和生产方式比较落后，耕地利用以人工为主。因而，耕地经营规模越大，所需劳动力投入越多，但农村人工成本较高，为降低生产人工成本，选择粗放式经营模式，因此，会导致单位耕地面积的经济绩效降低。

（3）耕地资源禀赋、生产要素投入对耕地利用经济绩效具有显著促进作用。从表 5-14 可以看出，耕地质量等级、从事该类农作物生产者数和每亩投入资本总量对于耕地利用经济绩效具有显著的正向影响。这三个因素中，耕地质量等级反映自然条件，从事该农作物生产者数量和每亩资本投入总量反映生产要素投入，可归属于耕地利用的自然条件和社会因素投入特征。理论上讲，农户会选择合理的投入量，以实现较大的耕地收益，从总体上看，多数农户并没有过量的要素投入，因而，在此情况下，耕地投入要素促进耕地利用经济绩效。

（4）耕地生产管理水平显著提升耕地利用经济绩效。模型估计结果显示，生产管理水平变量的估计系数为正数，通过显著性检验，表明它有利于提升耕地利用经济绩效。农业生产管理实质上体现一定的技术水平和管理程度，也反映出农户对生产经营过程中各种情况的应对措施和效果，实证结果佐证了农业技术和管理对于耕地经济绩效的重要性。从实际情况来看，专业化管理较少，以精耕细作和粗放式管理为主，其中：纯农类型的农户生产管理属于精耕细作，兼业化农户则大多数属于粗放式管理，从样本的表现情况来看，精耕细作耕地利用的经济绩效明显优于粗放式管理情况下的耕地经济绩效。

（5）农业补贴对耕地利用经济绩效的影响作用不明显。模型估计结果显示，农业补贴对耕地利用经济绩效的促进作用并不显著，这与部分文献得到的农业补贴促进农业生产的研究结论并不一致。主要原因是这些文献，大多没有按农作物类型进行分类研究，统计样本基本属于有农业补贴的情况，而本书存在小规模非粮食作物，它们没有农业补贴，并且粮食作物的农业补贴存在明显的地域差异性，经济越发达地区，粮食作物的农业补贴越高，但粮食作物经济绩效受地域影响较小，因而，估计结果显示农业补贴对耕地利用的经济绩效贡献作用不明显。从实际调查情况来看，由于每亩耕地补贴标准非常低，最高不超过 160 元，对于多数小规模农户而言，家庭获得的农业补贴总额并不大，因而农业补贴的激励作用非常小。所以，在农业补贴标准非常低和农户经营规模小的情况下，多数农户耕地利用行为不受农业补贴政策影响，实证结果显示两者的作用关系不显著。

第6章　西部地区耕地利用的社会绩效评价与影响因素

6.1　耕地利用社会绩效评价方法选择

6.1.1　方法比较与选择

耕地利用社会绩效评价的重要基石是耕地利用的社会价值和评价标准，耕地利用社会价值的测度方法分为两大类：一类是间接法。它利用替代思想，按社会平均的或最低的养老保障（险）水平或失业保障（险）水平，计算耕地的养老保障价值或失业保障价值。对于耕地的粮食安全价值，则采用重置成本法，即以新开垦耕地所需投入的固定资产及其他生产要素的折现值，加上耕地收益的净损失。另一类是意愿法。采用问卷调查方式，收集被访者对耕地某（些）社会功能的支付意愿，统计平均意愿，再乘以该地区总人口，从而计算出耕地的社会价值。间接法的优点是便于理解、计算简单，缺点是忽视耕地质量、耕地规模、区位优势等差异，同时受限于区域社会保障水平。意愿法的优点是方法相对成熟，应用范围广，能够反映社会对耕地社会价值的承受能力，缺点是数据调查工作量大、所需费用相对较高，也受到区域人口、经济发展水平等因素影响。不论是间接法，还是意愿法，均没有考虑耕地利用的实际情况，包括耕地面积、不同农作物类型和利用方式等，因而估计结果可能会严重偏离耕地利用的社会效果，所以本书不采用此方法。一般认为，绩效可以采用单一指标和多个指标（指标体系）来反映，由于耕地利用社会绩效表现在粮食安全等多个方面，因而本书采用综合评价法评价耕地利用的社会绩效。

6.1.2　综合评价法的基本程序

明确绩效评价程序，有利于指导绩效评价的具体实施。本书耕地利用非经济绩效评价程序具体如下。

（1）明确评价目标。如前所述，评价目标决定了绩效评价的价值取向。评价目标不同，评价内容、方法及结果往往也相差很大。本书认为，耕地利用绩效评价目标应以社会稳定、可持续发展、资源高效利用作为价值取向，分别表现在粮食安全、耕地永续利用、耕地利用效率等方面，以考量耕地利用合理性、效率性和公平性。

（2）界定评价范围。界定耕地利用评价范围，实质上就是明确绩效评价的边界问题。结合本书，实质上就是要确定耕地绩效评价的区域范围、评价期间和评价内容，具体来讲：①界定区域范围。西部地区划分经历了几次演变，如"10+2+2"模式，本书采用国家统计局 2011 年 6 月 13 日的划分办法，将重庆市、四川省、贵州省、云南省、西藏自治区、陕西省、甘肃省、宁夏回族自治区、青海省、新疆维吾尔自治区（新疆生产建设兵团单列）、内蒙古自治区和广西壮族自治区 12 个省区市作为研究区域，不包括其他地区的民族自治州（湖南省湘西土家族苗族自治州、湖北省恩施土家族苗族自治州、吉林省延边朝鲜族自治州）。②界定评价期间。由于耕地利用以前的数据难以获取，因而评价期间选择截面数据，评价年份为 2014 年。③界定评价内容，即对耕地的哪些绩效进行评价，如前所述，采用综合评价法对耕地利用的非经济绩效进行评价。

（3）构建绩效评价指标体系。耕地利用的非经济绩效评价指标体系体现为社会绩效和生态绩效，可以用不同性能指标来反映。目前，学术界对其认识尚不统一，也没有权威的指标体系可以借鉴，因此，如何构建合理的耕地利用绩效评价指标体系是本书的重点和难点。

（4）收集数据和数据规范化处理。根据研究需要，设计调查表，收集相应的耕地利用数据。对耕地利用的社会绩效和生态绩效评价指标，采用极值法进行数据规范化处理。

（5）计算指标权重。指标权重的计算方法可以划分为三大类：第一类是主观性方法，如德尔菲法、AHP 法。第二类是客观性方法，如主成分分析法、熵值法。耕地利用经济绩效评价的重点是耕地利用的经济产出评价或效率评价。第三类是组合赋权法，即将两种或两种以上方法结合起来，进行组合赋权。主观性方法的优点是简单、实用，缺点是主观性强。客观性方法的优点是相对客观，缺点是受样本限制，选择不同样本，其权重系数计算结果不同。并且其基本假设是样本数据的权距越大，权重系数越大，这可能与客观事实不相吻合，权距大的，相应指标重要性程度并不一定高。第三类方法弱化了每种方法的优缺点，其优缺点介于第一类和第二类方法。

（6）绩效评价与结果分析。完成上述步骤后，可以采用加权方法计算出耕地利用的社会绩效和生态绩效。

6.2　耕地利用社会绩效评价指标体系设计

6.2.1　耕地利用的社会功能与评价方法

耕地利用的社会功能是其社会绩效的基础，因而，明确耕地利用的社会功能是耕地利用的社会绩效评价的前提条件。如前所述，目前，人们对耕地利用的社会功能认识还不统一，但比较公认的是耕地利用的粮食安全功能和一定的社会保障功能，社会保障功能主要体现为就业方面。由于西部地区耕地租金不高，且多数地区人均耕地面积少，土地流转市场并不成熟，完全依靠耕地出租进行养老不太现实，因此，耕地的养老功能相对较弱。基于此，本书将耕地资源社会功能界定为粮食安全和就业保障两个方面。

（1）粮食安全功能。目前，我国耕地利用主要用于粮食生产，而粮食是人们维持生命的最重要食物，因而耕地利用具有保障社会粮食安全的作用。学术界的共识是粮食问题关系到国计民生和社会稳定，对于人口大国而言，耕地利用的粮食安全价值尤为重要。部分学者直观地认为世界粮食市场价格低，依靠大量进口更具经济性，但这种观点忽视了我国粮食总量需求巨大，对世界粮食市场影响大，相应的对粮食价格影响巨大，是否具有经济性还有待验证，且还存在政治方面问题，如国家命脉受制于人等，因而这种方式并不合理，花费成本和代价太大。

（2）就业保障功能。耕地利用离不开劳动力的参与，农民通过耕作，可以获取相应的农作物产出，从而实现第一产业的就业。虽然我国第二、三产业处于快速发展阶段，已吸纳了大量农村剩余劳动力，但我国人口多、就业压力大，耕地仍发挥着吸纳大量农村劳动力的作用。耕地的就业保障功能体现为为农民提供就业机会，同时进城务工的农民在城市失业后，耕地也为其提供退路和生存保障。

耕地的粮食安全功能与耕地面积、人口数量、世界粮食市场供求变动等因素密切相关，可以采用单位面积耕地的粮食商品化率、粮食自给率、社会满足度来反映。耕地的就业保障功能与耕地面积、机械化程度、耕地的便利性等相关，可以采用耕地从业人数等来反映。当然，耕地的就业保障功能，也可以采取间接替代法进行测度，一般按社会平均的或最低的失业保障（险）水平，乘以农业人口数。这种方法的优点是便于理解、计算简单，缺点是忽视耕地质量、耕地规模、区位优势等差异，同时受限于区域社会保障水平，与耕地就业保障功能之间的相关性较弱。耕地的粮食安全功能及其他社会功能，还可以采用意愿法进行测度，它的主要思想是采用问卷调查方式，收集被访者对耕地某（些）社会功能的支付意愿，统计平均意愿，再乘以该地区总人口，从而计算出耕地的社会功能。意愿法最大的缺点是没有考虑农户拥有的实际耕地面积和质量，可能会出现两种极端情况，一种是耕地面积很大，但社会公众的支付意愿很弱，计算出耕地的粮食安全功能很弱；另一种情况是耕地面积小，但社会公众的支付意愿相对较强，计算出耕地粮食安全功能较强。这两种情况明显与客观事实不相吻合，因为支付意愿主要受到区域人口、经济发展水平、公众的社会责任意识等因素影响。

6.2.2 耕地利用社会绩效指标体系研究进展

耕地利用社会绩效指标体系相关研究主要体现在土地利用社会绩效、农地利用社会绩效、耕地利用社会绩效或社会效益、耕地利用社会功能等指标体系构建方面。对国外相关文献进行梳理发现，30 多年前学者们将"绩效"这一概念引入对土地利用的评价中，如 20 世纪 80 年代，Bruce 和 Rupert（1983）就认为土地利用绩效评价，可以监管土地开发效果；Holden 和 Shiferaw（2004）、Islam 等（2008）认为粮食安全是土地利用社会价值的重要组成部分；Vihervaara 等（2012）认为土地利用的生态服务功能的社会影响属于土地的社会价值；Stoeckl 等（2013）探索不同土地利用模式的社会影响，研究重点集中在土地利用对土著居民和非土著居民发展和收入方面的影响。

国内单独对耕地利用的社会绩效进行直接研究的较少，而将其作为耕地利用综合绩效评价部分，代表性文献有雷勋平等（2016）、李海燕等（2016）、李菁和匡兵（2014）、向云波等（2015），其指标体系主要基于土地社会功能、粮食安全和就业养老功能构建，包括粮食自给率、人均粮食产量、社会满足度等指标，但是有些指标与耕地（土地）利用相关性非常弱，如人民生活水平、农村低保覆盖率等，它们反映了农村的经济发展水平或社会保障水平，但并不能反映耕地利用的相应社会功能，混淆了耕地利用的社会功能与农村社会保障的概念。耕地（土地）利用社会效益评价文献较多，包括李全峰等（2015）、吴涛和任平（2015）、谷秀兰等（2015）、邹静等（2014），具体如表 6-1 所示。这些文献也基于耕地（土地）的粮食安全、就业保障或文化娱乐等社会功能构建指标体系，包括粮食安全效益、农业劳动力效益、劳动力转移指数、农村人均纯收入等指标，但有些指标，如劳动力素质、劳动力转移指数、人口密度、万人拥有病床数、饮水安全达标人数、农村恩格尔系数等，属于生活水平指标或社会保障指标，与耕地（土地）利用的社会效益并不直接相关。

表 6-1　近年来代表性相关研究

评价对象	指标体系	评价方法	作者与发表年份	评价
土地利用社会绩效	人民生活水平、人均公共设施用地、地均就业人数、人均道路面积、城镇化率	熵值法	雷勋平等（2016）	人民生活水平指标与土地利用社会绩效的相关性弱
食物生产和就业养老功能	粮食自给率、蔬菜自给率、粮食供养人数、粮食作物占比、人均耕地面积、单位面积务农人数、务农劳动力比例、老年务农劳动力比例	熵值法	李海燕等（2016）	指标较全面，但老年务农劳动力比例并不能体现养老功能
农地利用的社会绩效	农村低保覆盖率、农村居民人均居住面积、农民人均纯收入、农村恩格尔系数和农业产业化农户覆盖率	突变级数法	李菁和匡兵（2014）	农村低保覆盖率等指标与农地利用的社会绩效之间不具有相关性
耕地利用的社会绩效	人均粮食产量、社会满足度、劳动力转移指数	熵值法	向云波等（2015）	用社会效益反映社会绩效，但劳动力转移指数与耕地利用相关性较弱
耕地利用社会效益	粮食安全效益、农业劳动力效益、农村剩余劳动力效益、娱乐文化效益	求和法	李全峰等（2015）	娱乐文化效益不便测算
耕地利用社会效益	人均粮食产量、社会需求满足度、人均耕地面积、劳动力转移指数、农民纯收入、土地垦殖指数	熵值法	吴涛和任平（2015）	劳动力转移指数与耕地利用社会效益关系不太密切
耕地利用社会效益	人均产量、人均农业产值、劳动力转移指数、劳动力素质	熵值法	谷秀兰等（2015）	劳动力素质是影响耕地利用的因素，但不能直接反映耕地利用的社会效益
耕地利用社会效益	投入：耕地面积、从事农业劳动力人数；产出：农村人均纯收入、人均粮食占有量	DEA 法	邹静等（2014）	投入要素不全，不能体现资本投入程度
耕地利用社会效益	劳均粮食产量、社会需求满足度、人均耕地面积、劳动力转移指数、土地垦殖指数、农民地均纯收入	熵值法	李佳等（2013）	土地垦殖指数反映耕地利用总体程度，不宜作为社会效益指标
耕地利用社会效益	人均粮食产量、社会需求满足度、人均耕地面积、人均农业 GDP、农民人均纯收入、劳动力转移数	AHP 法	刘琼峰等（2013）	人均农业 GDP 与耕地利用的社会效益相关性较弱，与地区农业发展水平相关
兵团土地利用社会效益	人口密度、单位面积就业人数、万人拥有病床数、饮水安全达标人数、城镇居民恩格尔系数、团场职工恩格尔系数、城镇居民可支配收入、团场职工人均纯收入	熵值法	郭永奇（2012）	万人拥有病床数等指标，虽然反映了社会保障程度，但与土地利用社会效益不相关

续表

评价对象	指标体系	评价方法	作者与发表年份	评价
耕地利用社会功能	水库容量、人口密度、人均耕地面积、耕地补充系数、农业从业劳动比例、人均粮食占有量	功效评分法和离差权法	宋戈等（2011）	水库容量属于农业设施，不属于耕地范畴，人口密度与耕地利用的社会功能相关性弱
耕地利用社会效益	人均粮食产量、社会需求满足度、人均农业 GDP、人均耕地面积、劳动力转移指数、农民人均纯收入、人力资本水平	主成分分析法	罗志军等（2009）	人均农业 GDP、劳动力转移指数等与耕地利用社会效益不相关，人均耕地面积不能反映耕地利用情况
粮食保障	机械化程度、安全系数、粮食商品率、耕地流转率、土地生产力	AHP 法	庞英和段耀（2012）	耕地流转率与粮食保障的相关性较弱

可以看出，国内外耕地社会绩效指标体系研究起步阶段的指标体系构建侧重点和范围存在较大差异。例如，国外部分文献将土地（耕地）利用生态功能的社会影响作为其社会价值，目前比较统一的认识是耕地利用的粮食安全和就业保障功能。在具体指标的选择上，部分指标之间具有一定的重复性或交叉性，如粮食自给率、粮食商品化率，人均农业 GDP 和农民人均纯收入，部分指标选择不谨慎，存在与耕地（土地）利用的社会绩效（效益）无关的特征，如劳动力素质、人口密度、恩格尔系数等，这些指标的高低，并不能反映耕地（土地）利用的社会功能实现程度。换言之，部分指标体系研究仅仅关注农村的社会保障，脱离了耕地（土地）利用行为及其社会影响，因而，其指标体系构建并不合理。

6.2.3　耕地利用社会绩效的指标体系构建

明确耕地利用社会功能，可以界定耕地利用社会绩效指标体系的内容，如前所述，考虑到耕地利用相应社会功能大小、数据收集的难易程度、学术界的共识等因素，本书将耕地利用的社会功能范围限定于粮食安全和就业保障。耕地利用的粮食安全指标包括粮食自给率、商品化率、人均产量、社会满足度等，粮食自给率、商品化率、社会满足度指标之间具有很大的相关性或重复性和交叉性，因而选择其中一个指标，即每亩社会满足度，体现其社会贡献情况。人均产量可以反映人均粮食总量，但没有考虑人均消费水平，因而选择每亩可负担人数，以体现耕地利用对农村家庭的粮食保障程度。上述指标均为相对指标，没有反映粮食的绝对数情况，考虑到不同农作物的差异性，选择每亩作物可食部分热量值指数，基于能量角度反映单位耕地利用的粮食保障水平。耕地利用的就业保障主要体现为就业人数和劳动报酬，因而选择每亩就业人数和每亩劳均现金收益指标。

需要说明的是，目前，耕地利用绩效评价指标体系研究多数是基于农户或人均数角度构建的，而不是基于单位耕地面积构建，其优点是可以反映农户或人均耕地利用对社会的贡献，反映耕地利用的社会效益，但不能反映耕地利用的社会效率。由于西部地区农村家庭耕地面积差异较大，基于农户家庭或人均数据的耕地利用相应指标差异也会较大，导致样本之间的可比性较差。以"农村家庭人均粮食产量"为例，拥有耕地面积大的农村家庭，可能利用效率低下，但计算结果却反映出其耕地利用的社会绩效很大，这与客观事实不相吻合。由于本书以耕地利用绩效评价为研究目的之一，因而，耕地利用绩效评价不能等同于耕地利用效益评价，需要从单位面积上反映其经济、社会和生态方面的产出和达到的社会效果，因而评价指标应体现单位面积的利用强度、密度等利用结果。

根据上述思想，本书基于单位耕地面积，构建如表 6-2 所示的耕地利用社会绩效指标体系，以反映单位面积耕地利用的粮食安全和就业保障功能。其中，每亩可负担人数、每亩作物可食部分热量值指数、每亩社会满足度三个指标反映单位耕地面积的粮食安全情况，每亩劳均现金收益和每亩就业人数，反映单位耕地面积的就业报酬和就业人数。每亩可负担人数，基于粮食安全角度，采用热量值方法进行折算，具体如表 6-2 所示。每亩作物可食部分热量值指数，基于食物能量值角度，使不同类别农作物计算结果具有可比性，反映耕地产出的粮食安全情况。农作物的热量折算系数为单位重量作物可食部分热量值与单位重量粮食作物热量的比值。每亩社会满足度的计算，采用通行做法，以联合国划定的人均基本粮食产量需求量（255 千克）为标准，进行折算。就业报酬指标，选择每亩劳均现金收益，而没有选择相应的净利润，主要原因是净利润反映的是耕地利用的经济效益，它扣除了劳动成本，因而不能反映农村劳动力的实际报酬，而现金收益，则体现了农户扣除相关现金支付后，剩下的实际报酬，这个报酬就是劳动力的实际所得。每亩就业人数，计算公式是从事耕地生产的劳动力数除以实际种植面积，以反映单位耕地面积的就业人数。

表 6-2　耕地利用社会绩效指标体系

指标	计算方法	指标性质	说明
每亩可负担人数	该类别作物每亩产量×热量折算系数/人均粮食消费量	正向	从人数上反映耕地利用对农村家庭的粮食保障
每亩作物可食部分热量值指数	每亩该类别作物产量×单位重量该类别可食部分热量值/（每亩粮食产量×单位重量粮食热量值）	正向	从食物热量上反映耕地利用的粮食安全保障
每亩社会满足度	每亩产量×热量折算系数/255	正向	从单位面积上反映耕地利用对社会的粮食保障
每亩劳均现金收益	该类别作物现金收益/（劳动力投入数×该类作物种植面积）	正向	反映从事耕地生产为劳动者提供的就业报酬
每亩就业人数	从事耕地生产的劳动力数/实际种植面积	正向	反映耕地为农村家庭提供的就业机会

6.3 数据来源与处理说明

本书数据来源于农户调查，根据研究需要，按单位耕地面积进行折算。农作物类别不同，对粮食安全的影响也存在差异，为便于比较研究，很多文献从热量摄入的角度来观察粮食安全（钟甫宁和向晶，2012）。需要说明的是，同一类农作物，不同产地、不同品种其热量值可能存在明显差异，受条件限制无法对其进行测量，为增强可比性，选择常见品种热量值标准，各类农作物热量值主要来源于《食品热量一览表》（牧野直子，2006），具体如表 6-3 所示。主要粮食作物包括稻谷、玉米和小麦，100 克相应农产品热量值分别为 347 千卡、346 千卡和352 千卡，由于评价内容之一是粮食安全，因而选择三种粮食作物的热量均值348 千卡/100 克为折算标准。热量折算系数为 100 克该类作物可食部分热量值除以 100 克粮食作物的热量均值 348 千卡。

表 6-3　主要农产品热量参照表　　　　单位：千卡/100 克

类别	名称	热量值	类别	名称	热量值	类别	名称	热量值
粮食	稻谷	347	水果	杏	36	蔬菜	胡萝卜	40
	玉米	346		猕猴桃	56		鲜姜	41
	小麦	352		柚子	41		洋葱	39
水果	柑橘	51		桂圆	71		菠菜	24
	板栗	185		柿子	71		圆白菜	24
	橙子	47		草莓	30		香菜	31
	荔枝	70		石榴	63		大葱	30
	枇杷	39		杨梅	28		冬寒菜	30
	桃子	39	蔬菜	番茄	19		豆角	30
	苹果	52		黄瓜	15		豇豆	29
	梨	44		菜椒	22		四季豆	28
	毛核桃	327		萝卜	21		韭菜	26
	西瓜	32		空心菜	20		小葱	24
	鲜枣	122		茄子	21		南瓜	22
	柠檬	35		大白菜	17		油菜	23
	脐橙	45		辣椒	23		生菜	13
	葡萄	43		土豆	76		大蒜	126
	樱桃	46		甜菜	75		蒜苗	37
	李子	36		藕	70		芋头	79

续表

类别	名称	热量值	类别	名称	热量值	类别	名称	热量值
蔬菜	茭白	23		茶叶	0		莲子	344
	菜花	24		花生	298		大豆	359
经济作物	棉花	0		油菜籽	299		桑葚	49
	麻类	0	经济作物	桑蚕	0	经济作物	乌梅	33
	甘蔗	64		芝麻	559		南沙参	84
	甜菜	19		山药	56		芡实	145
	烟叶	0		百合	162		非食药材	0
	榨菜	24		鲜枸杞	100			

　　计算每亩可负担人数，需要人均粮食消费量数据。我们进行农户调查时，有的家庭因饲料用粮较多，而有的家庭则完全用于食用粮消费，因而使用家庭实际的消费量作为衡量标准，存在不公平性。粮食消费包括口粮、饲料用粮、工业用粮和种子粮等。饲料用粮，需要确定粮食对动物产品的转化率，即料肉比。对于料肉比的选择，学术界有很大争议，且存在较大差异，如牛肉料肉比为1~4.8，料肉比的测算差异原因在于测算标准不同，有的根据快速养殖耗粮标准，有的根据农户的经济利益最大化养殖标准，有的参照畜牧业标准化、规模化饲养的耗粮标准，部分文献数据如表6-4所示。本书研究使用具体料肉比比值分别为猪肉（3.0：1），牛、羊肉（2.0：1），禽类（2.0：1），水产品（0.8：1），蛋类（2.0：1），奶类（0.4：1）。本书采用吕捷等（2013）的研究结果，估计全国工业用粮为8 000万吨，按2014年末我国人口总数13.68亿折算，人均工业用粮约为58千克。种子粮一般占粮食消费总量的3%。根据上述数据和计算方法，将四类人均粮食消费数据进行汇总，可以计算出2014年全国人均粮食消费量约为324千克。

表6-4　全国居民人均主要食品消费量及料肉比

项目	2014年消费量/千克	料肉比1	料肉比2	料肉比3
粮食（原粮）	141.0	1.0	1.0	1.0
猪肉	20.0	2.8	3.0	3.0
牛肉	1.5	1.0	2.0	3.0
羊肉	1.0	1.0	2.0	3.0
禽类	8.0	2.0	2.0	—
水产品	10.8	0.9	1.0	1.2
蛋类	8.6	2.0	2.0	1.8
奶类	12.6	0.3	0.33	0.5

续表

项目	2014 年消费量/千克	料肉比 1	料肉比 2	料肉比 3
数据来源或出处	2015 年《中国统计年鉴》	罗其友等（2014）	马永欢和牛文元（2009）	刘灵芝等（2011）

在计算每亩作物可食部分热量值指数时，需要用到每亩粮食产量标准。不同地区三种粮食作物产量存在一定差异性，水稻和玉米产量相对高些，而小麦产量低些，三种粮食作物的均值分别为 547.07 千克/亩、433.38 千克/亩和 304.11 千克/亩，对三种粮食作物进行平均，计算结果为 428 千克/亩，以此作为折算标准。

根据上述折算标准，结合调查数据，可以得到不同类别农作物相应社会绩效变量均值数据，如表 6-5 所示。可以看出，按热量值计算，种植水稻单位面积可负担人数最多，原因是广西通常是两季稻，水稻产量相对稳定且较高，其次是玉米，调查地区小麦产量普遍不高，经济作物的可负担人数最少，原因在于可食部分热量值较少，有的则不能作为食物，因而基于食物的热量角度折算值低。粮食作物的每亩作物可食部分热量值指数和社会满足度均高于非粮食作物，其中，粮食作物中水稻的值最高，小麦最低，而非粮食作物中，水果的热量值指数和社会满足度最高，经济作物则最低。从耕地利用的就业保障来看，非粮食作物的每亩劳均现金收益和每亩就业人数均高于粮食作物，可能的原因是非粮食作物价值相对较大，需要投入的劳动和技术也较多，从事非粮食作物生产，一般家庭也不再外出务工，因而，非粮食作物的就业保障功能从统计数值上看大于粮食作物。

表 6-5　不同类别农作物社会绩效变量均值统计结果

项目	水稻	玉米	小麦	水果	蔬菜	经济作物
每亩可负担人数	1.683 5	1.321 3	0.949 3	0.763 3	0.614 6	0.267 2
每亩作物可食部分热量值指数	1.274 4	1.000 3	0.718 7	0.577 8	0.465 3	0.202 1
每亩社会满足度	2.145 3	1.688 5	1.192 6	0.969 9	0.780 9	0.339 5
每亩劳均现金收益/元	638.51	492.34	265.79	2 647.32	2 145.17	975.36
每亩就业人数	1.145 3	0.599 8	0.472 4	1.460 8	1.466 5	1.286 8

为了消除各项指标单位由于数量级不同所带来的影响，对原始数据进行无量纲化处理。无量纲化处理方法包括均值法、距离指数法等。由于全部为正向指标，本书采用通常距离指数法对原始数据进行一致化处理，具体计算公式如下：

$$f(x) = \frac{x_i - x_{\min}}{x_{\max} - x_{\min}}$$

其中，x_i 为某指标的实际值；$x_{\min}$ 为某指标的统计最小值；$x_{\max}$ 为某指标的统计最大值。

6.4　权重方法选择与计算过程

6.4.1　方法选择与主成分分析法原理

指标权重是指标在评价过程中不同重要程度的反映,是决策(或评估)问题中指标相对重要程度的一种主观评价和客观反映的综合度量。按照计算权数时原始数据的来源,可以将权重方法划分为三大类,即主观赋权法、客观赋权法、组合赋权法。主观赋权法主要是根据专家经验对各指标的重要性程度进行主观判断来确定属性权重的方法。常用的主观赋权法有德尔菲法、AHP 法、模糊评价法等。客观赋权法则根据原始数据,通过一定方法确定权重,基本思想是属性权重应当是各属性在属性集中的变异程度和对其他属性的影响程度的度量。换言之,各属性权重的大小根据该属性下各方案属性值差异的大小来确定,差异越大,则该属性的权重越大,反之则越小。常见的客观赋权法有主成分分析法、熵值法、变异系数法等。组合赋权法,则是将两种或两种以上方法结合,弱化了单一方法的优缺点。主观赋权法的优点是操作简便,缺点是主观性强,受到打分专家专业知识和经验等因素影响。客观赋权法确定权重具有客观性,具有较强的数学理论依据。

每一种权重方法,都有自身的局限性,而权重赋值是否合理,对评价结果的科学性起着至关重要的作用。从现实应用来看,客观赋权法是当前学术界计算权重的首选。客观赋权法中,主成分分析法可以进行检验,而熵值法等则不能检验,考虑到本书满足主成分分析法要求样本量较大的特点,本书选择主成分分析法确定权重,因为主成分分析法的优点是具有处理多个具有一定相关性变量的能力,可以直观分析出起决定性作用和对综合评价结果影响较大的评价指标。

主成分分析法是通过因子矩阵的旋转得到因子变量和原变量的关系,然后以 m 个主成分的方差贡献率作为权重,给出一个综合评价值,基本思想就是从简化方差和协方差的结构来考虑降维,即在一定的约束条件下,将原来众多的具有一定相关性的指标 X_1,X_2,$\cdots$,X_p(如 p 个指标),重新组合成一组较少个数的互不相关的综合指标 F_m 来代替原来的指标。主成分分析法的基本原理是借助于一个正交变换,将其分量相关的原随机向量转化成其分量不相关的新随机向量,这在代数上表现为将原随机向量的协方差矩阵变换成对角形矩阵,在几何上表现为将原坐标系变换成新的正交坐标系,使之指向样本点散布最开的 p 个正交方向,然后对多维变量系统进行降维处理,使之能以一个较高的精度转换成低维变量系统,再通过构造适当的价值函数,进一步把低维系统转化成一维系统。在数学变换中保持变量的总方差不变，新的变量按照方差依次递减的顺序排列，使第一变量具有最大的方差，称为第一主成分 F_1，第二变量的方差次大，并且和第一变量不相关，称为第二主成分 F_2，依次类推。

利用主成分分析法计算权重系数的基本步骤如下。

第一步，原始数据标准化变换。标准化的公式为

$$x_{ij}^* = \frac{x_{ij} - \overline{x}_j}{\sqrt{\mathrm{var}(x_j)}} (i = 1, 2, \cdots, n; j = 1, 2, \cdots, p)$$

其中：

$$\overline{x}_j = \frac{1}{n} \sum_{i=1}^{n} x_{ij}$$

$$\mathrm{var}(x_j) = \frac{1}{n-1} \sum_{i=1}^{n} (x_{ij} - \overline{x}_j)^2$$

$$j = 1, 2, \cdots, p$$

第二步，计算标准化数据矩阵的相关系数矩阵 $\boldsymbol{R}$。

$$\boldsymbol{R} = \begin{bmatrix} r_{11} & r_{12} & \cdots & r_{1p} \\ r_{21} & r_{22} & \cdots & r_{2p} \\ \vdots & \vdots & & \vdots \\ r_{p1} & r_{p2} & \cdots & r_{pp} \end{bmatrix}$$

第三步，求 $\boldsymbol{R}$ 的特征根及相应的特征向量。

$$\boldsymbol{R} = \begin{vmatrix} r_{11} - \lambda_1 & r_{12} & \cdots & r_{1p} \\ r_{21} & r_{22} - \lambda_1 & \cdots & r_{2p} \\ \vdots & \vdots & & \vdots \\ r_{p1} & r_{p2} & \cdots & r_{pp} - \lambda_1 \end{vmatrix} = 0$$

令 $|\boldsymbol{R} - \lambda_1 I| = 0$，求出特征根 λ_1。再将特征根带入原方程，得到特征向量：

$$\boldsymbol{u}_1 = (u_{11}, u_{12}, \cdots, u_{1p})$$

进一步得到主成分

$$y_1 = u_{11}x_1 + u_{12}x_2 + \cdots + u_{1p}x_p$$

以此类推，得到其他的特征值和特征向量：

$$\boldsymbol{u}_2 = (u_{21}, u_{22}, \cdots, u_{2p})$$

$$\vdots$$

$$\boldsymbol{u}_p = (u_{p1}, u_{p2}, \cdots, u_{pp})$$

从而得到其他主成分

$$y_2 = u_{21}x_1 + u_{22}x_2 + \cdots + u_{2p}x_p$$
$$\vdots$$
$$y_p = u_{p1}x_1 + u_{p2}x_2 + \cdots + u_{pp}x_p$$

第四步，计算贡献率和累积贡献率等。计算公式分别为

$$\alpha_k = \lambda_k \left(\sum_{i=1}^{p} \lambda_i \right)^{-1}，\alpha_k \text{ 表示第 } k \text{ 个主成分 } y_k \text{ 的方差贡献率；}$$

$$\sum_{i=1}^{m} \lambda_i \left(\sum_{i=1}^{p} \lambda_i \right)^{-1}，\text{为主成分 } y_1, y_2, \cdots, y_m \text{ 的累积贡献率。}$$

第五步，确定主成分的个数。主成分取多少，这是一个很实际的问题，通常所取主成分使得累积贡献率达到85%以上为宜（林海明和杜子芳，2013；鲍学英等，2016），即

$$\sum_{i=1}^{m} \lambda_i \left(\sum_{i=1}^{p} \lambda_i \right)^{-1} \geqslant 85\%$$

第六步，计算权重系数。主要是确定线性组合，计算综合模型的得分系数，最后对各变量的得分系数进行归一化处理。

6.4.2　计算步骤

将数据引入 SPSS，利用 SPSS 软件的因子分析功能，选择主成分法与 KMO 和 Bartlett 球形检验，可以直接得到上述第二至第四步的结果和相应的检验结果。如果 Bartlett 球形检验判断相关阵是单位阵，则各变量独立因子分析法无效。计算结果显示，Bartlett 球形检验的近似卡方值为 15 280.17，非常大，显著性水平 Sig.<0.01（即 P 值<0.01）时，说明各变量间具有相关性，因子分析有效。KMO 统计量越接近于 1，变量间的偏相关性越强，因子分析的效果越好。检验结果显示，KMO 取样适切性量数值为 0.764，根据 Kaiser 对主成分分析适合程度的划分标准[①]，本书主成分分析属于"一般"状态，可以采用主成分分析法。表 6-6 显示了提取的所有主成分，可以看出，提取载荷下，第 1 主成分和第 2 主成分的累积贡献率达到86.736%，超过一般提取主成分标准85%。因此，选择第 1 主成分和第 2 主成分，可以反映全部指标信息，较好地解释耕地利用社会绩效。从图 6-1 来看，主成分的选择标准是特征值大于 1，显然只有第 1 主成分和第 2 主成分的特征值超过 1，因而进一步证明选择第 1 主成分和第 2 主成分是合理的。

---

① Kasier 根据 KMO 结果确定适合程度的划分标准为：非常适合，0.9<KMO；适合，0.8<KMO<0.9；一般，0.7<KMO<0.8；不太适合，0.6<KMO<0.7；不适合，KMO<0.6。

表 6-6　各主成分不同方法下的贡献率和累积贡献率

主成分	初始特征值			提取载荷平方和		
	总计	方差百分比	累积百分比	总计	方差百分比	累积百分比
1	3.185	63.703%	63.703%	3.055	61.101%	61.101%
2	1.152	23.033%	86.736%	1.282	25.635%	86.736%
3	0.663	13.264%	100.000%			
4	8.090×10^{-16}	1.618×10^{-14}%	100.000%			
5	-5.117×10^{-17}	-1.023×10^{-15}%	100.000%			

注：提取方法为主成分分析法

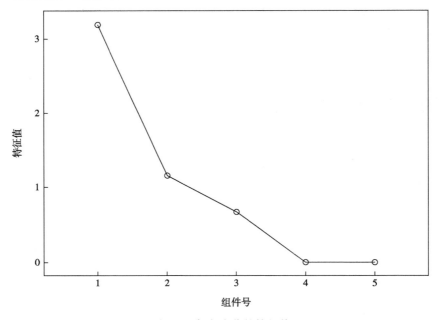

图 6-1　各主成分的特征值

从表 6-7 可以看出，不同方法下，主成分的因子负荷不同，一般而言，旋转后的成分矩阵更为精确，因而选择旋转后的成分矩阵。旋转法下，第 1 主成分中，起主要作用的变量是每亩可负担人数和每亩社会满足度，第 1 主成分主要反映的是粮食安全和社会贡献。第 2 主成分中，每亩作物可食部分热量值指数、每亩劳均现金收益和每亩就业人数的参数值较大，主要反映的是耕地利用的就业保障绩效。

表 6-7 两个主成分的因子负荷表

变量含义	变量名	成分矩阵	
		成分	
		1	2
每亩可负担人数	x_1	0.994	−0.081
每亩作物可食部分热量值指数	x_2	0.004	0.839
每亩社会满足度	x_3	0.996	−0.039
每亩劳均现金收益	x_4	−0.195	0.904
每亩就业人数	x_5	−0.003	0.597

如上所述，主成分方法下，计算权重系数需要经过以下三个步骤。

（1）指标在不同线性组合中的系数。根据表 6-6 可以看出，第 1 主成分的特征根是 3.055，第 2 主成分的特征根是 1.282。用表 6-7 中的载荷数除以表 6-6 中对应的特征根开方，即可得到不同主成分线性组合系数，计算结果如表 6-8 所示。

表 6-8 线性组合中的系数

项目	第 1 主成分	第 2 主成分
主成分的方差贡献率	61.101%	25.635%
x_1	0.568 6	−0.071 5
x_2	0.002 2	0.741 0
x_3	0.569 8	−0.034 4
x_4	−0.111 5	0.798 4
x_5	−0.001 7	0.527 3

由此得到两个主成分的线性组合如下：

$$y_1 = 0.568\,6x_1 + 0.002\,2x_2 + 0.569\,8x_3 - 0.111\,5x_4 - 0.001\,7x_5$$
$$y_2 = -0.071\,5x_1 + 0.741\,0x_2 - 0.034\,4x_3 + 0.798\,4x_4 + 0.527\,3x_5$$

（2）综合模型得分系数。由于原有指标基本可以用前两个主成分代替，因此，指标系数可以看成以这两个主成分方差贡献率为权重，对指标在这两个主成分线性组合中的系数做加权平均。从表 6-6 可以看出，第 1 主成分的贡献率为61.101%，第 2 主成分的贡献率为 25.635%。以第 1 变量 x_1 为例，将各成分系数与主成分的方差贡献率相乘并求和，再除以累积方差贡献率，具体表达式为（ 0.568 6 × 0.611 01 − 0.071 5 × 0.256 35 ）/0.867 36。综合得分模型中各变量系数和权重系数见表 6-9。

表 6-9　综合得分模型中各变量系数和权重系数

变量名	系数	权重系数
x_1	0.379 5	0.291 2
x_2	0.220 6	0.169 3
x_3	0.391 2	0.300 2
x_4	0.157 4	0.120 8
x_5	0.154 6	0.118 6

由此得到综合得分模型为

$$y = 0.379\,5x_1 + 0.220\,6x_2 + 0.391\,2x_3 + 0.157\,4x_4 + 0.154\,6x_5$$

（3）指标权重的归一化。根据表 6-9 中第 2 列的综合得分模型中的系数，将所有变量的系数进行求和，然后计算每个变量系数占全部分变量系数和的比重，可得到相应变量的权重系数，计算结果如表 6-9 中第 3 列所示。

利用权重系数，结合规格化的原始数据，可以计算出每个样本的耕地利用的社会绩效值，耕地利用表现为不同类型农作物种植，不同类型农作物单位耕地面积社会绩效综合评价结果如表 6-10 所示。

表 6-10　不同类型农作物耕地利用的社会绩效综合评分结果描述性统计

项目	均值	标准差	最高值	最低值
水稻	0.321 6	0.059 2	0.591 4	0.155 7
玉米	0.245 0	0.039 5	0.374 4	0.172 9
小麦	0.174 4	0.038 3	0.262 5	0.115 1
水果	0.183 7	0.103 5	0.650 6	0.051 8
蔬菜	0.134 9	0.082 9	0.677 2	0.050 2
经济作物	0.081 0	0.067 8	0.368 2	0.018 0
总样本	0.238 8	0.118 9	0.677 2	0.018 0

6.5　耕地利用社会绩效测算结果与分析

可以看出，种植不同农作物单位耕地面积的社会绩效基本顺序是：水稻>玉米>水果>小麦>蔬菜>经济作物，显然，不同类型农作物的耕地利用中，种植水稻的社会绩效最高，玉米次之，而种植经济作物的社会绩效最低。

耕地利用的社会绩效总体水平不高。从调查地区的总样本来看，耕地利用的社会绩效的效率水平处于极差水平，仅为 23.88%，表明尚有 76.12%潜力可挖。主要原因在于各指标在样本之间的差距较大，而多数样本属于较低水平，因而计算结果表现为耕地利用社会绩效数值低。

粮食作物的社会绩效明显高于非粮食作物。据表 6-10，可以计算出三种粮食作物的平均社会绩效水平为 0.247 0，而三大类非粮食作物的平均社会绩效水平为 0.133 2，进而可以得出粮食作物的总体社会绩效明显高于非粮食作物的结论。从实际情况来看，粮食作物产量和热量值均较大，而非粮食作物虽然产量高，但多数热量值较小，另外，部分非粮食作物存在不能食用问题，其结果导致粮食作物的粮食安全功能大于非粮食作物。虽然非粮食作物的就业保障功能明显高于粮食作物的就业保障功能，但由于指标权重相对较低，因而，计算结果显示种植粮食作物的社会绩效高于种植非粮食作物。

非粮食作物耕地利用的社会绩效差异大，而粮食作物差异则相对小。从表 6-10 可以看出，种植非粮食作物单位耕地面积的社会绩效最高的是蔬菜，达到 0.677 2，水果的社会绩效最高值为 0.650 6，与蔬菜的最高值接近，均高于三种粮食作物的社会绩效最高值，而经济作物社会绩效的最高值也高于小麦，而略低于玉米的最高值。反过来，种植水果、蔬菜和经济作物单位面积耕地的社会绩效最低值均低于三种粮食作物的单位面积耕地社会绩效最低值，表明非粮食作物耕地利用的社会绩效差异大，而粮食作物耕地利用的社会绩效差异小。从标准差来看，非粮食作物的单位面积耕地社会绩效标准差均大于粮食作物，从而进一步印证了种植非粮食作物的社会绩效变动范围大于种植粮食作物的社会绩效。调查结果也显示，粮食作物种植要求相对较低，产量和价格相对稳定，非粮食作物种植风险更大，因而产量和价格风险更高。所以，非粮食作物耕地利用的社会绩效差异大于粮食作物，符合客观实际。

6.6 耕地利用社会绩效成因分析

6.6.1 耕地利用社会绩效影响因素选择与分析

通过文献搜索发现，仅有 1 篇关于耕地社会功能影响因素的文献（王娜等，2014），其余则为单项社会功能（粮食安全）影响因素研究。近年来代表性研究包括：肖海峰等（2004）指出对城市居民来讲，影响其对粮食安全态度和风险承受能力的可能因素有个人特征变量（性别、年龄、收入、文化程度、职业）、家庭特征变量（家庭规模、家庭结构）及地区特征变量三类，而对农村居民来讲，影响其对粮食安全态度和风险承受能力的可能因素有个人特征变量（性别、年龄、文化程度）、家庭特征变量（家庭规模、家庭结构、家庭收入、固定资产原值、家庭耕地面积、家庭粮食和制成品消费量中外购数量所占的比例）及地区特征变量；梁子谦和李小军（2006）认为中国人口的持续增长、耕地面积减少、水资源缺乏、粮食生态环境恶化和粮食生产成本上升等因素影响着中国未来的粮食安全；陈新建和陶建平（2008）研究发现少部分农户存在粮食不安全问题，Logistic 模型结果显示农户粮食种植面积、土地质量、家庭成员个数、粮食单产、灾害等变量对农户粮食安全影响显著；公茂刚等（2009）提出在国家层面上，粮食供给的波动和粮食需求的变动是导致粮食不安全的原因，粮食价格、粮食生产和粮食流通的不稳定又影响粮食供给的波动，而粮食需求的变化受人口数量、收入水平、工业化、城市化进程以及粮食市场的发育状况等的影响。在个体层面上，个体的粮食获取能力（包括自身生产能力、购买力及获取粮食援助的能力等）以及粮食的可得性是影响粮食安全的主要因素；白洁和王学恭（2009）利用甘肃省 17 个粮食生产县农户调查数据，研究影响微观粮食安全差异的因素，实证表明：农户土地投入对微观粮食安全有显著的负影响，种植业产业结构调整、粮食单产、粮食作物收入和粮食价格对微观粮食安全的影响显著，家庭收入水平对微观粮食安全的影响不显著；李英和陈立华（2011）认为在影响粮食安全的各种因素中，人口增长、消费结构升级、生物质能源需求增加、城市化水平提高是影响粮食需求的主要因素，耕地数量减少、耕地质量下降、水资源匮乏、气候条件异常、科技进步、种粮成本是影响粮食生产的主要因素，而外贸依存度、粮食储备能力也是影响粮食安全的重要因素；张宗军和窦学诚（2012）以甘肃省为例，实证粮食安全影响因素，结果显示粮食种植面积、投入要素、受灾情况等对粮食安全产生显著影响；史常亮和王忠平（2013）研究影响我国粮食安全的主要因素，实证结果显示：粮食播种面积、受灾面积、灌溉面积、耕地面积及农机总动力等是影响粮食安全的重要因素，灌溉面积和粮食播种面积对粮食安全的基础性作用趋于减弱，而农业机械总动力、农业生产资料价格波动和城市化率对粮食安全的影响作用增强，自然灾害加重粮食不安全；王娜等（2014）认为影响耕地社会功能的因素包括人均耕地面积、农村恩格尔系数、劳动力转移指数、农村人均收入、粮食产量、社会需求满足度、农业供养能力 7 个指标；周博等（2015）研究表明社会发展对粮食安全具有直接的负向影响，而科技支撑、资源要素、环境状况和农业经济都直接正向影响着粮食安全。

可以看出，相关研究重点是粮食安全影响因素研究，不同文献选择的影响因素存在较大差异，包括粮食需求、生产投入要素和居民特征等影响因素，而耕地利用就业保障影响因素研究尚属空白。从研究的角度看，大多基于宏观层面研究粮食安全，而基于微观——农户角度的研究较少。成因分析影响因素一般基于意识、自然社会条件、行为和制度进行设计，以强调系统性，基于此，结合前人研究成果，从微观角度选择耕地利用的社会功能认知程度、农作物类型、耕地经营规模、从事该类农作物生产的劳动力数、种植成本、生产管理水平、每亩耕地租金、农村家庭人均粮食消费量 8 个影响因素，分别反映农户对耕地利用的社会责任意识、作物选择、自然社会资源禀赋、管理行为和粮食需求等方面，具体分析如下。

（1）耕地利用的社会功能认知程度。意识引导行为，对行为具有重要影响。耕地利用的社会功能认知程度可以反映农民的社会责任意识，判断出他们对耕地利用的粮食安全、社会保障等的认识与看法。如果他们对此认知程度高，社会责任意识强，耕地利用就会兼顾经济效益和社会效益，反之，则仅考虑耕地利用的经济效益，而忽视耕地利用的社会效益，在具体的耕地利用行为方面，而选择高经济值的农作物，或者进城务工，从而弱化耕地利用的社会功能。因此，从理论上讲，耕地利用的社会功能认知程度对耕地利用的社会绩效具有积极的影响。

（2）农作物类型。不同农作物所实现的社会功能不同，对粮食安全和就业保障等耕地社会功能的影响也不同，不同作物耕地利用的社会绩效也存在明显的差异性。从实际情况来看，粮食作物的粮食安全功能明显强于蔬菜等非粮食作物，但蔬菜等非粮食作物的就业保障功能却强于粮食作物，因为它提供的就业人数和报酬要高于粮食作物。显然，不同农作物耕地利用的单项社会功能有不同优势，不同农作物类型单位面积耕地利用的社会绩效是否存在显著差异，还有待实证检验。

（3）耕地经营规模。耕地是粮食生产的先决条件，耕地经营面积在很大程度上决定了粮食产量。农村家庭耕地经营规模，很大程度上体现了耕地利用的粮食安全和就业保障功能。耕地经营面积越大，相应地，粮食产量也越大，就业报酬也越多，因而，耕地经营面积对耕地利用的整个社会绩效具有正向作用。但是，就单位耕地面积的社会绩效而言，耕地经营面积越大，并不一定能使其社会绩效（如粮食产量、就业保障）也越大，因而它是一个相对效率指标，其显著性需要后续验证。

（4）从事该类农作物生产的劳动力数。单位面积耕地中，劳动者从事耕地生产的数量越多，往往劳动投入也越多，从而实现的单位面积耕地利用社会效率也越高。但是，在家庭耕地规模既定的情况下，劳动力人数越多，通常单位劳动力的报酬越低。因而，如果家庭耕地经营规模不能保证每个劳动力的正常收入，剩余劳动力则会转移，相应地，耕地利用的社会效率也会降低。所以，农村家庭劳动力人数与单位耕地面积的社会绩效之间的作用关系，受到耕地规模、外出务工收入等条件制约，耕地利用的劳动力投入数量对单位耕地面积的社会绩效具有双向影响。

（5）种植成本。它反映种植农作物资本成本的投入情况，在此，不包括人工成本，因为人工成本被作为耕地利用社会绩效中就业报酬之一。种植成本包括农药、化肥、农用柴油等农业生产资料费用，对于农民的种植积极性和耕地生产具有重要影响。在各种生产要素市场价格既定的情况下，单位耕地面积的种植成本越高，表明单位面积耕地生产投入要素越多，相应地农作物单产也越高，单位面积耕地的社会绩效也越有保障。但是，种植成本会影响农民的生产积极性，如果种植成本过高，经济产出和效益并没有同步增长，则会打击农民农业生产积极性，从而降低年度耕地利用的社会效率。因此，种植成本会影响农户耕地利用决策，选择相对有利于个体的耕地利用行为，最终影响单位耕地利用的社会绩效。

（6）生产管理水平。农业生产管理水平对粮食生产具有直接影响，生产管理水平越高，选择的农业技术往往也越好，农业生产中各种信息能够及时收集、加工和处理，从而降低自然灾害、病虫灾和技术风险，提高农业产出，如粮食产量，增加农业收入，耕地利用社会绩效也更高。从理论上讲，生产管理水平越高，其他约束条件固定情况下，农业产出越高，农业生产的回报也越高，因而，从两者的作用关系来看，生产管理水平对耕地利用的社会绩效具有促进作用。

（7）每亩耕地租金。它反映了当地耕地流转市场的发展情况与供求情况，也可以反映出当地经济水平的发展情况。一般来讲，经济越发达地区，耕地租金越高，相应地，人们对耕地的社会功能需求越大，更愿意为耕地的社会价值支付补偿。并且，耕地租金越高，相应农产品价格也越高，因而耕地粮食安全的社会价值越大。但是它也增加了耕地投入成本，降低了耕地就业报酬。因此，每亩耕地租金是否会促进耕地利用社会绩效的提升，需要实证进一步检验。

（8）农村家庭人均粮食消费量。耕地利用社会绩效中的粮食安全是一个相对的概念，可以反映为粮食的供求关系，农业人均粮食消费量是反映农村人口粮食需求的重要指标。人均粮食消费量越大，则表明农村粮食需求也越大，在粮食供给不变的情况下，粮食安全则会越低。但是，农村家庭人均粮食消费量在很大程度上也会影响粮食价格，因为粮食需求的范围主要包括农村人口粮食需求、城市人口粮食需求和工业食品加工业等，农村粮食需求越大，其他条件不变情况下，粮食市场价格会越高，农业粮食生产收入也会越高。因此，农村家庭人均粮食消费量对耕地利用的社会绩效具有正反两方面作用，一方面会降低粮食安全，另一方面会提高粮食生产回报，从而提高粮食生产的就业报酬。所以，农村家庭人均粮食消费量对耕地利用的社会绩效总体影响是正向的还是负向的，有待于实证检验。

6.6.2　耕地利用社会绩效影响因素数据处理与统计分析

数据处理说明。耕地利用的社会功能认知程度，划分为不重要、不清楚、一般、比较重要和非常重要 5 个类别，分别按 1、2、3、4、5 赋值；农作物类型，根据研究需要，按粮食作物和非粮食作物进行类别划分，粮食作物和非粮食作物，赋值分别为 1 和 0；耕地经营规模，选择该类作物种植面积（亩），而非家庭实际拥有的耕地面积，这种处理更加有利于经济学解释；从事该类农作物生产的劳动力数，按国家劳动力年龄标准统计调查农村家庭劳动力数，对于未成年人和老年人，未按半劳动力折算处理，不计入统计范围；种植成本，实质上就是耕地生产的资本投入总量，但不包括人工成本，计算方法同前；耕地生产管理水平处理方法同前，耕地经营管理划分为三种类型，分别赋值为 1、2、3；每亩耕地租金，来源于当地农村土地流转价格数据，同一地区，因耕地质量、位置等差异，流转租金价格存在一定差异性，选择中间价格或通常价格；农村家庭人均粮食消费量，粮食消费包含农村人口口粮、养殖动物和家庭粮食加工等直接消费和间接消费量。

描述性统计分析。从表 6-11 可以看出，西部地区农作物的社会绩效总体水平非常低，效率均值为 0.236 7，并且最大值与最小值之间差距较大，标准差也相对较大，表明不同样本耕地利用的社会绩效差异大；农作物种植类型划分为粮食和非粮食作物两大类，其均值为 0.804 1，与粮食作物赋值 1 比较接近，反映西部地区农村以种植粮食作物为主；当地每亩耕地租金平均水平约为 681.51 元，这个值相对较低，反映地区经济的发展水平不高；农村家庭人均粮食消费量约为 173.32 千克，反映农村对粮食消费需求较大；耕地经营规模、从事该类农作物生产的劳动力数、种植成本和生产管理水平，在前面已作说明，不再复述。

表 6-11　社会绩效成因模型各变量描述性统计

统计指标	社会绩效 Y	耕地利用的社会功能认知程度 X_1	农作物类型 X_2	耕地经营规模 X_3/亩	从事该类农作物生产的劳动力数 X_4/人	种植成本 X_5/（元/亩）	生产管理水平 X_6	每亩耕地租金 X_7/元	农村家庭人均粮食消费量 X_8/千克
均值	0.236 7	2.116 0	0.804 1	2.510 2	2.205 4	658.476 1	1.753 6	681.508 8	173.324 0
最大值	0.677 2	5	1	63	6	2 588	3	1 100	283.33
最小值	0.018 0	1	0	0.3	1	161	1	300	130.32
标准差	0.118 9	0.981 0	0.396 9	2.623 9	0.863 1	458.508 0	0.672 0	245.000 1	22.786 0
样本数	3 533	3 533	3 533	3 533	3 533	3 533	3 533	3 533	3 533

6.6.3 耕地利用社会绩效影响因素模型构建与检验

为减少模型设定的主观性，提高构建模型的质量，本书选择常见模型进行估计和检验，以判断不同模型的优劣。利用 Eviews 软件，使用怀特法修正异方差，分别对线性模型、对数模型、双对数模型、二次模型、二次多项式模型和混合模型进行估计，主要检验指标如表 6-12 所示。可以看出，与其他模型相比，混合模型的综合检验结果最优。从调整拟合度来看，它仅次于二次多项式模型，优于其他模型。从 F 值来看，它的值最大，表明模型的整体解释力度最好，反映出模型的解释能力强。从 AIC 准则来看，混合模型的值较小，表明变量设定比较合理。从 DW 值来看，除二次多项式模型外，与其他模型相比，混合模型更接近于 2，自相关程度弱于其他模型。

表 6-12　社会绩效成因常见模型主要检验指标对比表

检验指标	线性模型	对数模型*	双对数模型*	二次模型	二次多项式模型	混合模型
R^2	0.752 4	0.715 4	0.675 6	0.725 3	0.801 8	0.773 7
调整 R^2	0.751 6	0.714 5	0.674 6	0.725 4	0.800 6	0.773 0
Log likelihood	3 435.157 0	3 265.664 0	−1 471.355 0	3 312.905 0	3 706.626 0	3 545.256 0
F 值	922.890 9	763.722 7	632.689 4	805.886 2	653.434 4	1 038.788 0
AIC 准则	−2.809 5	−2.670 5	1.213 9	−2.709 2	−3.026 3	−2.899 8
DW 值	0.752 2	0.689 6	0.523 3	0.727 4	0.911 4	0.768 7

*表示对数模型和双对数模型中，农作物类型按其经济价值分类标准分别赋值，范围在 1~4，而没有按粮食和非粮作物类型进行分类，分别赋值为 1 和 0，因为 0 取对数没有意义

因此，根据上述多个检验指标，综合选择混合模型，根据混合模型中涉及的全部变量，可以得到相应的相关系数矩阵，如表 6-13 所示。可以看出，除 X_2、$\ln X_5$、$\ln X_7$ 三个变量之间的相关系数大于 0.7 外，其他多数变量之间的相关系数都小于 0.5，可以初步判断出模型的多重共线性并不强。利用 SPSS 软件计算 VIF，得到 VIF 最大值为 2.161，远小于 10，容许度最小值为 46.3%，远大于 10%，表明模型不存在严重的多重共线性。

表 6-13　社会绩效成因混合模型变量的相关系数矩阵

变量名	Y	$\ln X_1$	$\ln X_3$	$\ln X_4$	$\ln X_5$	$\ln X_6$	$\ln X_7$	$\ln X_8$	X_2
Y	1.000 0	0.588 6	−0.414 6	−0.007 3	−0.336 5	0.094 4	0.796 3	0.160 5	0.744 2
$\ln X_1$	0.588 6	1.000 0	−0.291 7	−0.014 8	−0.243 1	0.034 8	0.501 1	0.044 1	0.474 1

续表

变量名	Y	$\ln X_1$	$\ln X_3$	$\ln X_4$	$\ln X_5$	$\ln X_6$	$\ln X_7$	$\ln X_8$	X_2
$\ln X_3$	−0.414 6	−0.291 7	1.000 0	0.427 6	0.456 9	−0.120 9	−0.561 9	0.323 3	−0.529 8
$\ln X_4$	−0.007 3	−0.014 8	0.427 6	1.000 0	0.062 9	−0.037 8	−0.080 9	0.066 8	−0.084 9
$\ln X_5$	−0.336 5	−0.243 1	0.456 9	0.062 9	1.000 0	−0.007 5	−0.490 2	0.191 6	−0.741 6
$\ln X_6$	0.094 4	0.034 8	−0.120 9	−0.037 8	−0.007 5	1.000 0	0.129 9	−0.002 9	−0.022 2
$\ln X_7$	0.796 3	0.501 1	−0.561 9	−0.080 9	−0.490 2	0.129 9	1.000 0	0.080 4	0.787 8
$\ln X_8$	0.160 5	0.044 1	0.323 3	0.066 8	0.191 6	−0.002 9	0.080 4	1.000 0	−0.058 3
X_2	0.744 2	0.474 1	−0.529 8	−0.084 9	−0.741 6	−0.022 2	0.787 8	−0.058 3	1.000 0

表 6-14 列示了混合模型的回归估计结果，可以看出，除从事该类农作物生产的劳动力数外，其他解释变量的 T 值较大，表明其他变量对被解释变量具有显著影响。整体而言，F 值为 1 038.788 0，非常大，反映出模型的整体解释能力较强。从拟合度和调整拟合度来看，均大于 0.7，表明模型的整体拟合度较好。

表 6-14　社会绩效成因混合模型回归估计结果

变量名	估计系数	标准误	T 值	Sig.
C	−1.482 1	0.073 3	−20.223 2	0.000 0
$\ln X_1$	0.026 8	0.013 2	2.031 2	0.042 3
$\ln X_3$	−0.009 8	0.002 9	−3.370 5	0.000 8
$\ln X_4$	0.012 2	0.011 7	1.047 4	0.295 0
$\ln X_5$	0.063 3	0.003 3	19.310 9	0.000 0
$\ln X_6$	0.059 9	0.021 1	2.843 9	0.004 5
$\ln X_7$	0.098 1	0.006 0	16.389 2	0.000 0
$\ln X_8$	0.106 2	0.013 8	7.709 7	0.000 0
X_2	0.155 5	0.006 2	25.161 2	0.000 0
检验指标				
R^2	0.773 7	F 值		1 038.788 0
调整 R^2	0.773 0	AIC 值		−2.899 7
Log likelihood	3 545.26	DW 值		0.768 7

6.6.4　耕地利用社会绩效影响因素实证结果分析

（1）耕地利用社会责任意识对耕地利用社会绩效具有显著积极影响。估计结果显示，耕地利用的社会功能认知程度的估计系数为正，且显著性水平在 5% 以下，拒绝不存在显著影响的原假设，从而证实农民耕地利用社会意识对耕地利用的社会绩效具有显著积极影响。从现实情况来看，农民对耕地利用的社会功能认知程度较低，因而重视耕地利用的经济效益，而忽视耕地利用的社会效益，从而导致耕地利用的社会绩效较低。因而，提高农民耕地利用的社会责任意识对于提高耕地利用社会绩效具有重要意义。

（2）与非粮食作物相比，种植粮食作物的社会绩效更高。估计结果表明，农作物类型的估计系数为正，且通过 1% 的显著性水平，反映农作物类型对耕地利用的社会绩效具有显著正向影响。由于按粮食和非粮食类型划分农作物类型变量，因而，粮食作物的社会绩效显著高于非粮食作物。主要原因在于非粮食作物的粮食安全功能较弱，多数不能食用，导致种植非粮食作物情况下，耕地利用的社会绩效较弱。

（3）耕地经营规模越大，单位耕地的社会绩效越小。实证结果表明，耕地经营规模与单位耕地面积社会绩效具有显著的反向关系。从实际情况来看，由于调查地区样本平均耕地经营规模偏小，加之机械化程度低，规模经营优势不突出，反而受劳动力数量和人工成本等条件制约，单位耕地的经济效益相对低。因此，耕地经营规模越大，单位耕地的粮食产出却越低，相应粮食安全功能也越弱。所以，在小规模经营、机械化程度低和劳动力成本逐年增加的前提下，扩大耕地经营规模并不能提高单位耕地的社会绩效，反而会因单位耕地的投入要素不足降低单位耕地的社会绩效。

（4）种植成本和生产管理水平对耕地利用社会绩效具有促进作用。种植成本反映了农户对耕地利用的资本投入情况，而生产管理水平反映了农户的专注程度和专业化程度，回归结果显示，这两个变量对耕地利用社会绩效具有显著的正向影响。从实际情况来看，其他条件不变的情况下，耕地利用的生产要素投入越多，生产管理水平越高，其产出水平也越高，因而单位耕地的社会绩效也会越高，所以，这一结论与现实情况相吻合。

（5）从事该类农作物生产的劳动力数对耕地利用的社会绩效没有显著影响。如表6-14所示，从事该类农作物生产的劳动力数 T 值非常小，显著性水平为 29.50%，接受原假设，即从事该类农作物生产的劳动力数对耕地利用的社会绩效没有显著影响。前面分析指出，从事该类农作物生产的劳动力数对耕地利用的社会绩效具有双向影响，实证结果显示，不同样本下双向影响的结果存在明显差异，因而，估计结果并不显著。这个结论表明，通过增加劳动力数量来实现提升耕地利用的社会绩效并不可靠。

（6）每亩耕地租金和农村家庭人均粮食消费量与耕地利用的社会绩效具有正向关系。每亩耕地租金和农村家庭人均粮食消费量在一定程度上反映耕地利用的外部经济环境和市场需求情况，回归结果表明，两个解释变量的估计系数均为正数，且 T 值较大，显著性水平在 1%内，反映出对被解释变量具有显著的积极影响。前面分析表明，每亩耕地租金和农村家庭人均粮食消费量对耕地利用社会绩效具有双向影响，实证结果表明，对大多数样本而言，积极作用大于消极作用，因而，从统计意义上表现为对耕地利用社会绩效具有正向影响。

第 7 章　西部地区耕地生态绩效评价与影响因素

7.1　耕地利用的生态功能与评价方法

耕地利用的生态功能实质上即通常所说的耕地生态功能。因为，耕地利用才能发挥耕地的相应价值和功能，否则会变为荒地，时间一长则可能转变为后备耕地、林地等类型的土地。耕地系统具有多种生态功能，如耕地既具有维持生物多样性功能（Costanza 等，1998），也具有保护土壤功能（OECD，2001），还具有气体调节、水源涵养等生态功能（谢高地等，2003）。一般认为，耕地的生态功能包括保护生物多样性、调节气体、调节气候、涵养水源、净化环境、保护土壤等功能，具体如下。

（1）保护生物多样性。耕地是一个生态系统，它是以农作物为主体、多种动植物和微生物等生物群落组成的生态系统，具有特殊的结构和功能，对于保护地区生物多样性具有重要意义。例如，耕地系统可以为鸟类、小型动物提供食物来源。

（2）调节气体。耕地利用离不开农作物的种植，农作物具有光合作用和呼吸作用，从而维持生态系统中的二氧化碳和氧气平衡。具体而言，农作物通过光合作用，吸收和固定二氧化碳，并将其存储在农作物的生物量中，同时释放出氧气；农作物通过呼吸作用，可以吸收氧气，产生二氧化碳。有关研究表明，大多数农作物具有很强的固碳能力，并能在较短时间内吸收大量的二氧化碳（程云，2007）。

（3）调节气候。耕地利用调节气候具体表现在以下方面：农作物大量种植，可以大量吸收空气中的二氧化碳，从而减少大气中的温室气体，延缓全球性的气温上升现象；农作物具有蒸腾作用，需要蒸发大量水分，从而降低当地的温度；耕地属于土地，具有一定的吸热和散热作用，从而调节气温；农作物具有遮阴、挡风等作用，从而调节小气候。

（4）涵养水源。耕地土壤和农作物都具有一定的保持水分能力。土壤颗粒表面的吸附力和微细孔隙的毛细管力，可将一部分水保持住，土壤吸湿水的含量主要决定于空气的相对湿度和土壤质地。因而，耕地种植农作物，可以截留雨水，从而减少地表径流，使雨水转变为地下水，从而发挥涵养浅层地下水和深层地下水的作用。

（5）净化环境。耕地的净化环境功能表现为两个方面：一是农作物具有吸附与分解灰尘、粉尘，净化有毒化学物质，清新空气的功能。例如，通过光合作用和吸附作用，耕地中的农作物可以降解空气中的二氧化硫、一氧化碳、氢化物等有害气体，也可以吸附粉尘。二是土壤具有一定的物理净化、化学净化和生物净化作用。物理净化作用表现为难溶性固体污染物进入土壤中，可被土壤机械阻留；可溶性污染物可被土壤水分稀释，从而降低毒性。化学净化作用表现为污染物进入土壤后，通常会发生一系列化学反应，包括凝聚与沉淀反应、氧化还原反应、酸碱中和反应等，这些化学反应，使部分污染物分解为无毒物质或营养物质。生物净化作用表现为土壤中存在微生物，它们具有氧化分解有机物能力，可以对污染物进行降解和转化。

（6）保护土壤。耕地利用主要表现为农作物生产活动，而农作物具有一定的保护土壤功能。因为，农作物的根系把土壤颗粒紧紧地黏结在一起，其茎叶可以减缓雨水直接冲击土壤，大大减轻了土壤的流失。相反，裸露的土地没有植物的保护，就容易发生水土流失。因此，与裸地相比，耕地具有保护土壤功能。有研究表明，中国农田平均保护土壤价值为 1 291.9 元/公顷（谢高地等，2003；蒙吉军，2005）。

耕地生态功能评价，一般评价它们的价值，测度方法按 OECD 的分类方式可划分为直接市场法、替代市场法和意愿评价法（王舒曼等，2007）。但是，耕地利用生态绩效不同于耕地的生态功能，它强调人类活动对耕地生态系统的影响及结果，评价方法包括综合评价法（吴涛和任平，2015；向云波等，2015）、投入产出法（邹静等，2014）、生态足迹法（刘春莲和李茂林，2016；杨凤海等，2016）、聚类分析法（周俊霞等，2012）等。综合评价法是运用多个指标对多个参评单位进行评价的方法，基本思想是将多个指标转化为一个能够反映综合情况的指标来进行评价，优点是评价内容全面，存在的问题是指标选择具有主观性和权重确定比较困难。投入产出法基本思想是确定投入和产出要素，利用数理方法计算投入与产出效率，优点是具有严格的数理依据，系统往往非常复杂，投入要素和产出要素非常多，因而常常会遗漏部分投入或产出要素，导致估计结果偏差。生态足迹法是一种定量度量可持续发展状况的方法，基本思想是估计要承载一定生活质量的人口，需要的可供人类使用的可再生资源或者能够消纳废物的生态系统，又称为"适当的承载力"，评估结果清楚地表明在所分析的每一个时空尺度上，人类对生物圈所施加的压力及其量级，优点是可操作性和可重复性强，评价结果可进行横向和纵向对比，缺点是土地"空间互斥性"假设很难实现和不能进行动态分析（刘淼等，2006；邓雄，2009）。聚类分析法基本思想是根据一批样品的多个观测指标，具体找出一些能够度量样品或指标之间相似程度的统计量，以这些统计量为划分类型的依据，把一些相似程度较大的样品聚合为一类，把另外一些彼此之间相似程度较大的样品又聚合为另一类，直到把所有的样品（或指标）聚合完毕，优点是直观、结论形式简明，缺点是在样本量较大时，要获得聚类结论有一定困难，且不能准确评价研究对象。由于耕地生态系统投入要素较多，包括光、水、土壤等，产出要素包括氧气、二氧化碳等，这些要素数据收集困难，因而不宜采用投入产出法；耕地生态足迹体现的是生态承载量，不能很好地反映耕地利用的生态绩效，而是反映人类活动对耕地生态的影响，因而放弃此方法；聚类分析法属于分类方法，不能直接评价研究样本的具体情况，因而也不采用。综合评价法目前依然是土地（耕地）利用绩效评价的最常见方法，可以相对全面地反映耕地利用行为对其生态系统的影响和结果，因而本书选择此方法。

7.2　耕地利用生态绩效指标体系设计

7.2.1　生态绩效指标体系研究现状

耕地利用的生态绩效指标体系相关研究主要体现为土地（耕地）利用在生态绩效、生态效益、生态可持续性、生态功能和生态安全方面的研究，近年来代表性研究如表 7-1 所示。可以看出，直接的耕地利用生态绩效指标体系研究非常少，仅发现李菁和匡兵（2014）的相应文献，指标体系包括灌溉指数、复种指数、土地垦殖率、单位农药投入、单位化肥投入、单位劳动力投入共 6 个指标，分别反映农业生产条件、利用强度、对生态系统的负面影响及劳动力投入情况，显然这些指标体现了耕地利用情况，但没有一个指标直接体现耕地生态系统特征，因而，评价内容存在重大遗漏。关于耕地利用的生态效益指标体系相关研究非常丰富，主要指标包括复种指数、单位耕地化肥（农药）用量、万元产值能耗、森林覆盖率、有效灌溉面积占比（有效灌溉率）、灾害指数等（李佳等，2013；邹静等，2014；吴涛和任平，2015；向云波等，2015），其中，复种指数

等指标反映耕地利用强度，单位耕地化肥（农药）用量反映对生态系统的环境污
染，万元产值能耗则基于能源角度反映经济利用效率，但这些指标与耕地利用没
有直接的关系，森林覆盖率多数情况下属于自然禀赋，与耕地利用的相关性不
强，有效灌溉面积占比（有效灌溉率）属于农业生产条件之一，它会影响耕地的
经济效益，但不能直接体现生态效益，显然，部分文献在个别指标的选择上存在
问题，有的混淆了耕地利用的经济指标和生态指标，有的混淆了生产（自然）条
件与生态效益。耕地利用可持续性指标体系研究也较为丰富，指标构建思路划分
为两大类，一类是基于耕地生态承载力角度，包括生态承载力、生态足迹、生态
可持续性指数（刘春莲和李茂林，2016；杨凤海等，2016），另一类是基于人口
与耕地面积关系（何玉婷等，2013；石红彦，2014），包括人均耕地、粮食安全
系数、耕地警戒度。总的来讲，这两类指标体系体现了人类活动对耕地面积利用
的可持续性，但也未能真实反映耕地利用的生态情况，并且在个别指标选择上
（如非农指数）存在问题，明显与耕地利用的可持续性相关性弱。综合耕地生态
功能评价文献相对较少（宋戈等，2011；瞿理铜，2014；崔爱花等，2017），从
已有的指标体系来看，主要包括平均降水量、平均气温、耕地安全系数、水土流
失治理面积、除涝面积占耕地面积比重、森林覆盖率、水旱成灾面积、耕地减少
量，这些指标直接反映当地降水、气候、水土流失治理等方面，少数指标，如水
土流失面积可以直接反映耕地的生态功能，但数据处理时采用整个地区土地的水
土流失面积，不能真实反映耕地水土流失情况，其他多数指标均属于总量的综合
性指标，如降水量，并不能直接体现耕地的生态功能，因为降水量还要受到其他
因素影响。耕地生态安全评价指标体系文献相对较多，指标体系包括人口密度、
单位耕地化肥负荷、人均耕地面积、单位耕地农药负荷、土地垦殖率、耕地粮食
单产、灾害指数、土壤污染程度、农民人均纯收入、有效灌溉率、农机总动力、
环境污染治理投资占 GDP 比例、水土流失治理率等指标（庞英和段耀，2012；
任平等，2013；张锐和刘友兆，2013；郑华伟等，2015），这些指标主要基于压
力-状态-响应模型构建，但部分指标与耕地生态安全的直接相关性较弱，如农机
总动力、农民人均纯收入等。

表 7-1　近年来代表性耕地利用生态绩效指标体系相关研究成果表

评价对象	指标体系	评价方法	作者与发表年份	评价
生态效益	灾害指数、旱涝保收面积、有效灌溉面积	熵值法	向云波等（2015）	反映耕地的自然气候或生产条件情况，未体现耕地生态情况
生态绩效	灌溉指数、复种指数、土地垦殖率、单位农药投入、单位化肥投入、单位劳动力投入	突变级数法	李菁和匡兵（2014）	反映人类行为对耕地生态的影响等，但没有体现生态结果

续表

评价对象	指标体系	评价方法	作者与发表年份	评价
生态效益	复种指数、水土协调度、单位耕地化肥用量、万元产值能耗、森林覆盖率	熵值法	吴涛和任平（2015）	水土协调度等指标反映耕地利用的生态绩效，但森林覆盖率等不能反映人类活动行为对耕地的生态影响
生态效益	保收指数、复种指数、森林覆盖率、有效灌溉面积占比、单位耕地用肥量、万元产值能耗、单位耕地农药施用量、灾害指数	熵值法	谷秀兰等（2015）	单位耕地用肥量等指标反映人类活动对耕地系统的影响，但未体现耕地系统的生态特征
生态效益	水平梯田面积、环保投资额、水土流失治理面积、森林覆盖率	DEA法	邹静等（2014）	环保投资额、水土流失治理面积等反映投入情况，但依然遗漏部分投入与产出要素
生态效益	复种指数、耕地有效灌溉面积比率、稳产指数、耕地平均施肥量、耕地农药用量、森林覆盖率、万元产值能耗	熵值法	李佳等（2013）	耕地平均施肥量、耕地农药用量反映人类行为对耕地的生态影响，但森林覆盖率、万元产值能耗不能体现耕地利用的生态效益
生态效益	平均每公顷耕地用肥量、耕地有效灌溉面积比率、万元产值能耗、复种指数	AHP法	刘琼峰等（2013）	平均每公顷耕地用肥量反映人类行为对耕地的生态影响，但万元产值能耗不能体现耕地利用的生态效益
生态效益	耕地平衡指数、灾害指数、森林覆盖率、复种指数、抗逆指数、平均每公顷耕地用肥量、土地垦殖指数、有效灌溉率	聚类分析法	周俊霞等（2012）	复种指数反映耕地利用强度，但灾害指数、森林覆盖率等与耕地利用生态效益基本无关
生态可持续性	生态承载力、生态足迹、生态可持续性指数	生态足迹模型	杨凤海等（2016）	反映耕地的可持续性，未体现耕地利用行为
持续状况	人均耕地、粮食安全系数、耕地警戒度	AHP法	何玉婷等（2013）	基于耕地面积和产量角度反映可持续性，但未体现耕地生态的可持续性
可持续性	生态承载力、生态足迹、生态赤字/盈余	生态足迹模型	刘春莲和李茂林（2016）	主要基于人口与耕地面积角度反映耕地的生态容量，但这些指标也不能直接反映耕地利用的生态绩效
持续状况	非农指数、平衡指数、人均耕地	熵值法	石红彦（2014）	非农指数与耕地利用的可持续性不具有直接关系
生态功能	平均降水量、平均气温、耕地安全系数、水土流失治理面积、除涝面积占耕地面积比重、森林覆盖率、水旱成灾面积、耕地减少量	功效评分法和离差权法	宋戈等（2011）	平均降水量等不能反映耕地的生态功能，因为降水量受多种因素影响，且耕地利用的影响较小

续表

评价对象	指标体系	评价方法	作者与发表年份	评价
生态功能	粮食总产量、粮食单产、木材采伐量、木本植物种数、自然保护区数量、自然保护区面积占比、PM10浓度、二氧化硫深度、二氧化氮浓度、酸雨平均发生率、年平均气温、年平均降水量、森林覆盖率、林地面积、水土流失面积、受灾面积比重、省级以上自然风景区数量	TOPSIS 模型	瞿理铜（2014）	粮食总产量、粮食单产等反映耕地利用的经济效益，而非生态功能
生态功能	生物产量光能效率、经济产量光能效率、辅助能效率、秸秆归还量、养地作物指数	灰色关联度法	崔爱花等（2017）	经济产量光能效率等反映能源与经济产量效率，属于间接指标，没有直接体现耕地生态功能的指标
生态安全	土壤改良力、灌溉指数、化肥强度、农药强度	AHP 法	庞英和段耀（2012）	土壤改良力等体现人类活动对耕地的生态影响，灌溉指数不能反映耕地的生态安全和生态利用情况
生态安全	人口密度、单位耕地化肥负荷、人均耕地面积、单位耕地农药负荷、土地垦殖率、耕地粮食单产、灾害指数、土壤污染程度、农民人均纯收入、有效灌溉率、农机总动力、环境污染治理投资占GDP比例、水土流失治理率等	PSR（pressure state response，压力状态响应）模型和熵值法	张锐和刘友兆（2013）	单位耕地农药负荷等反映耕地生态安全，但耕地粮食单产、灾害指数不能体现耕地的生态安全
生态安全	人口密度、人均耕地面积、城镇化率、单位耕地面积、化肥施用量、土壤厚度、土壤侵蚀强度、生物多样性指数、单位耕地面积粮食产量	AHP 法	任平等（2013）	土壤侵蚀强度等直接体现耕地的生态功能，但城镇化率与耕地生态安全相关性弱
生态安全	人口密度、人口自然增长率、城市化水平、单位耕地化肥负荷、污水排放量、人均水资源量、土地垦殖率、粮食单产、灾害指数、水土流失程度、森林覆盖率、土壤污染程度、农民人均纯收入、有效灌溉面积比、单位耕地农机动力、可持续发展指数、水土流失治理率	集对分析法	郑华伟等（2015）	水土流失程度等反映耕地的生态安全，但人口密度、人口自然增长率体现人口及其增长对耕地的压力，但不能直接体现耕地的生态安全情况

　　总的来讲，耕地利用生态绩效指标体系相关研究大多根据现有官方统计年鉴的宏观数据，挖掘与耕地利用生态绩效（功能、效益等）相应的指标，试图从整体上反映耕地的生态绩效，但这种做法存在的问题是没有将耕地与土地区分开

来，混淆了耕地利用与土地利用的区别，也没有基于农户调查，不能真实体现农村耕地利用生态绩效的现实状况。从指标体系的构建内容上看，部分研究将灾害指数、森林覆盖率、平均降水量、平均气温等自然条件视为耕地的生态效益（绩效），但这与耕地利用对这些指标的直接影响较弱的客观事实相背离；有的将人类经济活动指标，如粮食单产、农民人均纯收入、城市化水平、非农指数等，误认为耕地的生态效益或生态安全，但这些指标与耕地生态没有直接的关系，并不一定是正相关关系。例如，粮食单产越高，并不能反映耕地生态利用程度越高，也不能表明耕地生态利用越弱，因此，我们认为，这些指标是经济指标而非耕地利用的生态指标；有的将农业生产条件，如灌溉面积比率、农机总动力等指标纳入其中，但这些指标也不能反映人类活动对耕地系统的生态影响。但是，多数研究均将耕地利用活动所导致的环境影响（如化肥施用量、农药施用量）和耕地的现有生态状况（如水土流失程度）纳入指标体系中，表明大家的基本共识是耕地利用绩效评价指标体系构建的核心内容至少包括上述两个方面。

7.2.2　生态绩效指标体系构建

指标体系的构建方法较多，如PSR法、平衡记分卡法、内容体系法等，本书结合前人研究，采用内容体系法构建指标体系。我们认为，耕地利用生态绩效的内容主要包括耕地利用的生态影响、可持续性及耕地生态系统状况。耕地利用的生态影响包括正向和负向两个方向，由于目前我国耕地利用普遍属于掠夺式，西部地区耕地利用采用有机生产和循环利用的比例极低，因此，本书选择人类活动对耕地利用的负面影响，主要体现为耕地利用的环境污染，具体指标包括每亩耕地化肥施用量和每亩耕地农药施用量。如前所述，体现耕地利用可持续性的指标非常多，包括人均耕地面积、生态承载力、生态可持续性指数等，人均耕地面积反映单位人口占有耕地的社会安全，但不能反映其利用情况，生态承载力从绝对量上反映地区总人口物质和能量的消耗与耕地面积的关系，生态可持续性指数也是基于生态盈余与生态安全比例计算的，从相对量上反映人口资源与能源消耗和耕地面积的关系，这些指标从总量上更多体现的是耕地利用的社会安全，与耕地利用的生态可持续性基本无关。目前，多数学者提出改善耕作方式和土壤修复与治理是解决目前耕地利用生态可持续性的重要措施，换言之，这两个方面对耕地利用的生态可持续性具有重要影响，因而，选择耕作方式和土壤修复与治理力度两个指标反映耕地利用的生态可持续性。反映耕地生态系统特征的因素较多，包括水土保持、生物多样性、涵养水源、调节气候、土壤肥力等，生物多样性、涵养水源和调节气候等不易直接度量和观察，但农户在耕地利用过程中，对水土保持和土壤肥力情况，可以有一定的直观感知，并且它们在很大程度大决定了耕地生态质量，因而选择水土保持程度和土壤肥力作为耕地生态系统。综上所述，耕地利用生态绩效指标体系如表 7-2 所示，也列示出具体计算方法或数据处理方式等信息。

表 7-2　耕地利用生态绩效指标体系

指标	计算方法	指标性质	说明
每亩耕地化肥施用量	化肥施用量/播种面积	负向	反映单位耕地受化肥污染程度
每亩耕地农药施用量	农药施用量/播种面积	负向	反映单位耕地受农药污染程度
耕作方式	浅耕 1（<18 厘米）、中耕 2（18~22 厘米）、深耕 3（>22 厘米）	正向	反映耕地可持续利用程度
土壤修复与治理力度	无土壤保护意识，未实施土壤修复与治理，1；有土壤保护意识，逐步减少无机肥和农药使用量，土壤退化得到遏制，2；土壤保护意识强，合理耕作与科学施肥（药）等，土壤质量显著改善，3	正向	反映耕地可持续利用程度
水土保持程度	暴雨下水土流失严重，耕地流水非常混浊，1；暴雨下水土流失一般，耕地流水比较混浊，2；暴雨下水土流失较少，耕地流水比较清亮，3	正向	反映涵养水源与保持水土情况
土壤肥力	土壤有机质含量降低，土壤肥力显著下降，1；土壤有机质含量保持相对稳定，土壤肥力变化小，2；生态利用，土壤有机质含量提高，土壤肥力显著回升，3	正向	反映保护土壤和生物多样性情况

由于本书基于农户调查，考察农户耕地利用的生态绩效，与前面研究一致，计量方式选择单位耕地面积（亩），而没有选择农户或地区的耕地面积，主要原因是单位耕地面积下相应指标之间具有可比性，可以体现耕地利用的生态效率，而以农户或地区的耕地面积则不能直接体现其利用的生态效率情况。以耕地化肥施用量为例，选择以每亩为计量单元则可以反映其环境污染强度，如果以农民家庭为计量单元，由于其拥有耕地面积不同，这一指标在不同农户之间就不具有可比性，选择地区为统计单元，也存在类似问题。

7.3　数据处理说明与描述性统计

根据耕地生产利用情况调查，可以计算得到耕地利用生态绩效指标体系中第

1 和第 2 个指标。耕作方式等采用分类方式，列出不同程度答案，采用问卷调查方式收集数据，具体见附录 1。耕作方式可以采用不同标准进行分类，其中翻耕深度是重要标准，在此采用一般标准，具体为浅耕（<18 厘米）、中耕（18~22 厘米）、深耕（>22 厘米）。土壤修复与治理力度主要基于意识和行为两个方面进行调查，以是否存在具体的土壤修复与治理行为为主要判断标准，分类标准具体如表 7-2 所示。直接测量水土保持程度比较困难，但可以通过水土流失情况来反映，暴雨下耕地流水的混浊程度比较容易观测，划分为非常混浊、比较混浊和混浊度低三类。虽然农民不能直接物理测量土壤肥力情况，但他们对土壤肥力十分了解，因为农作物种植过程中土壤肥力起着重要作用，农民会根据杂草生长情况、农作物类型及生长、化肥施用量等因素来判断土壤肥力变化及情况，具体分类标准如表 7-2 所示。需要说明的是，表 7-2 中耕作方式等 4 个指标属于定性指标，少部分农户调查可能存在一定的回答偏差，但不会影响研究结论。另外，少部分农户没有对上述 4 个指标中的一项或几项进行具体观察，则参照标准为同一地区的其他农户数据。还需要说明的是，同一农户，普遍存在种植不同农作物情况，由于本书的重要研究目标是比较种植不同农作物的相应绩效，因而，数据处理时，作为不同样本进行处理。

根据上述数据处理办法，可以得到相应指标的统计数据，不同类型农作物耕地利用的生态绩效指标均值如表 7-3 所示。可以看出，非粮食作物的化肥和农药施用量平均水平明显高于粮食作物，表明其种植行为对耕地的环境污染程度更为严重；从耕作方式上看，种植水稻和水果的平均翻耕深度高于其他类型农作物；从土壤修复与治理力度上看，水果和水稻的土壤修复力度平均水平相对高些，其他农作物则比较接近；从水土保持程度来看，水田平坦，因而与西部地区多数旱地有一定坡度相比，更容易保持水土，所以水稻种植的水土保持程度均值高于其他旱地作物；从土壤肥力来看，水稻对肥力要求不高，且水田有机质含量通常高于旱地，玉米、小麦等农作物对肥力要求则相对高些，因此，种植水稻的土壤肥力保持相对稳定，而其他类型农作物的土壤肥力则有所下降。

表 7-3　不同类型农作物耕地利用的生态绩效指标均值

指标	水稻	玉米	小麦	水果	蔬菜	经济作物
每亩耕地化肥施用量/千克	20.92	22.28	19.51	158.59	54.65	47.81
每亩耕地农药施用量/千克	0.202 9	0.222 9	0.267 6	4.822 1	3.750 5	0.988 3
耕作方式	2.036 0	1.519 5	1.505 9	1.826 1	1.279 8	1.420 4
土壤修复与治理力度	1.670 9	1.207 8	1.105 9	1.931 2	1.253 9	1.278 8
水土保持程度	1.959 3	1.649 4	1.588 2	1.749 3	1.663 2	1.373 9
土壤肥力	1.647 4	1.311 7	1.305 9	1.568 1	1.469 5	1.360 6

7.4　权重方法选择与计算步骤

7.4.1　权重方法选择

如前所述,权重方法很多,包括 AHP 法、灰色关联度法、主成分分析法和熵值法等。一般来讲,客观赋权法优于主观赋权法,因为它不受主观因素影响,因而,近年来相关文献选择客观赋权法的比例远远高于选择主观赋权法。因此,本书耕地利用的生态绩效评价的权重方法选择客观赋权法。目前,客观赋权法最常用的是主成分分析法和熵值法,根据样本数据,利用 SPSS 的主成分分析功能,可以得到 KMO 和 Bartlett 球形度检验结果。检验结果表明,Bartlett 球形度检验的卡方值非常大,显著性为 0,说明各指标间具有相关性。KMO 值为 0.576,小于 0.6,根据 Kaiser 适合程度标准,表明主成分分析属于"不适合"状态,不宜采用主成分分析法。因此,本书选择熵值法计算指标权重,该方法对样本数要求不高,也不需要进行相关检验。

7.4.2　熵值法的原理与步骤

在信息论中,熵是对不确定性的一种度量。信息量越大,不确定性就越小,熵也就越小;信息量越小,不确定性就越大,熵也越大。根据熵的特性,可根据各项指标的变异程度,利用信息熵这个工具,计算出各个指标的权重,因而熵值法是一种常用的客观赋权法。熵值法是一种根据各项指标观测值所提供的信息量的大小来确定指标权重的方法,基本原理是:假设绩效评价中有 n 个指标,m 个评价年份,可以建立一个评价原始矩阵 $\left(X_{ij}\right)_{m \times n}$,对于某一项指标 X_j,若指标值 X_{ij} 间差异越大,则表明该指标对绩效影响越大,所赋的权重也越大;反之,若指标值 X_{ij} 间差异越小,则表明该指标对绩效的影响作用也越小,所赋的权重将越小。

利用熵值法确定评价指标权重的基本步骤是:对指标数据进行一致性和规范化处理;利用式(7-1)计算指标 X_j 的特征比重 R_{ij};利用式(7-2)计算某一指标的熵值 e_j;用式(7-3)计算指标差异系数 g_j;用式(7-4)确定权重。

$$R_{ij} = \frac{x_{ij}}{\sum_{i=1}^{m} x_{ij}} \tag{7-1}$$

$$e_j = -k \sum_{i=1}^{m} R_{ij} \ln\left(R_{ij}\right) \qquad (7\text{-}2)$$

$$g_j = 1 - e_j \qquad (7\text{-}3)$$

$$\omega_j = \frac{g_j}{\sum_{n=1}^{n} g_j} \qquad (7\text{-}4)$$

其中，R_{ij} 表示观测数据的特征值；x_{ij} 表示观测数据值；令 $k = 1/\ln(m)$，e_j 表示第 j 项指标熵值；n 表示指标个数；m 表示样本数；g_j 表示第 j 项指标差异系数；ω_j 表示第 j 项指标权重系数。

7.4.3　权重计算过程

第一步，对各指标进行一致性和规范化处理。耕地利用生态绩效评价的指标体系中有 2 个负向指标和 4 个正向指标，本书采用距离指数法对原始数据进行一致化和规格化处理，以保留各指标变量变异程度上的差异信息，具体如下：

正向指标。指标值越大越好，数据处理公式如下：

$$f(x) = (x_i - x_{\min})/(x_{\max} - x_{\min}) \qquad (7\text{-}5)$$

负向指标。指标值越小越好，数据处理公式如下：

$$f(x) = (x_{\max} - x_i)/(x_{\max} - x_{\min}) \qquad (7\text{-}6)$$

其中，x_i 为某一统计指标值；$x_{\min}$ 为该指标的最小值；$x_{\max}$ 为该指标的最大值。利用式（7-5）和式（7-6），可以计算出耕地利用的生态绩效评价规范化数据。

第二步，计算指标 X_{ij} 的特征比重 R_{ij}。从式（7-1）可以看出，分子为各样本指标的规格化数据，对各指标进行单独求和计算，可以得到分母，根据式（7-1），可以得到各指标的特征比重矩阵。

第三步，计算某一指标的熵值 e_j。可以先计算出每个样本变量的 $R_{ij} \times \ln\left(R_{ij}\right)$，再按列进行求和（SUM），根据 k 值 $(1/\ln(3\,533) = 0.122\,4)$，利用式（7-2），可以求出相应指标的熵值，如表 7-4 所示。

表 7-4　熵值法计算权重表

变量	每亩耕地化肥施用量	每亩耕地农药施用量	耕作方式	土壤修复与治理力度	水土流失程度	土壤肥力
SUM = $\sum R_{ij} \times \ln\left(R_{ij}\right)$	−8.073 5	−8.095 7	−8.115 8	−8.098 6	−8.121 1	−8.092 3
$k\left(m = 3\,533\right)$	0.122 4	0.122 4	0.122 4	0.122 4	0.122 4	0.122 4
e_j	0.988 2	0.990 9	0.993 4	0.991 3	0.994 0	0.990 5

续表

变量	每亩耕地化肥施用量	每亩耕地农药施用量	耕作方式	土壤修复与治理力度	水土流失程度	土壤肥力
g_j	0.011 8	0.009 1	0.006 6	0.008 7	0.006 0	0.009 5
ω_j	0.228 2	0.175 7	0.128 2	0.168 8	0.115 5	0.183 7

第四步，计算指标差异系数 g_j。利用式（7-3），结合上一步熵值计算结果，可以直接计算出该差异系数，具体如表 7-4 所示。

第五步，计算各指标权重系数。使用式（7-4），计算出各指标权重系数，具体结果如表 7-4 所示。

第六步，利用权重系数和规格化数据，可以计算出各样本耕地利用生态绩效结果，具体统计结果如表 7-5 所示。

表 7-5　不同农作物耕地利用生态绩效评价结果描述性统计

项目	均值	标准差	最大值	最小值
水稻	0.405 9	0.095 1	0.663 8	0.218 9
玉米	0.287 5	0.062 0	0.426 9	0.192 4
小麦	0.272 5	0.066 0	0.543 6	0.183 6
水果	0.388 6	0.109 3	0.693 2	0.175 7
蔬菜	0.270 4	0.069 3	0.468 3	0.129 8
经济作物	0.296 2	0.064 2	0.540 2	0.186 6
总样本	0.329 1	0.086 3	0.693 2	0.129 8

7.5　计算结果分析

耕地利用的生态绩效总体水平不高。从调查地区的总样本来看，耕地利用的生态绩效的效率水平较差，仅为 32.91%。主要原因是西部地区化肥和农药施用量较大，浅耕和中耕较为普遍，自然灾害发生较为频繁，水土流失严重，而土壤修复和治理工作近年来才起步，因而，从客观实际来看，各地区样本的生态绩效评价指标属于较低水平，因而计算结果表现为耕地利用生态绩效较差。

种植水稻和水果的生态绩效相对较高。从表 7-5 可以看出，种植不同类型农作物的生态绩效均值顺序是：水稻>水果>经济作物>玉米>小麦>蔬菜。与其他农作物相比，水稻和水果种植的生态绩效分别为 0.405 9 和 0.388 6，而其他类型农作物的生态绩效均不超过 0.3，表明种植水稻和水果的生态绩效高于其他类型农作物。主要原因是种植水稻的耕地类型是水田，相对旱地而言，具有地势平缓和有灌溉保证，因而在水土保持、土壤肥力等方面具有优势；果树一旦成林后，其生态系统通常优于其他旱地作物，如玉米、小麦、蔬菜等的生态系统，立体性更强，更容易发挥耕地生态系统的水土保持等功能。

种植粮食作物与非粮食作物的生态绩效差异较小。据表 7-5，可以计算出三种粮食作物的平均生态绩效水平为 0.322 0，而三大类非粮食作物的平均生态绩效水平为 0.318 4，可以看出两者相差不足 1%，表明种植粮食作物的生态绩效与种植非粮食作物的生态绩效不存在明显差异。具体来看，种植水稻和水果的生态绩效差距不大，平均水平差距在 2% 范围内，而种植玉米、小麦与种植蔬菜和经济作物的生态绩效均值之间的差也非常小。利用表 7-5 中的均值和标准差数据，可以计算标准化系数，计算结果表明六大类农作物的标准化系数为 21.57%~28.13%，进一步证实，不同类型农作物之间的生态绩效差异和离散相对较小。

同类农作物之间耕地利用生态绩效存在显著差异。标准差可以反映同一指标的离散程度，即差异性大小，从表 7-5 可以看出，水果的标准差最大，其次是水稻，玉米、小麦等其他类农作物的标准差相对小些。从最大值和最小值之间的差异来看，种植同一类型的农作物生态绩效的最大值与最小值差异较大，除玉米外，其他类型农作物超过 30%，差异最大的是水果，其次是水稻，表明同类农作物之间的生态绩效存在显著差异，主要原因是不同地区的耕作方式、土地质量、自然条件等存在明显差异。

7.6 耕地利用生态绩效影响因素

7.6.1 耕地利用生态绩效影响因素选择与分析

文献搜索没有发现直接的耕地利用生态绩效影响因素研究的文献，相近文献主要是耕地生态环境或耕地可持续发展的影响因素研究，近年来代表性研究包括：赵其国（2002）研究指出影响耕地资源生态安全的主要因素是人口增长、社会经济发展、土地利用方式及土地利用技术水平等因素。伍新木（2007）指出土地制度变革影响农民生产行为和农业生产方式，从而对耕地生态环境产生影响。朱红波（2008）认为耕地资源生态安全的影响因素可以分为三类，即直接因素、间接因素和社会经济因素。直接因素主要指农药、化肥、农地膜、自然灾害等因

素，间接因素包括工业"三废"、生活污水及粪便等污染源，社会经济因素包括
财政支农水平、农民的生态安全保护意识等因素。孙若梅和杨东升（2013）的研
究结果显示耕地生态安全主要受人口增长、社会经济发展、土地利用的技术水
平、自然灾害等方面的影响。张锐和刘友兆（2013）认为影响耕地生态安全的主
要障碍因子包括单位耕地面积农药负荷、单位耕地面积化肥负荷、人均耕地面
积、土地垦殖率、水土流失程度等。张振环和张光宏（2013）认为影响耕地生态
环境的因素也可以划分为三类，即直接因素、社会制度因素及农业基本投入因
素。直接因素主要指化肥、灌溉等因素，社会制度因素包括农地产权、财政支
农、涉农财税改革等，农业基本投入因素包括土地、劳动和资本投入等。贾书楠
等（2016）研究发现人均能值产出、能值密度、农业财政支出比例、耕地非农化
指数和人口密度是影响西安市耕地生态安全水平的重要因子。

　　耕地利用生态系统非常复杂，影响因素非常多，不同文献选择存在较大差
异，现有文献主要基于产权制度、农业生产投入和社会经济发展等方面考察其对
耕地生态系统的影响，很少基于农户角度研究影响因素，因而，这些研究忽略了
农民耕地利用的生态意识、农作物类型、农业生产的可持续性等方面，而这些成
因恰恰对耕地利用生产方式起决定作用，从而对耕地利用的生态绩效产生重要影
响。基于此，本书选择如下影响因素，具体分析如下。

　　（1）耕地生态功能认知水平。农民对耕地生态功能的认知水平，反映了他
们的生态意识，是影响耕地利用生态绩效的重要因素。如果农民对耕地生态功能
认知水平高，深刻认识到耕地利用生态绩效的重要性，会改变其生产行为和生产
方式，向耕地可持续利用转变。因而，在一个耕地生态意识较强的农村社会中，
各项耕地生态功能能够得到农民的支持，耕地利用的生态绩效表现为较高水平。
反之，农民对耕地生态功能认知水平低，耕地生态环境就会受到农民不良生产行
为破坏，从而耕地利用的生态绩效表现为较低水平。所以，耕地生态功能认知水
平能够促进耕地利用的生态绩效。

　　（2）农作物类型。农作物类型对耕地利用的生态功能具有直接的影响。主
要表现为以下方面：一是农作物生长周期、种植密度等不同，导致其绿化功能、
吸收二氧化碳、产生氧气等生态功能存在明显差异；二是不同类型农作物的水土
保持、保护土壤的功能明显不同；三是不同类型农作物在保护生物多样性方面具
有不同影响。因此，农作物是耕地发挥生态功能的重要主体，不同农作物类型耕
地表现出的生态功能不同，因而，农作物类型对于耕地利用生态绩效具有至关重
要的影响。就粮食作物与非粮食作物分类而言，粮食作物的生态绩效是否显著高
于非粮食作物，需要实证检验。

　　（3）土地类型。不同土地类型，其涵养水源、净化环境等生态功能明显不
同。与旱地相比，水田相对平坦和封闭，水土保护更容易，水田生态系统的自我

修复能力更强。就旱地而言，西部农村地区的地形地貌以山地和丘陵为主，旱地具有较大坡度，容易导致水土流失，涵养水源功能弱于水田。因此，土地类型对耕地利用的生态绩效也具有重要影响。

（4）农业生产可持续性。农业生产对耕地生态环境产生压力，环境压力主要表现在化肥、农药和农膜的施用方面。从现实情况来看，改革开放后，西部地区化肥施用量历年都是过量的，过量地施用化肥对耕地生态会造成严重的危害。首先，化肥中含有的部分重金属和放射性物质，对耕地生态形成威胁；其次，过量化肥通过地表径流污染水体或富营养化，水体循环反过来影响耕地生态环境；再次，过量化肥会导致耕地土壤中硝酸盐等有害物质的增加，从而导致土壤盐碱化。我国农药利用效率较低，70%残留在耕地土壤中，破坏土壤细菌数量、土壤微生物呼吸、土壤硝化等功能，直接影响土壤动物的种类和数量，降低生物多样性。农膜降解性低，对耕地生态也会产生严重破坏。因此，农业生产可持续性越高，化肥、农药和农膜施用量会越少或不施用，从而带来的耕地生态环境压力就小，其耕地利用生态绩效就高。

（5）农村家庭人均收入。农村家庭人均收入会对耕地利用的生态功能造成一定影响。因为，农村家庭人均收入水平，反映了农民的贫富状况，农民在温饱问题没有解决之前，往往不会考虑耕地利用生态绩效和生态功能保护的，许多贫困地区耕地生态环境状况不断恶化也充分证明这个论点。农村家庭人均收入水平越高，农民越重视食品安全，对农产品质量要求也越高，因而可能更加重视耕地的生态利用，从而提高耕地利用的生态绩效。但是，农村家庭收入越高，收入可能的主要来源是非农业收入，因而，这些农村家庭也可能不重视农业生产及可持续性。因而，部分经济越发达地区，耕地利用的生态环境越差，生态越恶劣。所以，农村家庭收入对耕地利用的生态绩效影响不容易明确判断，需要调查数据进行实证检验。

（6）耕地利用强度。耕地利用强度反映了耕地生产活动的强度。在正常条件下，耕地利用强度越大，越会促进农产品总产量的提升，但是，过高的耕地利用强度，不利于耕地的恢复，给耕地生态系统造成极大压力，容易导致土壤退化和板结化，对土壤肥力恢复也会产生不利影响。所以耕地利用强度与耕地利用的生态绩效成反比，耕地利用强度越大，在现有生产方式下，所施用的化肥、农药等化学品越多，越不利于耕地生态系统的治理与恢复，因而，耕地利用的生态绩效也越低。

（7）耕地经营规模。对农户而言，耕地利用主要表现为自家利用或出租。就流转耕地而言，耕地承包者经营规模相对较大，耕地经营规模对耕地利用生态绩效的影响受制于土地租期、生态利用的成本与收益等。如果租赁期短，生态利用的成本高，则承包者会出现短期行为，耕地经营规模越大，其生态绩效往往越差。反之，耕地承包者则会重视耕地利用的生态绩效，经营规模越大，其生态绩效则可能越大。对于多数农村家庭而言，耕地并未流转，属于小规模经营，但各地经营规模存在差异，生产方式和投入要素也存在较大差异，耕地的生态利用程度存在差异性，因而，耕地经营规模是否对耕地利用的生态绩效具有显著影响，需要实证检验。

7.6.2　耕地利用生态绩效影响因素数据处理与统计分析

数据处理。耕地生态功能认知水平，划分为不重要、不清楚、一般、比较重要和非常重要 5 个类别，分别按 1、2、3、4、5 赋值；农作物类型，划分为粮食作物和非粮食作物，分别赋值为 1 和 0；土地类型，根据我国土地类别的划分标准，将耕地划分为水田、水浇地和旱地，分别赋值为 3、2、1；农业生产可持续性，根据施肥类型进行划分，划分为完全无机肥、大部分无机肥+小部分有机肥、小部分无机肥+大部分有机肥、完全有机肥四种类型，分别赋值为 1、2、3、4；农村家庭人均收入，通过家庭总收入除以总人口计算；耕地利用强度采用复种指数来反映。描述性统计结果如表 7-6 所示。

表 7-6　生态绩效成因模型各变量描述性统计

统计指标	生态绩效 Y	耕地生态功能认知水平 X_1	农作物类型 X_2	土地类型 X_3	农业生产可持续性 X_4	农村家庭人均收入 X_5	耕地利用强度 X_6	耕地经营规模 X_7
均值	0.350 3	2.339 5	0.804 1	1.644 8	1.802 8	6 315.541 0	1.193 1	2.510 2
最大值	0.693 2	5	1	3	4	21 500	1.97	63
最小值	0.129 8	1	0	1	1	2 350	0.76	0.3
标准差	0.086 3	0.058 8	0.396 9	0.916 2	0.886 1	1 947.850 0	0.311 4	2.623 9
样本数	3 533	3 533	3 533	3 533	3 533	3 533	3 533	3 533

7.6.3　耕地利用生态绩效影响因素模型构建与检验

利用 Eviews 软件，使用怀特法修正异方差，分别对线性模型、半对数模型、双对数模型、二次模型和二次多项式模型进行估计，以选择合理的模型，主要检验指标如表 7-7 所示。可以看出，与其他模型相比，二次模型的综合检验结果最优。从调整拟合度来看，它仅次于二次多项式模型和双对数模型，优于线性模型和半对数模型。从 F 值来看，除双对数模型外，它的值最大，表明模型的整体解释力度较好。从 AIC 准则来看，双数数模型的值较大，表明其变量设定不太合理，因而未选择双对数模型，相反，二次模型的 AIC 值相对较小，反映其变量设定较合理。从 DW 值来看，所有模型都存在一定的弱自相关，且差距不大。

表 7-7　生态绩效成因常见模型主要检验指标对比表

检验指标	线性模型	半对数模型*	双对数模型*	二次模型	二次多项式模型
R^2	0.241 3	0.239 7	0.264 8	0.244 9	0.265 8
调整 R^2	0.239 1	0.237 5	0.262 7	0.242 7	0.261 8
Log likelihood	2 851.66	2 849.086	117.68	2 857.37	2 891.63
F 值	110.46	109.49	136.01	112.61	67.53
AIC 准则	−2.331 8	−2.329 7	−0.187 0	−2.336 5	−2.359 7
DW 值	1.082 9	1.082 6	1.184 7	1.085 1	1.103 3

*表示半对数模型和双对数模型中，农作物类型变量处理与社会绩效成因模型处理相同

因此，根据上述多个检验指标，综合选择二次模型，根据模型中涉及的全部变量，可以得到相应的相关系数矩阵，如表 7-8 所示。可以看出，除 $\ln X_2$ 和 $\ln X_3$ 变量之间的相关系数较大外，其他变量之间的相关系数都小于 0.5，可以初步判断出模型的多重共线性并不强。利用 SPSS 软件计算 VIF，得到 VIF 最大值为 3.965，明显小于 10，容许度最小值为 25.2%，表明该模型不存在严重的多重共线性。

表 7-8　生态绩效成因二次模型变量的相关系数矩阵

变量	Y	X_1^2	X_2^2	X_3^2	X_4^2	X_5^2	X_6^2	X_7^2
Y	1.000 0	0.195 1	0.286 8	0.415 8	0.197 5	0.006 4	−0.291 6	−0.088 5
X_1^2	0.195 1	1.000 0	0.103 2	0.144 8	0.068 2	0.064 0	−0.120 5	−0.034 7
X_2^2	0.286 8	0.103 2	1.000 0	0.856 3	0.090 2	0.149 9	−0.394 4	−0.187 3
X_3^2	0.415 8	0.144 8	0.856 3	1.000 0	0.119 3	0.180 9	−0.445 6	−0.233 8
X_4^2	0.197 5	0.068 2	0.090 2	0.119 3	1.000 0	−0.025 7	−0.056 8	−0.051 7
X_5^2	0.006 4	0.064 0	0.149 9	0.180 9	−0.025 7	1.000 0	0.020 8	−0.063 0
X_6^2	−0.291 6	−0.120 5	−0.394 4	−0.445 6	−0.056 8	0.020 8	1.000 0	−0.077 1
X_7^2	−0.088 5	−0.034 7	−0.187 3	−0.233 8	−0.051 7	−0.063 0	−0.077 1	1.000 0

表 7-9 列示了二次模型的回归结果，可以看出，除农作物类型、农村家庭人均收入和耕地经营规模外，其他解释变量的 T 值较大，均在 1%显著性水平之内，表明其他变量对被解释变量具有显著影响。整体而言，F 值为 112.61，比较大，反映出模型的整体解释能力较强。

表 7-9　生态绩效成因二次模型回归估计结果

变量名	估计系数	标准误	T 值	Sig.
C	0.314 2	0.006 3	50.213 4	0.000 0
X_1^2	0.002 1	0.000 3	7.158 2	0.000 0
X_2^2	−0.004 5	0.005 6	−0.831 5	0.405 8
X_3^2	0.012 2	0.000 7	17.191 2	0.000 0
X_4^2	0.003 0	0.000 4	8.330 1	0.000 0
X_5^2	-7.62×10^{-11}	5.35×10^{-11}	−1.302 6	0.192 8
X_6^2	−0.007 3	0.002 5	−3.026 3	0.002 5
X_7^2	-2.11×10^{-5}	4.47×10^{-5}	−0.470 8	0.637 8
检验指标				
R^2	0.244 9	F 值		112.61
调整 R^2	0.242 7	AIC 值		−2.336 5
Log likelihood	2 857.37	DW 值		1.085 1

7.6.4　耕地利用生态绩效影响因素实证结果分析

（1）耕地生态功能认知水平对耕地利用生态绩效具有显著积极影响。回归估计结果表明，农民耕地生态功能认知水平变量的估计系数为正，且显著性水平在 1%以内，证实农户的生态意识水平对耕地利用生态绩效具有积极作用。从实际情况来看，农民对耕地生态功能认知程度较低，农户重视耕地利用的经济绩效，而忽视耕地的生态绩效，因而耕地利用的生态绩效水平也较低。

（2）与非粮食作物相比，种植粮食作物对耕地利用的生态绩效并没有显著影响。如前所述，农作物的生态功能表现在多个方面，农作物类型对耕地利用的生态功能具有直接影响。按粮食作物和非粮食作物界定农作物大类变量，实证结果显示，其 T 值非常小，显著性水平为40.58%，接受原假设，表明这两大类农作物对耕地利用的生态绩效不存在显著影响。

（3）土地类型对耕地利用的生态绩效具有显著影响。从表 7-9 可以看出，土地类型变量的估计系数为正数，且显著性水平在 1%以内，拒绝对解释变量不存在显著影响的原假设，因而，土地类型对耕地利用的生态绩效具有显著影响。其涵养水源、净化环境等生态功能明显不同。从客观实际来看，调查地区旱地和水田占比大，水浇地占比非常小，西部地区旱地存在一定坡度，灌溉得不到保证，与水田相比，更容易导致水土流失，涵养水源功能更弱。因此，实证结果证实，与旱地相比，水田利用的生态绩效更好，这与客观事实相吻合。

（4）农业生产可持续性显著提升耕地利用的生态绩效。农业生产可持续性对耕地利用生态绩效具有直接影响，实证结果显示，农业生产可持续性的估计系数为正，且显著性水平在 1% 内，表明它对耕地利用的生态绩效具有正向作用。从实际情况来看，大部分样本的农业生产可持续性弱，重视耕地利用的短期经济效益，大量施用化肥、农药和农膜，造成严重的耕地生态破坏，因而耕地利用的生态绩效也差。反过来，少部分农户在耕地利用中较少使用化学用品，采用有机农业生产方式，重视耕地生态环境保护与修复，因而其耕地利用生态绩效就好。

（5）耕地利用强度越大，耕地利用的生态绩效越低。实证结果显示，耕地利用强度对耕地利用的生态绩效具有显著的负面影响，即耕地利用强度越大，耕地利用的生态绩效越差。主要原因是农户为追求经济利益，加大耕地利用强度，从而获取耕地经济产出的增加，但是，过高的耕地利用强度，增加了耕地的负担，导致耕地恢复速度慢和时间短，常见结果是土壤退化和板结化，因而，造成耕地利用的生态绩效也越低。

（6）农村家庭人均收入和耕地经营规模对耕地利用生态绩效没有显著影响。回归结果表明，农村家庭人均收入和耕地经营规模变量的 T 值非常小，显著性水平高于 10%，不能拒绝原假设，因而，这两个变量对耕地利用的生态绩效没有显著影响。可能的原因是目前我国西部农村地区发展不平衡，一部分农村相对贫困，这些地区农户不考虑耕地利用生态绩效和生态功能保护，部分经济发达地区，以牺牲环境为代价追求经济增长，造成耕地生态系统的破坏，相反，有的地区农户重视食品安全，耕地利用主要用于自给，因而采用有机农业方式进行农业生产，耕地利用的生态绩效较好，所以，实证结果表现为农村经济发展程度对耕地利用的生态绩效没有直接的显著影响。如前所述，对于多数西部农村家庭而言，耕地并未流转出去，但各地人均耕地面积存在较大差异，导致家庭经营规模存在较大差异，不同地区的生产方式和投入要素也明显不同，耕地经营规模并不能影响农户是否进行生态利用决策，因而实证结果表明耕地经营规模对耕地利用的生态绩效没有显著影响。

第8章 农户耕地利用行为影响因素分析

8.1 耕地利用行为含义与度量

8.1.1 农户行为含义

庚德昌等（1996）认为，"农户行为是指农村居民家庭（个体或群体）为了满足自身的物质和精神需要，并达到一定的目标而表现出来的一系列的活动过程，它包括生产、交换、分配、消费等活动的全过程"；胡豹（2004）认为农户行为类型多样，其经营行为是重要的农户行为，提出"农户经营行为是以生产为基础的经营活动，是农户作为经营主体在特定的环境下为实现利益最大化进行的各种活动之和"；李小建（2005）则指出"农户行为是指在一定社会文化、政治制度、经济环境中，为了实现农户家庭利益或目标做出的行为选择，主要包括农户生产行为、农户消费行为、农户风险回避行为等方面，这些行为都是农户在特定的社会、经济、文化条件下为实现既定目标而做出的行为决策"。

目前，农户行为理论主要包括：恰亚诺夫的组织生产理论、舒尔茨的理性小农理论等，它们分别从消费需求、理性与非理性等角度界定和研究农户行为，所以，学术界对农户行为含义的界定还存在较大分歧。但从研究内容来看，农户行为的内涵可划分为广义与狭义两种。广义的农户行为是指农户在农村经济活动和生活中进行的一切选择决策，涉及自然、社会、经济等多个领域的范畴。狭义的农户行为，则专指农户的生产经营行为，包括生产要素投入行为、作物选择行为、资源利用行为和技术应用行为等（朱晓雨等，2014）。冯艳芬（2013）指出20 世纪 90 年代中期以前，农户行为研究主要是集中从经济学角度对农户收入、农户生产效率、农户生产决策、农户投资行为等方面开展的研究，农户行为大多是指农业生产行为，因而现有国内外农户行为研究大多属于狭义的农户行为研究。根据研究需要，本书中农户行为亦属于狭义的农户行为。

8.1.2　农户耕地利用行为概念

对大多数农户而言，农户生产经营行为，实质上就是耕地利用行为。因而，从狭义上来讲，农户耕地利用行为是指农户种植选择、土地经营投入等土地资源利用的行为，但广义的农户耕地利用行为则是涉及自然、社会和经济等多个领域的系统性研究（孔祥斌等，2010）。本书认为，农户耕地利用行为指农户在耕地生产活动中的一系列决策活动，包括农作物选择、劳动力投入数量、生产资本投入决策、生产管理决策、农业技术选择等。

相关研究表明，农户耕地利用决策显著受到家庭收入和消费状况、农户劳动力以及区域经济发展水平和农用地规模等社会、经济和自然条件的制约，并且农户耕地利用行为和决策具有群体特征，换言之，单个农户个体耕地利用行为受到周围农户土地利用决策影响，因而，从地域表现来看，相同地区，农户耕地行为具有趋同性。

8.1.3　农户耕地利用行为度量

可以从不同角度对农户耕地利用行为进行分类。根据是否为理性决策，可以划分为农户耕地利用的理性行为和非理性行为；根据利用目标，可以划分为利润最大化行为和产量最大化行为；根据家庭投入劳动力的数量和兼业情况，可以划分为家庭全部劳动力从事耕地利用行为、兼业耕作行为、弃耕行为；根据规模化程度，可以划分为大规模耕地利用行为、适度规模耕地利用行为和小规模耕地利用行为；根据耕地利用的可持续性，划分为耕地生态利用行为和耕地非生态利用行为；根据农作物结构，划分为种植粮食、经济作物、水果和蔬菜行为；根据机械化程度，划分为耕地机械化生产、半机械化生产和非机械化生产。

可以看出，农户耕地利用行为很多，主要包括农户决策行为、农户生产投入行为、技术选择行为、品种选择行为等。农户耕地生产行为不仅直接关系到耕地的经济产出利润，而且关系到耕地的社会绩效和生态绩效。本书重要研究目标是提升耕地利用综合效率，耕地利用综合绩效主要涉及三种农户行为：兼业化程度？种什么？如何种？

农户的兼业化程度，属于农户的兼业行为，反映了耕地生产农村家庭劳动力投入情况。农户兼业化程度对耕地利用行为具有显著影响（杨志海等，2015）。

目前，对农户兼业类型划分标准并不统一，归纳起来可划分为两类：一是按家庭非农收入比重；二是按家庭非农劳动力比重。本书选择按家庭非农劳动力比重划分，主要理由是它更能真实地反映农户兼业情况，而非农收入比重，则可能存在较大偏差，不能反映农户家庭兼业情况。例如，假设甲、乙两个农村家庭，均有 3 个劳动力，拥有耕地面积相同，农作物种植情况相同，甲家庭 2 个劳动力从事耕地生产，农业收入为 2 万元，1 人外出务工，务工总收入为 8 万元；乙家庭 1 人从事耕地生产，农业收入为 1.5 万元，2 人外出务工，务工收入为 6 万元。如果按非农收入比重计算，两个家庭非农收入比重均为 80%，从而导致误认为两个家庭的兼业化程度相同，但按非农劳动力比重来看，甲家庭非农劳动力比重为 1/3，兼业化程度明显低于乙家庭，更加符合实际情况。换言之，非农收入受到个体特征、地区经济发展程度等因素影响，可能存在部分异常值情况，因而不能反映真实的兼业程度。

种什么？实质上是农作物类型的选择行为，属于种植结构问题决策。农作物类型，按具体种类，划分为粮食作物、经济作物、水果和蔬菜；按经济价值，可以划分为低经济价值作物、中经济价值作物和高经济价值作物；根据是否为粮食作物，可以划分为粮食作物和非粮食作物。在此，本书按经济价值进行分类，赋值方法与前文相同。

如何种？这个问题主要涉及技术选择行为、耕地生产投入行为和生产管理行为等。通常来讲，这些行为具有一致性，即耕地生产选择高新技术，必须有足量的生产投入，生产管理水平也会较高，反之亦然。因此，本书选择生产管理行为来反映如何种的问题，它体现出农户耕地生产的用心程度、专业化水平和管理知识与技能。在此，将耕地利用的管理水平划分为三类，具体界定详见 4.3 节所述。

8.2　农户耕地利用行为影响因素定性分析

8.2.1　农户兼业行为影响因素

近年来，农户兼业行为影响因素研究较多，具有代表性的有：句芳等（2008）以河南省 18 个地区为调查区域，研究农户兼业时间的影响因素，结果表明，农户劳动力总数、劳动力平均受教育年限、农作物每亩农机畜费用总和对农户兼业劳动时间具有显著正影响，农户总耕地面积、农户劳动力人均负担 6 岁以下孩子人数对农户兼业时间具有显著的负向影响，农户劳动力平均年龄与农户兼业时间呈现显著的倒"U"形关系；郝海广等（2010）利用内蒙古太仆寺旗的 23 个行政村农户调查数据，采用 logistic 模型实证农户兼业的影响因素，结果表明：家庭劳动力数、家庭成员最高文化程度、小型农业机械的拥有与否对农户兼业有显著的正面影响，而劳均耕地面积、种植业收入占比和畜牧业收入占比大的农户兼业的可能性相对较小，户主年龄对农户兼业的影响不显著；胡帮勇（2012a）利用四川仪陇县调研数据，研究贫困地区农户兼业经营的影响因素，实证结果表明：农户家庭特征、距离县城远近、受教育程度高低、是否拥有技能等对农户兼业经营具有显著影响；胡帮勇（2012b）以重庆市石柱县为例，研究民族地区农户兼业意愿及影响因素，实证表明农户的性别、年龄、文化程度、家庭规模、是否拥有专业技能、小孩能否在父母打工地入学、土地是否容易转租、兼业信息渠道等因素均显著影响农户兼业意愿；王兆林和杨庆媛（2013）研究表明影响兼业及土地流转的因素主要包括户主年龄、户主文化素质、农户耕地资源禀赋、农户农业技术培训、农户低保覆盖率；罗湖平等（2015）从农户视角，以湖南省 9县 9 村农户为调查样本，研究农户耕地抛荒行为影响因素，实证结果表明，耕地距离和文化程度对其具有显著正向影响，而耕作季数和耕作收入满意度则有显著负向影响。

上述研究表明，农户兼业行为影响因素非常多，但大致可以划分为户主特征和家庭特征、自然禀赋特征、社会环境特征等方面，借鉴前人研究成果，农户兼业行为影响因素具体包括：选择户主受教育程度、户主年龄反映户主特征；选择家庭劳动力数量和非农收入占比反映家庭特征；选择耕地规模反映人口与自然的关系；选择农业补贴和当地人均收入反映社会环境特征。

户主受教育程度。一般来讲，户主受教育程度越高，其掌握相关知识和专业技术的能力越强，因而，从事农业生产或外出务工均有一定优势。户主受教育程度越高，外出务工工作选择范围相对更为宽松，不仅可以从事体力劳动，还可从事具有一定技术含量的工作，社会关系也更为丰富，因而，更容易实现农户兼业。当然，如果农户受教育程度越高，也可能选择从事农业生产，则更可能成为农业专业大户，以实现更高的经济收益。因此，户主受教育程度对兼业化的影响，不同文献由于选择样本不同，研究结果也存在明显差异，西部地区户主受教育程度对农户兼业化的影响到底如何，需要实证加以检验。

户主年龄。户主的年龄越大，其劳动能力和健康状况相对差些，对新技术和新事物的接受能力也相对较弱，因而被雇用的可能性低些，表现为其兼业化程度越低。同时，年龄越大，对土地的感情越深，从事农业的经验也越丰富，因而，这些农户通常也不愿意外出务工。因此，户主年龄与农户的兼业程度具有负相关关系。

家庭劳动力数量。总体而言，西部大多数农村地区，人均耕地面积较小，家庭劳动力越多，剩余劳动力也越多，因而，更容易出现兼业行为，以获取更多的劳动报酬。相反，如果家庭劳动力较少，外出务工的可能性相对低些，一方面，因为家庭经营耕地面积的农产品或收入能够基本满足家庭消费需要，另一方面，在家务农可以照顾家庭。因此，家庭劳动力人数越多，则农户的兼业化程度越高。

非农收入占比。目前，非农收入是大多数农村家庭的主要收入。非农收入的期望越高，则农户更愿意选择兼业或弃耕，以增加家庭总收入。目前，我国城市给农民工提供的就业机会较多，农民工的职业、收入逐渐多元化，农户兼业化趋势加剧。这种情况下，农村劳动力人数将会减少，农作物播种面积会下降，农村劳动力价格会上升，留守农民可以获取更多收益，从而放缓农村兼业化程度。显然，非农收入占比越高，则农户的兼业化程度也越高。

耕地规模。耕地规模，反映了家庭可以从耕地获取经济利益的大小。通常来讲，家庭人口固定的情况下，家庭耕地规模越大，则人均农业收入也越大，农户放弃耕地生产的机会损失也越大，因而，农户越不愿意放弃农业生产。所以，家庭耕地规模与农户的兼业化程度具有负相关关系。

农业补贴。农业补贴对农业生产是否有显著影响，国内研究存在不同研究结论。目前，我国多数地区，以农作物种植面积为补贴依据，不同地区农业补贴标准不同，并且多数家庭每年获取的农业补贴总额不大。在这种背景下，小额的农业补贴是否具有激励作用，是否会显著影响农户兼业化行为，需要进行实证检验。

当地人均收入。当地人均收入，反映地区的经济发展程度。一般来讲，由于农业属于弱势产业，经济越发达地区，第二产业或第三产业的水平越高，当地人均收入水平越高，提供非农就业的机会越多，农户兼业选择余地越大，但同时，这些地区对农产品的需求也越大，农产品价格也越高，单位耕地面积的农业收入和利润也越高。因此，当地人均收入水平越高，反映该地区经济条件越好，农户兼业机会越大。当然，越贫穷地区，农产品价格越低，家庭农业收入也越低，为摆脱贫困，外出务工的动机越突出，因而，其兼业化程度也可能非常高。总之，当地人均收入对农户兼业具有正向和负向的影响，具体哪个方面表现更显著尚需要检验。

8.2.2　农作物类型选择行为影响因素

农作物类型选择行为影响因素的文献，主要体现为种植结构和非粮食化影响因素两个方面的文献，代表性文献包括：邓振镛等（2006）认为气候因素、技术因素、经济因素、政策因素是影响甘肃省农业种植结构的主要因素；黄季焜等（2007）利用山东 70 个村的调查数据，研究农户种植结构调整的主要因素，结果表明当地的市场基础设施改进和交通设施的完善是促进农户种植结构调整的主要决定因素；易小燕和陈印军（2010）基于浙江、河北两省农户调查数据，采用 Logit 模型和 Tobit 模型研究农户"非粮化"种植行为与规模的影响因素，结果表明：户主年龄、经营耕地面积、流转租金、转入年限和地区差异是影响农户是否转入耕地的主要因素，户主年龄、经营耕地面积、非农收入占比和地区差异等是影响农户在转入耕地上"非粮化"种植规模的主要因素；杨进等（2016）研究证实农村劳动力价格对粮食作物种植比例有显著负向影响，对经济作物种植比例有显著正向影响，尤其是对蔬菜作物种植比例促进作用较大，老年劳动力比例对粮食生产无显著影响，而女性劳动力比例高对粮食种植比例有负面影响；田文勇等（2016）对贵州省农户种植结构行为进行调查，结果表明年龄、教育年限、务农劳动力、农业收入和市场价格等对种植结构具有显著影响。

上述研究表明，多数文献将耕地规模、户主年龄、受教育程度、劳动力数、农业收入等因素作为农户种植结构的影响因素，但农作物价格、老年劳动力占比等因素则存在一定的选择差异。综合起来，大家的共识是经济因素是影响农作物选择的最主要因素，本书选择耕地规模、农业补贴、每亩农作物现金收益反映农户种植的经济收益，选择户主受教育程度、户口年龄、家庭劳动力数量反映农户特征，选择技术要求反映种植作物的技术风险程度。

耕地规模。耕地规模是影响农业收入的重要因素，对于农作物类型选择具有重要影响。一般来讲，如果家庭经营的耕地规模越大，则农户的农作物选择余地越大，粮食和非粮食作物的种植结构搭配方案越多，反之，则较少。同时，耕地规模越大，越容易实现机械化农业，有利于提高农业的劳动效率，因而出现农户兼业现象情况较少。西部地区农户经营规模普遍较小，农户普遍选择市场风险、技术风险等相对较低且收益也低的粮食作物，选择风险高且收益较高的非粮食作物的情况相对少些，耕地规模对农作物类型选择是否有显著影响，还需要实证检验。

农业补贴。农业补贴是引导农户实现粮食增收和提高耕地质量的重要激励政策。目前来看，我国主要针对种粮农户和规模化（或适度规模）经营农户实施农业补贴，对于多数农村家庭而言，农业补贴标准低，实际到手的农业补贴总额不大。因而，在这种情况下，农业补贴是否真正激励了种粮行为，需要利用调查数据进行统计学验证。

每亩农作物现金收益。经济因素被公认是对农户行为产生影响的重要因素，耕地规模和农业补贴，对多数农村家庭而言，属于相对固定因素，不能由农户决定，而农户可以决定各种资本和劳动等要素投入，从而对单位面积农作物现金收益产生直接影响。不同类型的农作物，单位面积农作物现金收益存在较大差异，但收益高的农作物，其市场风险、技术风险等相对较高，且投入资本较大，因此，对农户而言，总体风险也越大。一般来讲，在耕地经营规模固定和风险程度基本相同的前提下，选择单位面积现金收益高的农作物，则获取的总收入也越高。

户主受教育程度。一般来讲，受教育程度越高，其获取、辨识和理解信息的能力越强，思想也相对开放，市场意识较强，因而，劳动就业的选择机会更多。一般来讲，经济价值较高的农作物，其技术风险、市场风险更高，对于受教育程度较低的农民，其经营难度更高，因而，受教育程度较低的户主，更愿意选择经济价值较低的粮食作物。如果户主受教育程度高，留守农村从事耕地生产，则在农作物类型选择上，由于其对于各种风险防范能力更强，因而更愿意选择经济价值较高的农作物。

户主年龄。不同年龄，其就业方向和能力存在较大差异。通常来讲，越年轻，思想越开放，越能接受新技术和新观念，越愿意冒险，可能选择风险高、收益高的非粮食作物，但是他们的农业生产经验也较少，对风险的承担能力较弱，因而也可能选择风险低、收益低的粮食作物。同理，年龄越大的农户，其生产能力和学习能力较弱，农作物类型选择则更倾向于传统和保守。但是，年龄越大的户主，农业生产经验也越丰富，风险承担能力更强，因而，他们也可能选择非粮食作物。因此，户主年龄对农作物类型选择具有双向作用。

家庭劳动力数量。单位面积下，不同类型农作物，对于劳动力的数量需求不同，一般来说，单位面积蔬菜、水果和部分经济作物劳动投入较多，而粮食作物的劳动投入相对较少。在当前农村人工成本较高的情况下，如果家庭全体劳动力成员都从事耕地生产，且劳动力人数较多，则他们更愿意选择劳动投入大的农作物——非粮食作物，以获取更多的经济报酬。当然，如果农户家庭存在兼业现象，非农收入占比较大，虽然家庭劳动力数量较多，但从事耕地生产的劳动者却较少，因而更愿意选择粮食作物，以降低农业风险。因此，不同情况下，家庭劳动力数量对农作物类型选择的影响不同，具体作用关系需要实证检验。

技术要求。农业生产技术是促进农作物增产的基础，也是农业种植结构调整的前提条件和保证。种植技术要求指种植过程中施肥、农药、土地整理等种植活动的最低技术标准和技术含量。不同农作物，技术要求难度不同。对于多数农户而言，种植粮食的技术要求较低，而种植非粮食作物的技术要求较高，反季节农产品和有机农产品的技术要求则更高。

8.2.3　生产管理行为影响因素

生产管理行为影响因素研究文献非常少，相关研究主要表现在耕地生产过程中，单项管理行为影响因素研究，如灌溉管理、生产技术选择管理等，代表性研究包括：陈一兵等（2003）以四川资阳雁江区为例，研究农业生产管理模式，调查结果显示不同类型的农户在各种土地类型上的作物布局、生产资料的投入和收益均有一定的差异；胡瑞法等（2011）研究农民生产管理知识增加对农民设施番茄生产的影响，结果表明在控制其他因素的条件下，农民生产管理知识的增加对设施番茄产量具有显著影响；农户参与灌溉管理，对农业生产技术效率具有显著影响（赵立娟和史俊宏，2014），对农户参与灌溉管理意愿具有显著影响的因素包括户主文化程度、水浇地面积、种植业收入比例、农户社会资本、当地政府支持程度以及农户对灌溉管理改革内容的了解程度 6 个因素，而年龄、劳动力比例、农户家人有无村干部、非农劳动人数占比 4 个因素的影响则不显著（许朗等，2015）；杨宇等（2016）研究农田管理影响因素，结论表明极端干旱事件的发生显著刺激了农户增加农田管理措施强度，资金、技术及物质支持的抗旱政策对采用农田管理措施有显著的激励效果，而农田管理适应措施的采用显著地降低了极端干旱事件引致的生产风险，户主年龄、教育水平及土壤质量等农户和地块特征也显著地影响了农户生产管理决策行为。

综述，现有文献集中在灌溉管理和技术选择影响因素方面，对于耕地整体生产经营管理影响因素则缺乏研究。并且，现有相关文献考虑将种植业收入作为总量考虑，往往没有细分为种植规模和单位面积耕地经济收益，使研究结果深度不够。就我国多数农村地区而言，单位面积的经济效率相对较高，但农村家庭规模较小，因而总体种植业的效益较低，重要原因在于种植规模，而不是单位面积的种植效率。总体来讲，现有研究中农户生产管理行为影响因素主要集中在经济效益、户主特征和家庭特征、土地特征等方面，在此选择耕地规模、每亩农作物现金收益反映经济效益，选择家庭劳动力数量、非农收入占比反映家庭特征，选择户主受教育程度和户主年龄反映户主特征，选择耕地利用便利性反映土地特征，这些因素与农户生产管理之间的关系定性分析如下。

耕地规模。在单位面积耕地经济收益相对稳定的情况下，耕地规模越大，种植业总收入也越高，农户兼业的可能性越低，从而属于纯农的概率越高。在这种情况下，农户追求经济利益的最大化，可能会提高耕地生产经营管理水平，以提高种植业的经济效率，实现耕地的现金收益最大化。但是，耕地规模越大，相应的管理成本越多，如果农户非农收入水平较高，或者劳动力管理精力有限，或者文化程度低而无法掌握专业管理知识等，也很可能选择粗放式的管理方式。因而，耕地规模对耕地生产管理水平具有正向影响还是负面影响，需要实证加以检验。

每亩农作物现金收益。在耕地经营规模固定的情况下，每亩农作物现金收益越高，则家庭农业收入也越高，促使农户增强农业生产积极性，从而提高耕地经营管理水平。对于纯农家庭而言，他们追求种植业的现金收益最大化，而不是利润最大化。因为，对于多数家庭而言，种植业的多数劳动投入属于自身家庭劳动，需要对外支付劳动报酬的劳动占比较少。由于利润考虑了劳动的人工成本，而现金收益没有考虑劳动的人工成本，前者将劳动者的劳动报酬扣除，而后者更能体现劳动者的总体收入，因而，我们认为，农户追求的是现金收益最大化，而不是利润最大化。每亩农作物现金收益与耕地经营管理水平是相互影响的，耕地经营管理水平越高，则每亩农作物现金收益也越高；预期的每亩农作物现金收益越高，则对耕地经济管理水平的要求必然也越高。

家庭劳动力数量。就现实情况而言，由于西部地区家庭耕地面积较少，农业人均收入水平低，家庭劳动力数量越大，则非农就业的人数往往也越多，兼业化程度也越高，从而使非农收入占家庭收入的比重越大，导致其可能不太关注种植业的收入，因而耕地的生产经营管理水平较低。当然，如果家庭劳动力全部从事耕地生产，劳动力越多，则对于农业收入的追求也越高，越会专注于耕地的生产经营管理。所以，由于农村存在兼业情况，家庭劳动力数量对耕地的生产经营管理水平具有正向的和负向的影响，到底哪种影响更大，则需要实证进行检验。

非农收入占比。非农收入所占比重越高，表明农户兼业化程度越高，农户的关注重心不再是耕地收入，而是非农收入，因而耕地的生产经营管理水平就会降低。相反，如果非农收入比重非常低，则表明农业收入比重非常高，导致农户的家庭收入主要来源于农业，因而这些家庭必然重视耕地生产，使得耕地生产经营管理水平较高。因此，非农收入占比与耕地生产经营管理水平具有明显反向关系。

户主受教育程度。户主受教育程度反映了户主的文化程度，其受教育水平越高，则就业选择机会越多。如果户主选择非农就业，则家庭兼业化程度往往较高，导致耕地生产经营管理水平较低；相反，如果选择农业，则农业专业化程度也通常较高，使得耕地生产经营管理水平较高。因此，户主受教育程度对于耕地生产经营管理水平的作用也具有正反双向影响，具体哪一方向作用更强，需要检验。

户主年龄。如前所述，户主年龄对于农作物类型选择具有两面性。相应地，户主年龄对于耕地生产经营管理水平也具有双向影响。因为，户主年龄越大，则农业生产经营经验越丰富，但是其精力和健康状况却不断下降，因而对耕地生产经营管理水平的影响取决于户主的实际情况。反之，户主年龄越小，接受新技术和新事物的能力也越强，外出务工的可能性越高，因而相对兼业化程度越高，从而使得农业收入在家庭收入的比重较低，导致耕地生产经营管理水平较低，但如果其留守农村从事耕地生产，则为追求更高收入，也可能提高耕地生产经营管理水平。

耕地利用便利性。耕地利用便利性，在很大程度上决定了农户耕地生产管理水平。耕地离家越近，越平坦，则农业生产越方便，农作物生产情况越能及时掌握，相应的管理投入也较少，从而提高耕地生产管理水平；反之，耕地利用不便利，且有一定坡度，则会增加各种农业生产活动的总体时间，生产管理不方便，从而增加了管理成本，因而耕地生产管理水平也会降低。所以，针对边远的耕地，现实表现是农户通常采用粗放式经营方式，而较近的、质量较好的耕地，通常其生产管理水平更高。因此，耕地利用便利性对耕地生产管理水平具有积极作用。

8.3 农户耕地利用行为影响因素实证研究

8.3.1 变量定义与数据处理说明

根据 8.2 节影响因素的定性分析，各变量定义如表 8-1 所示。部分变量数据处理具体说明如下：兼业程度，与前文界定一致，采用 5 类划分法，分别赋值 1~5；农作物类型采用 4 类划分法，划分标准同前文，按经济价值划分为粮食作物、经济作物、水果、蔬菜，并分别赋值；生产管理水平采用 3 类划分法，即粗放式管理、精耕细作、专业化管理，分别赋值 1~3；耕地规模是家庭耕地总规模，而不是该类农作物的经营规模；农业补贴，是家庭取得的总的农业补贴；当地人均收入，来源于各省区市 2015 年统计年鉴；技术要求采用 3 类划分标准，第一类是施肥、农药、土地整理等种植技术无特殊要求，技术含量低，赋值为 1，第二类是施肥、农药、花果管理等有普通标准规范，技术含量一般，赋值为 2，第三类是气候、土壤、施肥、栽植等有较高标准的技术规范，技术含量较高，赋值为 3；耕地利用便利性，主要考虑家庭主要地块的距离和平坦程度，界定为 6 种情况（具体包括：距离超过 600 米，道路不平坦、不便利，赋值为 1；距离超过 600 米，道路平坦赋值为 2；距离为 300~600 米，道路不平坦，赋值为 3；距离为 300~600 米，道路较平坦，赋值为 4；距离为 300 米内，道路不平坦，赋值为 5；距离为 300 米内，道路较平坦，赋值为 6）。数据来源于西部 7 个省（自治区、直辖市）1 732 户调查样本，由于单个家庭往往种植多种农作物，选择产值最大的农作物作为农作物类型选择变量的依据，从而对应相应农作物的每亩现金收益。各变量描述性统计结果如表 8-1 所示。

表 8-1　农户耕地利用行为影响因素各变量定义与描述性统计

变量定义	变量名	均值	最大值	最小值	标准差	样本数
兼业程度	y_1	2.247 1	5	1	1.258 5	1 732
农作物类型	y_2	1.983	4	1	0.811 8	1 732
管理水平	y_3	1.753 7	3	1	0.674 6	1 732
耕地规模	x_1	4.830 9	63	0.7	3.776 3	1 732
家庭劳动力数量	x_2	2.221 3	6	0	0.934 1	1 732
非农收入占比	x_3	0.320 6	0.908 9	0	0.296 3	1 732
户主受教育程度	x_4	2.615 5	5	1	0.714 6	1 732
户主年龄	x_5	49.306 1	86	25	15.455 9	1 732
农业补贴/元	x_6	242.04	1 366.08	0	282.808 8	1 732
当地人均收入/元	x_7	6 781.62	9 850	4 350	1 222.35	1 732
每亩农作物现金收益/元	x_8	1 928.99	8 440	350	1 733.962	1 732
技术要求	x_9	1.516 7	3	1	0.779	1 732
耕地利用便利性	x_{10}	3.374 1	6	1	1.261 7	1 732

8.3.2　模型选择与推导

行为选择模型可以划分为二元选择模型和多元选择模型。对于多元选择模型而言，常见的有 Tobit 模型、probit 模型和 Logit 模型。Tobit 模型是被解释变量取值有限制、存在选择行为的模型，它又被称为受限因变量模型。如前所述，本书将农户耕地利用行为设计为兼业行为、农作物类型选择行为和生产管理行为三个方面，这三个方面的行为都可以按一定标准进行细分类，具有有序选择的特点，因而不适合选择 Tobit 模型。有序选择行为模型通常采用有序 probit 模型和有序 Logit 模型，在此选择 probit 模型，利用有序 Logit 模型进行稳健性检验。

农户耕地利用选择行为 y^* 可以视为一种潜变量，它受到农户特征、社会特征、自然条件等相关特征因素影响，可以用线性形式表达为

$$y_i^* = \beta x_i' + \varepsilon_i \quad i = 1, 2, \cdots, n \tag{8-1}$$

其中，y_i^* 表示不可观测变量；x_i' 为影响农户耕地利用选择行为的一组解释变量的观测值；β 为一组相应的未知系数；ε_i 为误差项。

虽然 y_i^* 不可观测，但与一个可观测变量 y_i 具有如下关系：

$$y_i = \begin{cases} 1, & y_i^* \leqslant \gamma_0 \\ 2, & \gamma_0 \leqslant y_i^* \leqslant \gamma_1 \\ \vdots \\ J, & \gamma_{j-1} \leqslant y_i^* \end{cases} \qquad (8\text{-}2)$$

其中，y_i 为取值范围为（1，2，…，J）的离散变量，它表示第 i 个农户耕地利用选择行为结果；γ_i 为一组新参数，表示分类临界值，且 $\gamma_0 < \gamma_1 < \gamma_2 < \cdots < \gamma_{j-1}$，显然，$y_i = 1，2，…，n$ 的概率分别是

$$P(y_i = j) = \begin{cases} F(\gamma_0 - \beta x_i') & \text{如果 } j = 1 \\ F(\gamma_1 - \beta x_i') - F(\gamma_0 - \beta x_i') & \text{如果 } j = 2 \\ F(\gamma_j - \beta x_i') - F(\gamma_{j-1} - \beta x_i') & \text{如果 } 2 < j < (J-1) \\ 1 - F(\gamma_{j-1} - \beta x_i') & \text{如果 } j = J \end{cases} \qquad (8\text{-}3)$$

其中，F 为残差项的累积分布函数。相应地，可以建立此模型的对数似然函数：

$$\ln L = \sum_{i=0}^{n} \sum_{j=1}^{J} \ln \left[F(\gamma_j - \beta x_i') - F(\gamma_{j-1} - \beta x_i') \right] \qquad (8\text{-}4)$$

通过最大化该对数似然函数模型，可以估计出系数 β_i 和参数 γ_j，并且估计出的 β 就是农户耕地利用行为选择模型中的 β。

8.3.3 实证结果与分析

行为选择模型常见检验包括估计系数的显著性检验（T 检验或 Z 检验）、准 R^2 检验和 LR 检验。从表 8-2 可以看出，农户兼业行为影响因素 probit 模型的估计结果，其中似然统计量为 2 035.35，非常大，且显著性水平为 0，表示拒绝全部系数为 0 的原假设，反映模型整体系数的显著性强；调整 R^2 属于准 R^2，虽然不同于 OLS 的 R^2，但检验模型对被解释变量的解释力度，估计结果为 0.439 6，可以接受。从解释变量估计系数的显著性来看，x_4、x_7 不显著，其他变量则显著。

表 8-2　农户兼业行为影响因素 probit 模型估计结果

变量名	估计系数	系数标准误差	Z 值	P 值
x_1	−0.027 7	0.012 4	−2.224 1	0.026 1
x_2	0.008 2	0.034 5	2.097 6	0.036 2

续表

变量名	估计系数	系数标准误差	Z 值	P 值
x_3	5.823 3	0.166 7	34.922 9	0.000 0
x_4	−0.053 2	0.042 2	−1.259 0	0.208 0
x_5	−0.007 2	0.002 3	−3.182 5	0.001 5
x_6	−0.000 2	0.000 1	−1.666 8	0.095 6
x_7	0.000 0	0.000 0	0.342 2	0.732 2
_cut1	0.703 5	0.265 6		
_cut2	1.979 6	0.268 9		
_cut3	3.024 7	0.280 3		
_cut4	5.592 1	0.300 2		
LR chi^2（7）	2 035.35		调整 R^2	0.439 6

表 8-3 是农作物类型选择行为影响因素 probit 模型的估计结果，可以看出，从单变量的估计系数的显著性来看，x_2、x_5 不显著，其他变量则非常显著。似然统计量为 2 320.44，非常大，且显著性水平为 0，表示拒绝原假设；调整 R^2 采用 McFadden 法估计，是似然比指标，类似于线性回归中的可决系数，估计结果为 0.541 9，表明模型整体解释力度较强。

表 8-3　农作物类型选择行为影响因素 probit 模型估计结果

变量名	估计系数	系数标准误差	Z 值	P 值
x_1	−0.051 8	0.011 8	−4.38	0.000 0
x_2	0.088 4	0.036 2	0.366 2	0.714 2
x_4	0.048 9	0.045 4	2.338 6	0.019 4
x_5	0.001 1	0.002 1	0.52	0.603 0
x_6	−0.001 7	0.000 2	−10.4	0.000 0
x_8	0.000 8	0.000 0	24.83	0.000 0
x_9	0.854 9	0.065 9	12.98	0.000 0
_cut1	−0.536 6	0.215 7		
_cut2	2.741 8	0.207 9		
_cut3	5.072 3	0.258 9		
_cut4	6.853 1	0.284 7		
LR chi^2（7）	2 320.44		调整 R^2	0.541 9

农户耕地生产管理行为影响因素 probit 模型的估计结果如表 8-4 所示。可以看出，从解释变量估计系数的显著性来看，x_2、x_5 不显著，其他变量则非常显著。其中似然统计量为 1 745.19，非常大，且显著性水平为 0，表示拒绝全部系数为 0 的原假设，反映模型整体系数显著性强；似然比指标调整 R^2，估计结果为 0.407 6，表明模型对被解释变量的解释力度可以接受。

表 8-4　农户耕地生产管理行为影响因素 probit 模型估计结果

变量名	估计系数	系数标准误差	Z 值	P 值
x_1	−0.022 3	0.011 2	−1.988 5	0.046 8
x_2	−0.034 3	0.030 6	−1.120 9	0.262 3
x_3	−0.514 9	0.102 2	−5.040 5	0.000 0
x_4	0.026 9	0.038 7	2.936 7	0.003 3
x_5	0.000 2	0.001 9	0.097 9	0.922 0
x_8	0.000 0	0.000 0	2.284 9	0.022 3
x_{10}	0.256 4	0.022 8	11.255 8	0.000 0
_cut1	0.394 1	0.184 3		
_cut2	1.899 9	0.188 1		
LR chi^2（7）	1 745.19		调整 R^2	0.407 6

稳健性检验。一般认为，稳健性检验是考察评价方法和指标解释能力的强壮性。本书对农户兼业行为、农作物类型选择行为、生产管理行为改变分类方式，分别采用 3 分法、5 分法和 5 分法的标准调整分类，各模型的解释变量估计系数的显著性和符号没有发生变化。从调查样本中，去掉最低、最高的 5% 的观测值，估计结果也未发生显著改变。从计量方法出发，采用 Logit 模型进行估计，结果如表 8-5 所示，与原有估计结果比较，解释变量的符号和显著性没有变化，表明原模型的估计方法和指标解释能力是稳健的。

表 8-5　基于 Logit 模型的估计结果

变量名/统计量	兼业行为 Logit 模型	农作物类型选择行为 Logit 模型	生产管理行为 Logit 模型
x_1	0.069 6***	−0.180 7***	−0.069 2**
x_2	0.049 9**	0.018 6	−0.054 0
x_3	13.946 6***	—	−0.711 9***
x_4	−0.078 2	0.162 3**	0.043 6**
x_5	−0.016 3***	0.002 7	0.000 9

续表

变量名/统计量	兼业行为 Logit 模型	农作物类型选择行为 Logit 模型	生产管理行为 Logit 模型
x_6	$-0.000\ 2^{*}$	$-0.216\ 4^{***}$	—
x_7	$0.000\ 0$	—	—
x_8	—	$0.000\ 7^{***}$	$0.000\ 1^{**}$
x_9	—	$0.242\ 8^{***}$	—
x_{10}	—	—	$0.428\ 3^{***}$
LR 值	$2\ 384.98$	$2\ 837.82$	$1\ 665.02$
调整 R^2	$0.515\ 2$	$0.750\ 8$	$0.387\ 5$

*、**、***分别表示 10%、5%和 1%显著性水平

上述分析表明，三个农户耕地利用行为影响因素 probit 模型是稳健的，相关检验指标也符合统计要求，因而，估计结果与分析如下。

（1）家庭劳动力数量、非农收入占比能够显著促进农户兼业行为。从表 8-2 可以看出，家庭劳动力数量和非农收入占比两个解释变量的估计系数均为正，且显著性水平均在 5%内，拒绝参数为 0 的原假设，表明农村家庭劳动力数量越多，农户兼业程度越高；非农收入占比越高，农户兼业程度也越高。主要原因在于西部地区耕地规模小，机械化程度低，因而家庭农业总收入不高，在这种背景下，劳动力多的农村家庭，出现更多农村剩余劳动力的可能性更大，加之农业的比较效益低，一个农民打工收入通常是一个农民从事农业收入的几倍，从而转移到非农产业，同时同一地区农民工之间的打工收入差距不大，因而非农收入占比越高，表明家庭劳动力外出务工的数量越多，因而，家庭劳动力数量越多，非农收入占比越高，农村家庭越愿意进行劳动力转移，表现为农户兼业化程度越高，以获取更高经济收益。

（2）耕地规模、户主年龄和农业补贴对农户兼业行为具有显著的抑制作用。从表 8-2 可以看出，耕地规模、户主年龄、农业补贴三个解释变量的估计系数均为负，且显著性水平分别在 5%、1%和 10%内，拒绝系数为 0 的原假设，表明耕地规模越大，农户兼业程度越低；户主年龄越大，农户越不愿意外出务工；农业补贴越高，农户越愿意从事农业生产，农户兼业程度也越低。主要原因在于其他条件相对固定的情况下，耕地规模越大，家庭农业收入越高，外出务工的机会成本也越高；户主年龄越大，农业经验越丰富，更容易留守农村从事农业生产，同时对于新知识和新技能等接受能力越差，外出务工能力相对较弱，因而，农户的兼业化程度较低，西部地区从事农业生产的劳动力老龄化严重，进一步证实这一结论；农业补贴对农户从事耕地生产行为具有一定激励作用，目前西部地

区农业补贴标准逐年小额增加，提高了农户兼业的机会成本，因而农业补贴对农户兼业化程度具有抑制作用。

（3）户主受教育程度和当地人均收入对农户兼业行为不具有显著影响。估计结果显示，户主受教育程度和当地人均收入这两个解释变量的显著性水平均高于10%，不能拒绝原假设，表明户主受教育程度和当地人均收入对农户兼业行为不具有显著影响。主要原因在于对于农民工而言，大部分岗位属于低端市场岗位，对于农民工的受教育程度要求并不高，而主要受到健康状况和职业道德等因素影响，因而，受教育程度高低，并不影响农户的兼业行为。当地人均收入水平越高，表明地区经济越发达，城市给当地农民提供的就业机会越多，农户兼业的可能性越大，但是当地人均收入水平越低，往往农业收入水平也越低，因而农户外出务工的代价也越低，因而，当地人均收入水平对农户兼业行为不具有显著影响。

（4）耕地规模和农业补贴会显著抑制农户选择非粮食作物。农作物类型选择行为影响因素模型的估计结果显示，耕地规模和农业补贴的估计系数为负，且显著性水平在1%内，表明它们对按经济价值标准分类的农作物类型具有抑制作用，换言之，耕地规模越大，农户越愿意选择粮食作物；农业补贴越高，农户越愿意选择粮食作物。主要原因在于耕地规模越大，给农户提供的农业收入越高，农户的风险偏好程度越低，农户普遍愿意种植低投入、低风险且低收益的粮食作物，而不是选择种植投入大、高风险且高收益的非粮食作物。目前，农业补贴政策的对象主要是种粮农户、专业农户和特色农户，对于多数种植非粮食作物的农户而言，并不能享受农业补贴，因而，现有以种粮为主的农业补贴政策对农户选择非粮食作物具有抑制作用。

（5）户主受教育程度、每亩农作物现金收益、技术要求与农户选择非粮食作物具有显著正向关系。如表8-3所示，户主受教育程度、每亩农作物现金收益和技术要求的估计系数为正，且显著性水平均在5%内，它们与被解释变量具有正相关关系。换言之，户主受教育程度越高，农户越愿意选择经济价值更高的农作物；每亩农作物现金收益越高，表明单位面积农作物的经济价值越高；农业生产的技术要求越高，表明农作物的经济价值也越高。主要原因在于，现实中受教育程度较高的农户，在农村自主创业比例相对较高，且选择经济价值较高的非粮食作物，以获取更高的经济收入；由于粮食作物的每亩农作物现金收益较低，而非粮食作物的每亩现金收益较高，因而每亩农作物现金收益与农作物类型选择具有正相关关系；技术要求体现了农产品的科技含量，技术要求越高，农产品的利润率也越高，进而技术要求越高，农作物的经济价值也越高，因而两者之间具有正向关系。

（6）耕地规模和非农收入占比会显著抑制农户耕地利用生产管理行为。如

表 8-4 所示，耕地规模和非农收入占比这两个解释变量的估计系数为负，且显著性水平均在 5%内，表明它们对被解释变量具有负向作用关系。换言之，耕地规模越大，农户越愿意选择粗放式经营管理模式；非农收入占比越大，农户耕地生产管理水平越低。可能的原因在于多数家庭耕地总量不大，耕地生产属于农村家庭自我管理，而家庭劳动力资源有限，耕地规模越大，农业生产管理成本越高，因而，耕地规模越大，单位耕地面积对应的管理者数量和管理时间越少，表现为耕地生产管理水平较低。非农收入占比越大，表明农户家庭中耕地收入占比低，这种情况下，农户减少管理时间和管理者数量，对于整个家庭总收入影响不大，反之，如果增加从事耕地生产的劳动者数量和耕地管理时间，则会极大影响非农收入，因此，非农收入占比越大，农户耕地生产管理水平越低。

（7）户主受教育程度、每亩农作物现金收益、耕地利用便利性显著促进耕地利用生产管理水平。估计结果显示，户主受教育程度、每亩农作物现金收益、耕地利用便利性三个解释变量的估计系数为正，且显著性水平均在 5%内，表明它们对被解释变量具有积极作用。换言之，户主受教育程度越高，农户耕地利用的生产管理水平也越高；每亩农作物现金收益越大，农户耕地生产管理水平越高；耕地利用越便利，耕地利用生产管理水平也越高。主要原因在于户主受教育程度越高，因而更加容易选择经济价值较高的农作物，相应的耕地生产资本投入也越多，因而，生产管理水平也越高，以获取较高的耕地经济收益。耕地离住地较近且平坦，耕地生产管理的成本越低，也越容易管理，反之，如果距离较远且较陡，则生产资料运输成本高，管理成本也高，因而，耕地利用便利性能够促进耕地利用的生产管理水平。

（8）家庭劳动力数量、户主年龄对农作物类型选择行为和耕地利用的生产管理行为均不具有显著影响。表 8-3 和表 8-4 估计结果显示，家庭劳动力数量、户主年龄两个解释变量在两个模型中的显著性水平均超过 10%，表明不能拒绝系数为 0 的原假设，即它们对被解释变量不具有显著影响。主要原因是家庭劳动力数量、户主年龄对农作物类型选择和耕地利用的生产管理水平具有双向影响，实证表明多数样本在某一方向的影响并未显著大于另一方向，因而，家庭劳动力数量、户主年龄并未显著影响农作物类型选择和耕地生产管理水平。

第 9 章 耕地利用补偿实验
与补偿机制设计

9.1 农户耕地利用的行为分析

行为科学理论告诉我们，人的行为是在某种动机的驱使下达到某一目标的过程，人的行为是由动机产生的，动机则是由内在的需要和外来的刺激而引起的。在动机的驱使下，产生满足需要的行为，向着能够满足需要的目标进行。当行为达到目标时，需要就得到了满足，紧张不安的心理状态就会消除。对于农户而言，农户行为是指农户在特定的社会经济环境中，为了实现自身利益面对外部信号做出的反应。农户作为耕地利用的主体，分析农户耕地利用行为，有助于了解农户耕地利用行为决策类型，从而判断出农户对耕地的重视度和依赖度及耕地利用的生产积极性，引导政府合理制定农业补偿激励政策，促进农业资源合理配置，保障国家粮食安全，实现增加农户收入和地区经济可持续发展的目标。结合行为学理论，我们认为，农户耕地利用行为分析框架包括农户耕地利用的需要、农户耕地利用的动机、农户耕地利用的目标和农户耕地利用行为决策四个方面。

9.1.1 农户耕地利用的需要

一般认为，研究人的行为首先研究人的需要。行为学需要理论指出，所谓需要，是指人们对某种事物的渴求或欲望，是人脑对生理需求和社会需求的反映。人们生活在特定的自然及社会文化环境中，有各种各样的需要。需要有不同的分类标准和理论，其中著名的是马斯洛的需要层次理论，由低级到高级的层次包括生理的需要、安全的需要、社交的需要、尊重的需要和自我实现的需要。该理论的主要观点是个体的需要是逐级上升的，当一个层次的需要得到满足后，下一个层次的需要就会成为主导需要；如果希望激励某人，则需要了解当前需要所处的层次，然后着重满足这一层次或这一层次之上的需要，这样才能达到有效的激励。对于大多数农户而言，耕地利用首先是生理需要和物质需要，其次才是心理需要和精神需要，从马斯洛的需要层次理论来看，农户耕地利用的需要主要属于满足第一层次生理的需要和第二层次安全的需要，社交的需要较少，主要原因是农民种地的社会地位不高。结合西部地区农户的实际情况，耕地利用需要具有多样性，具体如下。

粮食自给的需要。西部地区农户收入水平不高，大多数农村家庭并不富裕，而目前农产品市场价格较高，依靠非农收入负担家庭食品消费比较困难。对于多数贫困农村家庭而言，耕地利用生产自给是一种现实需要。但是，随着我国农村土地改革和城镇化的发展，非农收入占比越来越高，通过粮食自给的农户总体呈下降态势，但目前，它依然是西部地区大多数农户家庭耕地利用的首选需要。

获取放心食品的需要。随着经济的发展和人民生活水平的提高，人们越来越关注食品安全。目前，许多农民也开始重视食品安全，然而，在当前市场经济下，人们很难直观区别有机食品、绿色食品和无公害食品与普通食品，而相关鉴定成本高且时间长，因而，通过市场购买并不现实，自家种植则成为农户获取放心食品的重要途径。因为自家种植，农户完全了解生产过程，可以少施或不施农药和化肥等以防损害食品健康，从而获取放心食品。

就业的需要。就业可以获取报酬，以满足家庭各种必要的消费支出。农民就业有多种形式，最常见的是外出务工和在家务农，在家务农最常见的表现形式是耕地生产。目前，农村剩余劳动力转移压力大，城市提供给农民工的岗位非常有限，外出务工就业面临许多障碍。对于相当多的农民而言，耕地利用是一种重要的就业方式，同样可以获取农业收入，且生产过程和方式、劳动时间等不受其他人制约。从实际情况来看，西部地区从事商品性农业经营的农户占比较大，部分农村创业农户收入高于普通外出务工人员收入，因此，耕地利用是解决农村就业问题的重要就业方式。

健康的需要。健康是人类不懈的追求，是每个人的需要。有了健康才可以很好地工作，创造人生财富，没有健康，则会给家庭带来负担。耕地利用的前提条件是农民有健康的身体，而耕地利用本身，实质是农民劳动，而劳动有利于健康，因而耕地利用可以满足健康的需要。

9.1.2　农户耕地利用的动机

动机理论认为，动机是由需要及外来刺激引发的为满足某种需要而进行活动的意念和想法。动机是行动的动因，它规定着行为的方向，是行为的直接力量。西部地区农户具有异质性，耕地利用动机存在明显的多样性，根据上述需要的类型，可以大致划分为以下类型。

生存动机。农民的生存动机最早源于恰亚诺夫，其后波拉尼的"实体主义"和斯科特的"道义小农"进一步发展该流派。恰亚诺夫认为小农的动力是追求生存最大化，一切经济活动以生存为目标。波拉尼提倡用"实体经济学"取代"形式经济学"，主要观点是市场未出现以前，小农行为围绕生存而展开，市场出现以后则围绕理性而展开。斯科特认为，在耕地稀少的地区，面临生存危机的地区，农户将生存与安全问题放在第一位，农民会"首先考虑可靠的生存需要；农民所有的活动都围绕着生存展开，而不是围绕利润而展开"。我国西部地区经济不发达，农村社会保障水平非常低，农民普遍面临生存问题，粮食自给是大多数家庭的首选途径。粮食自给，需要农户实施耕地利用行为，从而获取粮食，以满足生存动机。

食物安全动机。客观来讲，与多数发达国家相比，我国食物安全令人担忧。长期以来，相关农业政策追求粮食产量的最大化，以解决多数人的"吃饱饭"问题，而不是追求粮食品质和安全，农业生产大量使用农药和化肥等化学增产用品，从而引发了农产品安全问题。目前，农民的生活水平显著提高，多数家庭解决了吃饱饭问题，而多数农民对食物安全的想法则日益显现。就部分经济富裕的农户而言，他们开始重视耕地的生态利用，强调生产过程的无公害化，以生产有机农产品，满足自身需要。随着我国农村经济的不断发展，农村家庭的食物安全动机将日益突出。

增收动机。现金收入是满足农户家庭生活和社会活动的重要资源。耕地生产不仅可以满足家庭生活需要，而且可以通过市场交换，卖出农产品，获取耕地现金收入。对于西部地区农户而言，如果家庭成员没有外出务工，则销售自家农产品是重要的一种收入来源。从西部地区的实际情况来看，从事商品性农业经营的农户占比依然较高，反映出这些农户耕地利用的创收需要较为突出。

劳动动机。现代医学研究表明，劳动参与对健康水平产生显著的正向直接影响，因而，适度劳动有利于健康，特别是适度体力劳动。有研究表明长期参加体力劳动，可使人的心脑血管衰退过程推迟10~20年。耕地利用是一种以体力劳动为主的农业生产活动，它有利于促进劳动者消化功能和心血管功能，降低血压和血脂，增强新陈代谢，因而作为农业劳动的耕地生产，可以增强劳动者的体质。为了满足健康的需要，耕地生产是一种重要的锻炼选择。另外，耕地生产让劳动者有事干，消耗其精力和体力，有利于培养人的身心健康，是一种健康的锻炼方式。西部地区劳动者老龄化比较严重，部分老人长期进行长时间的打牌等不良活动，严重影响身体健康。因而，许多家庭的子女出于身体健康的考虑，要求老人适度从事耕地生产活动。

9.1.3　农户耕地利用的目标

对于农户耕地利用的目标，目前国内学术界有不同的看法，代表性的有：有的指出贫困农户收入严重依赖自然条件，农户新增收入倾向于改善家庭生活状况而非发展生产（李小建，2002）；有的认为，农民耕地的主要目的是满足自家口粮，而非达到致富的目的（陈美球等，2006）；有的认为，对于打工农户而言，种植作物是为打工进行"生存保险"，是为了满足自家对粮食的需求（邓大才，2006）；有的认为，根据经济收入水平，可以将农户的耕地利用目标划分为三种类型，即解决生存压力、追求效益和发展经济（王春超，2009），相近的划分方式有追求粮食产量最大化、产量与利润最佳化、利润最大化（孔祥斌等，2010）。很明显，不同生计情况，农户的耕地利用目标不同，结合实际情况，我们认为，西部地区农户耕地利用的目标包括以下类型。

产量最大化。对于多数粮食自给型农户而言，耕地利用追求粮食产量最大化，属于这种情况的是贫困地区农户和部分兼业农户。黄宗智（1986）利用效用理论解释中国农民行为，他认为不同的约束条件，小农有不同的动机和行为，对于"较贫穷的小农，生存的考虑往往重于利润的追求"。显然，对于西部贫困地区农户而言，生存问题依然十分突出，部分地区农户仍未解决温饱问题，因而耕地利用的首要目标是生产足够多的粮食，即追求粮食产量最大化，以满足家庭生存需要。当然，还有一部分兼业农户，非农收入占比较大，生活比较富裕，耕地利用生产不再追求现金收益最大化或利润最大化，因为农业收入对其家庭收入影响不大，而是追求产量最大化，并储备部分粮食，以保障家庭的粮食安全，同时应对粮食的市场风险和自然灾害风险。

现金收益最大化。对于部分从事商品性农业经营的农户而言，耕地利用追求的是现金收益最大化，属于这种情况的大多是小规模纯农农户。小规模纯农农户一般仅对家庭拥有的耕地进行种植，由于农户成员自身劳动不需要支付报酬，因而现金收益就是这类农户实际到手的净收入。纯农农户的收入主要来源于耕地利用的农业收入，所以农户耕地利用均是以提高自身收入为目标，除了保证家庭自给性需求外，还要提供商品性生产。显然，农民是有限理性的，为追求经济利益，小规模纯农农户耕地利用行为是以实现现金收益最大化为目标。

利润最大化。对于专业大户或大规模的耕地利用农户而言，往往需要雇佣劳动力，以开展正常的经营活动，因而，耕地利用需要扣除支付给雇工的人工成本，以正确核算经营利润，因此，他们耕地利用的目标是追求利润的最大化。以舒尔茨为代表的理性小农学派支持这一观点，他们认为，农户是理性的，他们会追求利润最大化，其观点是建立在以农场主为研究对象的基础上的。国内黄宗智（2000）也认为"较大而富裕的农场，很大程度上受到利润的诱导"。Simon（1957）对利润最大化本身提出质疑，他认为任何经济人的理性只能是主观的或有限的理性，部分其他研究支持这一观点，一些地区的大量农民并没有直接追求利润最大化目标（程化雨，2003）。尽管部分学者对农户追求耕地利用的利润最大化目标表示怀疑，但是国内外相当长一段时期，主流的观点仍是耕地利用的利润最大化目标。

生产放心的农产品。目前，对于兼业化程度较高的农户，由于家庭相对富裕，农业收入占比非常小，因而耕地利用的目标，不仅仅是粮食自给，也是产量或经济利益的最大化，更多的是追求农产品质量安全，以满足家庭健康消费的需要。从现实情况来看，部分农户非常重视追求生产高品质的有机农产品，不仅满足自身需要，还作为重要的馈赠礼品，是农民社会交流的重要手段。农户不仅是农产品的生产主体，也是消费主体，随着农村经济的不断发展，农产品质量安全将日益受到更多农户的重视，对于相对富裕的农户而言，耕地利用追求质量安全，特别是生产有机农产品，将成为高品质生活的重要体现。

9.1.4　农户耕地利用行为决策

农户耕地利用行为受到其需要、动机和目标的影响，也受到内在条件（包括经济条件、思想意识和个人能力等方面），以及外部条件因素的制约。对于多数农户而言，耕地利用决策首先是在纯农模式和兼业模式之间权衡。如果选择纯农模式，则需要在不同耕地利用方式中权衡，农户通常选择有利的方式。现实情况是：有条件的农户，大多首先选择兼业模式，其次选择经济作物或水果等非粮食生产利用方式，最后选择粮食生产。农户行为决策决定了耕地利用方式，而耕地利用方式对耕地利用的经济绩效、社会绩效和生态绩效起着关键作用。参考国内外有关农户经济行为的主要经典理论，如恰亚诺夫的组织生产理论、舒尔茨的理性小农理论、黄宗智的过密化小农理论、斯科特的道义小农理论、贝克尔的新家庭经济理论和张五常的佃农理论等，结合西部地区实情，农户耕地利用决策主要有以下四种类型，不同类型农户耕地利用行为决策机理存在明显区别，具体分析如下。

（1）小规模耕地利用情况下，粮食"自给型"纯农农户耕地利用决策。对于西部农村边远贫困地区，交通不发达，每个农村家庭拥有的耕地规模小，自然条件较为恶劣，农业生产条件落后，农户的风险承担能力弱，市场交易成本高等内外部条件制约下，农户经济条件不允许通过市场购买得到粮食，因而其首先需要的是解决粮食自给问题，从而引发生存动机，如图 9-1 所示。在这种背景下，农户行为的理性选择是采用传统的落后生产方式进行小规模耕地利用，而不是外出务工或扩大农业生产规模，因为他们思想较为保守、受教育程度较低，不愿承担外出务工风险，同时由于交通不便，市场交易成本高，且农产品的利润率普遍较低，加之农业项目投资回收期较长、风险高，以及家庭财力和个体能力有限等主客观因素制约，因而也不能成为商品性农户或专业大户。这些农户是一种完全或高度自给农户，耕地利用直接服务于自身消费，很少或不与外界发生直接联系，耕地利用决策具有无意识地继承世代相传的特点。这些农户追求的耕地利用目标往往是产量最大化或满足家庭粮食消费需要，通过反馈，调整内外部制约或激励条件，从而引发下一个需要。

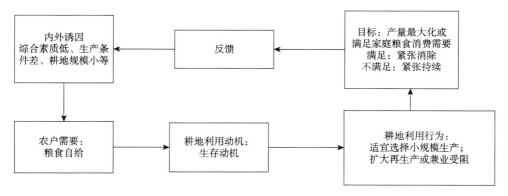

图 9-1　小规模耕地利用"自给型"纯农农户行为决策

（2）小规模耕地利用情况下，"部分自给+部分商品化"纯农农户耕地利用决策。对于多数没有外出务工的农村家庭而言，属于这类农户。这些农户由于没有或很少有非农收入，耕地总体规模虽然较小，但交通较便利、土壤较肥沃、农产品单产较高，农产品可以实现部分自给、部分商品化。具体来讲，西部地区农村交通有很大改善，多数地区的市场交易成本较低，虽然耕地规模较小、地块零散，但单产较高，农业生产的商品化程度一般，耕地利用能满足部分粮食自给+部分商品化的需要，以实现生存动机和获取部分农业收入的动机（图 9-2）。这些农户，受到风险承担能力弱、综合素质较低、思想较保守、家庭财产少等因素制约，并不愿意或不能选择扩大再生产成为专业大户或外出务工，而是通常选择对自家耕地，以及部分亲邻外出务工而赠送使用权的耕地进行精耕细作，以获取现金收益最大化的目标。这种小规模纯农农户具有很强的风险意识，生存安全第一，获取现金收益第二，因此，农作物一般选择风险较低的粮食作物。

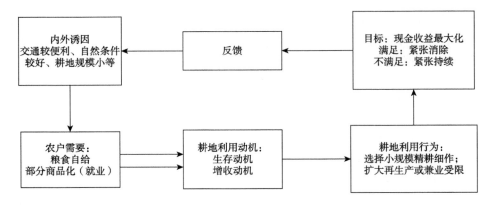

图 9-2　小规模耕地利用"部分自给+部分商品化"纯农农户行为决策

（3）小规模耕地利用情况下，"兼业型"农户耕地利用决策。对于兼业农户，一般不存在生存动机，因而，他们可以利用非农收入在市场购买所需要的粮食。由于农户兼业程度不同，其非农收入占比也存在较大差异，因而导致农户需要也存在差异（图 9-3）。兼业化程度不高的农户，非农收入占比也不高，农业收入依然是家庭的重要收入来源，因而耕地具有解决家庭部分劳动力就业的功能，这类农户一般选择小规模精耕细作，作为理性经济人，一般不会选择有机生产或粗放式生产方式，他们的耕地利用目标是追求现金收益最大化，生产的农产品属于"部分自给+部分商品化"的情况，以满足家庭消费和增收的动机；对于兼业化程度较高的农户，农业收入在整个家庭的收入比重较低，重视生活水平的提高，特别具有食品安全的需要，因而耕地利用的主要动机是获取安全、放心的农产品，特别是有机农产品，因此，这类农户，不再以经济利益为目标，而是以获取高品质的农产品为目标，因而通常会选择小规模耕地利用的有机生产方式，而不选择精耕细作生产方式；对于兼业化程度高的农户，家庭生活有保障，部分农村留守人员无所事事，给家庭带来不良影响。因而对于兼业化程度更高的农户，非农收入可以通过各种途径获取放心食品，他们更加注重家庭成员的身心健康，耕地利用的需要是留守农村的家庭成员的（主要是老人和妇女）身心健康，从而引发耕地利用的劳动动机，让家人有事干，耕地利用的目的不是产量最大化，也不是追求经济利益最大化，因而耕地利用属于小规模粗放式经营模式，通常不会选择风险高的扩大耕地规模的专业大户模式，也不会选择精耕细作的经营方式，因为其所耗费的体力和精力相当大。

（4）非小规模耕地利用情况下，"专业大户"耕地利用决策。随着我国土地流转进程的加快，西部地区也出现了不少的农业专业大户。这类农户通常具有较好的社会关系，比较容易获取政府的专业大户财政补贴，加之其综合素质较高、风险承担能力较强和家庭比较富裕，所处地区的交通便利，市场交易成本较

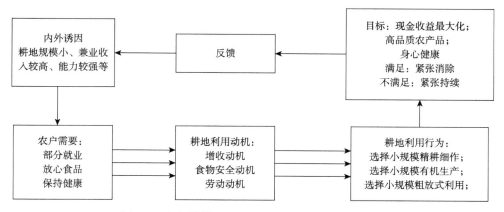

图 9-3　小规模耕地利用"兼业型"农户行为决策

低，因而，他们为增加收入，通常会通过租赁等方式来扩大耕地规模，耕地利用
会选择专业化的经营方式，农作物通常选择风险高、收益高的水果、蔬菜或经济
作物，耕地利用的目标是追求利润最大化（图 9-4）。总之，这类农业大户不会
选择小规模的耕地利用方式或外出务工，因为他们将规模化耕地专业化经营看作
发财致富的有效手段。

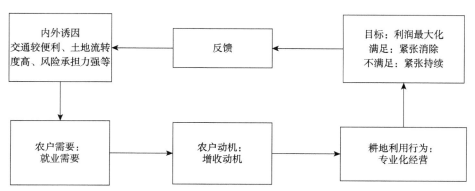

图 9-4　非小规模耕地利用"专业大户"行为决策

总的来讲，农户作为微观经济行为主体，生计情况不同，其决策行为也不
同，并且决策也较为复杂。西部地区农户耕地利用决策总体具有自给性与商品性
并存、理性行为与非理性行为并存、经济目标与非经济目标并存、行为一致性和
多样性的特征。分析农户耕地利用决策，首先要了解农户的内外部资源约束条
件，对于贫困地区未解决温饱问题且交通不便利的农户，他们不会追求利润最大
化，而是追求粮食产量最大化；对于兼业程度高的农户而言，不能将农户的耕地
利用目标视为追求经济利益最大化，因为它与多数现实情况并不相吻合。总之，

农户耕地利用行为选择会受自然条件、伦理因素、政策因素、社会人际关系、风险偏好等影响，随着西部地区农村经济的不断发展，可以预见，总的趋势农业分工进一步加剧，粮食"自给型"纯农农户的比例会不断降低直至消失，"部分自给+部分商品化"纯农农户比例也会下降，追求农产品安全和追求劳动健康的"兼业型"农户的比例会显著上升，"专业大户"的比例也会上升。

9.2 耕地利用补偿的激励作用

9.2.1 激励理论简述

激励理论是行为科学中用于处理需要、动机、目标和行为四者之间关系的核心理论，它是关于如何满足人的各种需要、调动人的积极性的原则和方法的概括总结，激励的目的在于激发行为人的正确行为动机，调动其积极性和创造性，最终提高工作绩效。激励理论有许多流派，根据所形成时间及其研究重点，一般划分为行为主义激励理论、认知派激励理论和综合型激励理论三类。

行为主义激励理论。20 世纪 20 年代，美国人华生认为，管理过程实质是激励，通过激励手段，诱发人的行为，激励者的任务就是去选择适当激励手段，以引起被激励者相应的行为反应。斯金纳发展了该理论，提出了操作性条件反射理论，主要观点是激励人的主要手段不能仅仅靠刺激变量，还要考虑到中间变量，即人的主观因素。具体来讲，在激励手段中除了货币等物质刺激因素外，还要考虑到劳动者主观因素的需要。新行为主义理论强调，人们的行为不仅取决于刺激的感知，而且也决定于行为的结果。当行为的结果有利于个人时，这种行为就会重复出现而起着强化激励作用，相反，如果行为结果对个人不利，则这一行为就会削弱或消失。该理论告诉我们，耕地利用补偿激励不仅仅需要货币激励生产者行为，还需要考虑生产者耕地利用的主观需要、动机和目的。同时，补偿政策不仅要起到刺激农户感知的作用，而且农户要认可适度扩大耕地利用规模和生态利用行为的结果，即耕地利用行为改变能给农户带来实质上的好处，而不是带来损失。

认知派激励理论。该理论的研究重点是人的需要的内容和结构，以及如何改造和转化人的行为，如斯金纳的操作条件反射理论和挫折理论。主要观点是对于人的行为发生和发展，要充分考虑内在因素，如意识、兴趣、价值和需要等。认知派激励理论强调，激励的目的是要把消极行为转化为积极行为，以取得更好的效益。总之，该理论认为，人的行为是外部环境刺激和内部思想认识相互作用的结果，只有改变外部环境刺激与改变内部思想认识相结合，才能达到改变人的行为的目的。该理论告诉我们，要改变农户耕地利用行为，不仅需要调整农业补贴政策和标准等外部环境刺激，而且还要加强宣传，提高农民素质，改变农户对于小规模与适度规模耕地利用风险与收益、耕地生态利用与现行利用方式的差异等农业知识的认识程度，以促进农村合理分工。

综合型激励理论。最早期的综合型激励理论是心理学家勒温提出的场动力理论，该理论认为人的行为是个人与环境相互作用的结果，外界环境刺激实际上是一种导火线，而人的需要则是一种内部的驱动力，人的行为方向决定于内部系统的需要强度与外部引线之间的相互关系。如果内部需要不强烈，则再强的引线也没用。1968 年，波特和劳勒提出新的综合型激励模式，将行为主义的外在激励和认知派的内在激励综合起来，具体来讲，把激励过程看成外部刺激、个体内部条件、行为表现、行为结果相互作用的统一过程。显然，综合型激励理论更为合理，因为它更加符合现实情况。该理论要求设计耕地利用补偿政策时，必须考虑农户耕地利用行为的整体过程，包括货币补偿外部刺激、农户内部条件、耕地利用的行为表现及行为结果，将耕地利用补偿与农户耕地利用行为及行为结果结合起来，结合农户的风险偏好、农业技术掌握程度、资产状况等内部条件差异，对农户进行合理分流，加快西部地区耕地适度规模利用和生态利用的进程。

综述，行为主义激励理论强调外在激励的重要性，而认知派激励理论强调的是内在激励的重要性。综合型激励理论则是这两类理论的综合、概括和发展，它为解决调动人的积极性问题指出了更为有效的途径。

9.2.2　耕地利用补偿的激励作用分析

（1）现行小额种粮补偿政策对农户耕地利用的激励作用。耕地利用补偿的激励作用可以用强化理论来解释。耕地利用补偿金是强化物，它可以刺激农户行为，提高农户耕地生产的积极性，使农户进行粮食生产行为的发生概率增大，属于正强化类型。根据综合型激励理论，可以将耕地补偿的激励作用看作一个外部刺激、农户行为选择、行为表现和行为结果相互作用的统一过程，具体如图 9-5 所示。对于农户而言，外部刺激很多，包括非农就业机会、自然资源禀赋条件、种粮补贴等，内部条件包含个体特征、家庭特征和经营特征等，个体特征又包含务农意愿、非农就业能力、年龄等，家庭特征包含成员数量、性别、劳动力数量等，经营特征包含农业生产条件、生产方式等。在内外部条件下，农户需要进行行为选择，决策依据主要是家庭经济利益最大化，主要选择类型包含"兼业+小规模利用"、"自给型"纯农、"部分自给+部分商品化"纯农、全部外出务工和适度规模农业大户，现行小额种粮补贴会在一定程度上强化前三种行为选择，因为前三种行为选择，均可能获取农业补贴，而后两种行为选择通常不能获取相应补贴。不同的行为选择，产生不同的耕地利用行为表现，包含粗放式经营、精耕细作和较专业化经营，从而产生不同的行为结果。耕地利用采用粗放式经营，生产投入少，风险小和收入较低；精耕细作，农业生产资本投入较多，特别是劳动要素投入量大，由于规模小，因而农业收入高于粗放式经营；耕地利用采取较专业化经营，通常种植非粮食作物，规模较大，因而具有高风险、高收益的特征。农户行为选择后，行为结果反过来影响未来决策。从现实情况来看，现有小额种粮补贴政策下，"兼业+小规模利用"和"部分自给+部分商品化"纯农占比最高，补偿标准低，农户拥有耕地规模小，现有小额种粮补贴属于弱正强化类型。

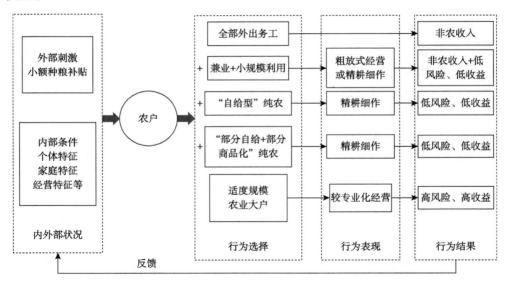

图 9-5　现行补偿政策对农户耕地利用的激励作用
"+"表示强化作用，下同

（2）现行补偿政策对农户农作物选择的激励作用。对于多数农户而言，现行农业补偿政策是种粮有补偿，但补偿标准较低，而种植非粮食作物无补偿。显然现行农业补偿政策是一种条件强化，如果农户进行种粮行为，则有补偿，反之无补偿。根据综合型激励理论，现行补偿政策对农户农作物选择的激励作用如图 9-6 所示。在"种粮有补偿+非粮食作物没有补偿"的外部刺激下，它对农户耕地利用规模不会产生大的影响，不会强化农户扩大规模，也不会弱化农户扩大规模，因而如果是通过土地流转而进行的非小规模粮食生产，生产者很可能拿不到粮食补偿，而是由土地转出农户得到，相应地，它也不会强化非小规模耕地利用农户的农作物选择行为。但是，对于选择小规模耕地利用的农户而言，种粮补偿则会在一定程度上强化其种粮行为，对于非种粮行为则不具有正强化或负强化作用。从行为结果来看，小规模耕地利用种粮具有低风险、低收益的特征，而种植非粮食作物，则具有较高风险、较高收益的特点，一般农户采取粮食作物与非粮食作物按一定比例组合方式进行耕地利用。非小规模耕地利用种植粮食作物，则具有较低风险和较低收益的特征，主要原因是粮食生产投入成本、粮食价格相对稳定，由于耕地规模较大，因而增加了投资风险和投资收益；如果种植非粮食作物，则风险更高，收益更不稳定，具有明显的高风险和高收益特征。从西部地区的现实情况看，除新疆外，其他省区市非小规模耕地利用农户通常选择非粮食作物，以获取更高的收益。新疆地区由于机械化程度高，耕地规模大，因而不少承包者选择粮食作物。总之，对于绝大多数农户而言，现行农业补贴政策对于小规模耕地利用农户种植粮食作物具有弱的正强化激励作用。

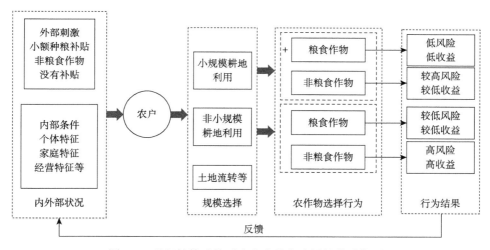

图 9-6　现行补偿政策对农户农作物选择的激励作用

（3）适度规模补偿政策对农户的激励作用。对于多数西部地区而言，小规模耕地利用弊端突显，农村兼业程度日益提高，耕地闲置或弃耕现象较为常见，要改变这种状况，适度规模补偿政策是关键举措，它是推动农村合理分工，提高农业现代化水平和耕地利用效率的重要政策保障。如图 9-7 所示，适度规模补偿可以强化适度规模耕地利用行为，使农业大户显著增加，提高农业的规模化程度。因为，适度规模补偿可以降低适度规模经营风险，提高它的总体收益，从而使行为结果满足农业大户的要求，反过来使这些农户重复适度规模经营行为。

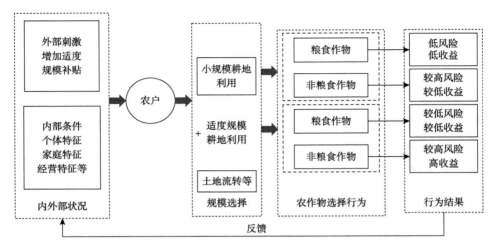

图 9-7　现行补偿政策对农户农作物选择的激励作用

　　一般而言，强化物选择至少要考虑所能提供的强化物、强化物是否被农户接受、能否起到应有的强化效果三个方面的因素。货币补偿被普遍接受，且易于操作。所能提供的强化物和强化效果核心是补偿标准问题。不同的补偿标准，将产生不同的强化效果。我们将适度补偿标准划分为三种类型，补偿标准过低、补偿标准适度、补偿标准过高。如前所述，适度规模耕地生产经营具有高风险、高收益的特点，小规模经营属于低风险、低收益，耕地利用规模收益与风险的关系如图 9-8 所示。可以看出，如果市场行情好、气候温和等自然社会环境条件好的情况下，农业生产风险较小，没有补偿条件下，适度规模经营收益（L_m）显著高于小规模耕地利用收益（L_{small}）；各种自然社会行情一般的情况下，适度规模经营收益（L_m）略高于小规模耕地利用收益（L_{small}）；如果行情差，则耕地经营将产生损失，适度规模经营损失（L_m）将明显大于小规模耕地利用损失（L_{small}）。耕地利用的适度规模补偿，则会提高它的收益，使 L_m 线上升。L_{1m}、L_{2m}、L_{3m} 分别表示适度规模的补偿标准过低、补偿标准适度、补偿标准过高情况下耕地收益线。如果适度补偿标准过低，适度规模收益线上升为 L_{1m}，与原有的 L_m 差距不大，则小规模耕地利用农户基本不会改变现有行为，因为如果农户耕地利用扩大再生产，增加的边际收益不能弥补相应的边际成本；如果适度规模补偿标准适度，适度规模收益线上升为 L_{2m}，与原有的 L_m 差距较大，则部分小规模耕地利用农户则会改变现有行为，扩大耕地利用规模，因为补偿显著增加了边际收益，其结果是小规模耕地利用的纯农数量将减少，适度规模耕地利用农户将增加；如果适度规模补偿标准过高，适度规模收益线上升为 L_{3m}，与原有的 L_m 差距更大，适度规模收益线始终在小规模耕地利用收益线上方，则农户都愿意改变现有行为，结果是显著增加耕地的市场需要，耕地流转价格将显著增加，而耕地供给严重不足，农户要实现适度规模耕地经营将受到阻碍。

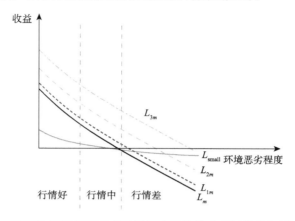

图 9-8　不同补偿标准下适度规模与小规模耕地利用收益与风险关系

L_m、L_{small} 分别表示没有补偿下适度规模耕地利用收益线、小规模耕地利用收益线；L_{1m}、L_{2m}、L_{3m} 分别表示适度规模的补偿标准过低、补偿标准适度、补偿标准过高情况下耕地收益线

9.3　耕地利用补偿实验

经济实验是在可控的实验环境下，针对某一经济现象，通过控制某些条件（假设）来改变实验的环境或规则，并观察实验对象的行为，分析实验的结果，以检验、比较和完善经济理论并为政策决策提供依据。相应地，耕地利用补偿实验针对西部地区普遍小规模耕地利用和非生态利用情况，通过控制不同的补偿标准——实验规则，观察实验参与者的行为选择，分析其行为结果对耕地利用变化的影响，为耕地利用补偿政策设计提供现实依据。

9.3.1　补偿实验目的

耕地利用补偿政策的目标是加快推动西部地区适度规模耕地利用的进程，促进农村分工，实现耕地的生态利用，提高耕地利用效率，因而，耕地利用补偿实验目的遵从这些目标。要实现这些目标，需要解决三个问题，即现行补贴政策是否有利于促进农村耕地适度规模经营？不同补偿标准下，有多大比例的农户愿意从小规模耕地利用改变为适度规模耕地利用？不同生态补偿标准下，有多大比例的农户愿意从小规模耕地利用改变为适度规模耕地生态利用？相应地，补偿实验目的如下。

目的之一：了解现行种粮补贴的激励效果。现行种粮补贴是对种植粮食作物的一种激励政策，了解现行政策激励效果，有利于政府合理决策。如果现行种粮补贴政策的激励效果非常好，有利于促进耕地的适度规模经营和促进农村分工，有利于实现耕地的可持续利用，耕地利用效率较高，则政府应继续执行现有政策。反之，如果激励效果差，则应调整或改变相应的农业补贴政策。

目的之二：不同适度规模补偿标准下，了解多大比例农户愿意改变小规模耕地利用行为，转变为相应类型农作物适度规模耕地利用。要实现适度规模的有效激励，则必须了解农户对补偿标准的接受意愿。如果补偿标准过低，则起不到有效激励的目的；如果补偿标准适中，则部分农户愿意改变耕地利用规模，未来作为耕地的承包大户，有利于农村土地的流转；如果补偿标准过高，则全部农户都愿意改变耕地利用规模，很少人愿意流转出耕地，耕地总量是有限的，导致耕地流转市场供给不足，不利于推动耕地的有序流转。

目的之三：不同适度规模生态补偿标准下，观察小规模耕地利用农户对适度规模耕地生态利用的选择偏好。西部地区耕地利用非可持续性行为表现为耕地利用过程中，大量施用农药、化肥、农膜等化学品，严重地污染耕地生态环境，导致土地肥力和质量下降，尤其是农村承包大户普遍存在为追求经济利益的耕地利用短期行为。要改变这种状况，需要农业政策进行合理引导，使耕地适度规模的生态利用行为得到合理的经济利益保障，从而促使农户由适度规模耕地的非可持续利用行为转变为可持续利用行为，恢复和改善农村生态环境，最终实现我国的可持续发展。

9.3.2 耕地适度规模经营收益与风险

（1）耕地适度规模经营的必要性。对于耕地利用适度规模经营在学术界还存在一些争议。反对者认为，从宏观角度来讲，"扩大农地经营规模不能成为促进中国农业经济的现实选择"，因为中国农业并不突出地存在规模不经济的问题，部分研究表明，农户经营的土地规模对土地产出率基本上没有促进作用，甚至还会降低土地产出率。这些研究的评价标准是建立在土地产出效率或综合效率的基础上的，比较对象往往是规模化和机械化的农业生产与小规模的精耕细作，而没有考虑农户致富问题。支持者认为，土地利用经营肯定规模经济的存在，是解决中国农业困境的一条重要途径，如韩俊认为"避免工农业严重失调和农业萎缩这种后果，只能是采取一切可能措施，实现由小规模均田制格局向适度规模经营的转变"，部分实证研究支持适度规模经营，如在户均 2 公顷以内的规模上，耕地规模的扩大引起平均产量先降后升，但仍比最小规模组（0.2 公顷）的平均产量高。从课题组调查来看，扩大规模并不能明显提高单位面积的产出水平，但在劳动生产率、农民收入、商品率和农户投入等方面有明显提升。本书认为，西部地区经济不发达和农户较为贫困，决定了不能走小规模耕地利用条件下的日本模式——生产要素高度集约；人均耕地面积少和农业转移人口数量大，决定了也不能走大规模耕地利用模式。耕地利用补偿需要改变西部地区耕地利用效率不高和农户农业收入不高的现状，在西部地区农业生产条件较为落后和农户生产资本不足的情况下，推动耕地适度规模利用是解决农民致富问题的必然选择。2013 年中央一号文件明确提出"围绕现代农业建设，充分发挥农村基本经营制度的优越性，着力构建集约化、专业化、组织化、社会化相结合的新型农业经营体系"，"坚持依法自愿有偿原则，引导农村土地承包经营权有序流转，鼓励和支持承包土地向专业大户、家庭农场、农民合作社流转，发展多种形式的适度规模经营"。相应地，要进行耕地利用补偿实验设计，必然需要调查适度规模经营的收益与风险，否则，制定的补偿标准将脱离实际。

（2）适度规模经营的含义与标准。有关耕地（土地、农地）适度规模的含义的研究较多，代表性的有：黄河清（1986）认为农业适度规模经营指单位劳动力经营较大面积土地的专业化生产；魏先铭（1989）指出适度规模经营实际上是指规模经济；彭宇文（2004）认为农地的适度规模经营一般是指与一定的经济发展水平、物质装备程度和生产技术结构相适应，保证土地生产率有所提高，并能使农业劳动收入达到或略高于农村劳动力平均收入水平时，一个务农劳动力所经营的耕地面积。总的来讲，可以从不同的评价标准来定义适度规模经营的内涵，具体包括单位面积的经济效益、生产要素之间的最优组合、劳动生产率及投入产出率等。本书认为，适度规模经营应考虑我国生产力水平低下、机械化程度不高的现状，并且受土地、劳动力、资本等自然资源禀赋和社会条件约束，协调劳动生产率和土地经济效率目标，实现劳动力与生产资料、科学技术等要素的相对优化组合。

学术界对于适度规模经营有不同的标准，主要包括：①经济效益最大化，即土地经营规模应使土地生产的边际收益等于边际成本。这个标准不具有可操作性，因为现实中有很多不同的生产要素组合，因而不能准确计算该值。②提高劳动生产率。适度规模经营农户收入不低于平均打工收入或当地人均收入条件下所需的土地数量。这个标准具有可操作性，且较好地解决了农户致富问题。③生产要素的最优组合。指在一定生产力水平下，满足充分发挥经营主体现有各投入要素作用、获取最佳经济效益的土地规模。这个标准也不具有可操作性，因为经营主体的投入要素与土地效益之间互为因果关系，并且最优生产组合是动态的，随时间而变化。结合上述标准，许多文献进行了定量研究，代表性的有：刘秋香等

（1993）提出河南省南阳地区农业适度经营规模为劳均耕地0.33~0.47公顷（4.95~7.05亩）；许治民（1994）分析得出适度的经营规模应在劳均耕地10~15亩；汪亚雄（1997）利用统计分析方法测算出农户只宜达到 10 亩的临界规模。总的来讲，上述标准均属于从农地集中程度角度提出的耕地适度规模经营的量化标准，评价标准是土地利用效率或现有劳动能力，但没有考虑城乡之间的收入差距，没有考虑农户外出务工收益的影响，也没有考虑不同农作物类别的经济效益、社会效益和生态效益的差异，因而，以这些标准建立补贴制度可能会脱离农户意愿，导致政策效果不理想。张红宇的调研结果显示，部分地方政府以当地农村居民收入恰好能够赶上城市居民收入的准则制定适度规模标准，如上海的家庭农场适度规模标准（粮食生产）为 100~150 亩，江苏为 100~300 亩，重庆为 50 亩（一年两熟地区）或 100 亩（一年一熟地区）以上。本书认为，以城市居民收入为标准偏高，但地方政府的做法值得借鉴，能够切实留住农村劳动力，由于农户行为决策包括小规模耕地纯农、小规模耕地利用+兼业、全部外出务工、适度规模耕地利用等，结合补贴政策，因此，本书认为适度规模经营标准为其适度规模经营收入和补贴收入之和不低于其打工收入。由于农村家庭拥有劳动力大多属于2~4范围，因而，在合理补偿的情况下，适度规模经营是不低于2~6人打工收入所需的土地规模。国家统计局资料显示，2014 年全国外出务工农民平均月收入为 2 864元（年收入34 368元），西部地区经济相对不发达，务工收入相对低些，结合不同类型农作物规模经营收益情况，蔬菜适度规模不低于 10~30 亩，水果适度规模不低于为 13.5~40 亩，经济作物适度规模不低于 20~60 亩，粮食作物适度规模不低于 200~600 亩，满足正常情况下相当于多数家庭相应劳动力外出务工收入的约束。

（3）耕地利用适度规模经营收益调查结果和描述性统计。课题组于 2016 年 1~2 月和 2016 年 7~8 月分别到重庆的璧山、潼南、合川和江津，四川的仁寿、彭山和丹棱及广西桂林进行适度规模种植农业的成本收益调查，调查表见附录2。调查总样本为 187 个，按种植类型划分样本，其中蔬菜 63 个，水果 71 个，经济作物 53 个，由于粮食作物在这些地区不具有比较优势（粮食制种除外），因而没有收集到适度规模种植粮食的数据。样本总体情况是土地经营规模平均为 44.69 亩，最大值为 300 亩，最小值为 14 亩；平均投资额为 41.23 万元，最大投资额为 500 万元，最小投资额为 11 万元；主要经营人平均年龄为 44.26 岁，最大的为 62 岁，最小的为 31 岁；从经营者的性别来看，男性占比 91.35%；从经营者受教育程度来看，小学文化占比 8.64%，初中文化占比 44.44%，高中文化占比 25.93%，中专及以上占比 20.98%；土地平均租金为 38 561.47 元，平均每亩租金为 862.87 元。

由于调查样本的耕地经营规模不同，如果以总体收益进行比较，存在非一致性问题，不能看出相同耕地经营规模的投资效率，也不便于进行补偿政策设计。

因而，采用每亩净利润为标准（没有包含经营者的劳动人工成本），来衡量适度规模耕地经营的收益情况，具体结果如表 9-1 所示。可以看出，种植蔬菜的平均收益最高，达到 5 346.56 元/亩，水果的平均收益为 4 415.63 元/亩，而经济作物的平均收益相对低些，则为 2 578.19 元/亩，这个调查结果明显高于小规模经营相应类型农作物的收益。值得一提的是，适度规模经营的风险较大，不少样本属于亏损情况，调查样本每亩的最大亏损额如表 9-1 所示。

表 9-1　不同类型农作物适度规模经营每亩净利润描述性统计

农作物类型	样本数	均值	标准差	最大值	最小值
蔬菜	63	5 346.56	3 609.67	18 234.07	−2 148.89
水果	71	4 415.63	3 107.11	17 418.27	−1 705.35
经济作物	53	2 578.19	2 021.58	9 338.54	−1 330.91

衡量风险的指标有方差、标准差和标准离差率等，标准差计算结果见表 9-1，适度规模种植蔬菜、水果和经济作物每亩收益的标准离差率分别为 67.51%、70.32%和 78.72%，表明样本之间的收益差异非常大，主要是灾害和市场的区域差异，以及品种选择和经营策略等个体差异综合作用所致。风险衡量的常见衡量方法是概率技术，可以用不确定性概率下的收益反映其风险情况。为便于实验设计，需要计算不确定性下适度规模经营收益，具体步骤如下。

第一步，分布检验。正态分布是常见的分布，在此进行正态分布检验。一般来讲，判断正态的检验所对应的 P 值，若 P 值<0.05，则可以认为该数据偏态，即不能认为该数据服从正态分布，如果 P 值>0.1，则认为不能拒绝正态分布，可以判定服从正态分布。利用 Stata 软件，采用 Shapiro-Wilk 方法对适度规模经营蔬菜、水果和经济作物的每亩收益进行正态检验，检验结果如表 9-2 所示。原假设 H_0 是服从正态分析，可以看出，蔬菜、水果和经济作物每亩收益的 P 值均大于 0.2，表明可以接受原假设，服从正态分布。

表 9-2　正态分布检验结果（Shapiro-Wilk W 检验）

农作物类型	样本数	W	V	z	P 值（z）	结论
蔬菜	63	0.987 62	0.7	−0.772	0.780 0	接受原假设
水果	71	0.986 31	1.419	0.787	0.215 6	接受原假设
经济作物	53	0.975 28	1.217	0.42	0.337 1	接受原假设

第二步，根据分布和给定概率，确定好运气（good luck）/行情好的分位数。好运气的收益，指气候、市场等自然条件，市场情况和社会环境等环境好的情况下，取得高收益。利用 Excel 正态分布的分位数函数（norm.inv（ ）），结

合上述农作物每亩收益均值和方差，可以得到相应的分位数数值。设定概率为80%，蔬菜分位数计算结果为 8 383.41，此分位点表明有 20%的概率大于此值，根据谨慎性原则，可以确定 20%情况下，适度规模蔬菜经营每亩收益为 8 383 元（取整），水果和经济作物计算结果如表 9-3 所示。

表 9-3 不确定概率下不同类型农作物适度规模经营每亩收益 单位：元

农作物类型	正态分布函数	好运气（概率）	通常情况（概率）	坏运气（概率）
蔬菜	N（5 346，3 609^2）	8 383（20%）	5 851（66%）	−1 375（14%）
水果	N（4 415，3 107^2）	7 030（20%）	5 033（63%）	−950（17%）
经济作物	N（2 578，2 021^2）	4 279（20%）	3 183（59%）	−741（21%）

第三步，根据调查样本，计算亏损样本占总样本的概率，以及亏损样本的均值。坏运气（bad luck）/行情差是亏损情况，计算结果如表 9-3 所示，可以看出，亏损样本中，蔬菜的亏损额较大，但经济作物的亏损面较大。

第四步，利用上述结果，倒推一般情况（general case）下相应农作物的每亩收益。通常情况的概率计算办法是 1 减去好运气和坏运气的概率，三种情况的收益与概率的乘积之和应等于样本均值，因而，可以计算出通常情况下相应农作物每亩收益，具体见表 9-3。

9.3.3 激励实验设计与实施

根据前面的实验目的，设计如下三个实验（详见附录3），具体说明如下。

实验 1：现行农业补贴情况下小规模耕地利用农户行为选择。对于小规模耕地利用农户而言，其行为选择主要包括四种类型，即小规模耕地利用、小规模耕地利用+兼业、外出务工、适度规模耕地利用。与其他多数经济学实验不同，没有完全采取以经济利益为标准进行实验设计，因为可能导致部分选项无效，如外出务工收入明显大于小规模耕地利用收入，而是考虑各种行为模式的经济利益与非经济利益，相应表现为各行为模式的优缺点，具体见表 9-4 所示，以供实验人决策参考。

表 9-4 适度规模无补贴下小规模耕地利用农户行为选择实验

选项	行为类型	优点	缺点	单选，打钩
A	小规模耕地利用	投资少，种粮补贴较稳定，耕地收益相对稳定；照顾家庭；对劳动者的能力要求不高；劳动自由	种粮补贴总额少，耕地总收入低，易导致家庭贫困；社会见识少；等等	
B	小规模耕地利用+兼业	增加打工收入，耕地收入减少不大；照顾家庭；等等	多数情况要求劳动者具有一定专业技能；兼业工作不稳定；等等	

续表

选项	行为类型	优点	缺点	单选，打钩
C	外出务工	收入相对较高；增加社会见识；培养非农专业技能；等等	不能照顾家庭；一般要求劳动者具有较好体能或一定技能；雇佣期间不自由；失业风险；等等	
D	适度规模耕地利用	耕地收益较高，可以带动家庭致富	投资较大，农业项目存在较大风险；对经营者的财力、技术、管理经验等素质要求较高；等等	

实验 2：不同适度规模补贴情况下小规模耕地利用农户行为选择。从前面的农户行为选择可知，农户行为选择具有多样性。从事兼业或完全务工的农户，属于农村劳动力的转移，根据研究目的多数不宜转为适度规模农户，否则农村耕地依然不能承载大量的剩余劳动力。因而，适度规模的经营者的主要来源应是小规模耕地利用纯农。相应地，针对小规模农户而言，其行为决策是继续保持现有的小规模耕地利用，还是在一定补贴刺激标准下，改变为适度规模耕地利用方式。由于以重庆小规模耕地利用农户为实验对象，因而采用重庆统计数据。据重庆官方统计资料，2014 年农村人均耕地规模 1.29 亩，户均人口为 3.11，户均耕地规模为 4.01 亩左右；小规模耕地利用通常种植粮食作物，主要粮食作物是水稻和玉米，现金收益分别为 818.42 元/亩、788.72 元/亩，平均为 803.57 元/亩；小规模耕地农业生产主要是生产性经营投资，基本没有固定资产投资，考虑农业种粮补贴（平均为 110 元/亩左右），因而，按上述项目进行计算，每户小规模耕地利用种粮的平均总收益为 3 663 元左右，如表 9-5 所示。小规模耕地利用收益虽然每年有变化，但粮食价格相对稳定，种植技术相对成熟，因而风险较小，根据实验需要和简化比较项目，假定其为确定性收益。适度规模经营收益，则根据调查资料整理计算得到。投资额参照调查资料，结合 2016 年物价，折算得到；各类农作物的补贴标准 Bid，为随机投标值，组合方案设定结果见表 9-5。

表 9-5　"适度规模耕地利用+补贴 VS 小规模耕地利用"选择实验

农作物类型	A=适度经营规模/亩	估计投资额/万元	B=补贴标准/万元	X=适度规模总收益（经营收益+补贴）=$A \times B + C$			E=小规模耕地利用收益	选择（X或E）
				C=适度规模经营收益			经营收益/万元（100%）	
				好运气/万元（20%）	一般情况/万元（66%）	坏运气/万元（14%）		
蔬菜	10	17	Bid_{vi}	8.38	5.85	-1.38	0.37	
蔬菜	20	33		16.77	11.70	-2.75	0.37	
蔬菜	30	49		25.15	17.55	-4.13	0.37	

续表

X=适度规模总收益（经营收益+补贴）=A×B+C							E=小规模耕地利用收益	选择（X 或 E）
农作物类型	A=适度经营规模/亩	估计投资额/万元	B=补贴标准/万元	C=适度规模经营收益			经营收益/万元（100%）	
				好运气/万元（20%）	一般情况/万元（63%）	坏运气/万元（17%）		
水果	13.5	15	Bid$_{fi}$	10.54	7.55	-1.43	0.37	
水果	27	30		21.09	15.10	-2.85	0.37	
水果	40.5	42		31.63	22.65	-4.28	0.37	
农作物类型	A=适度经营规模/亩	估计投资额/万元	B=补贴标准/万元	C=适度规模经营收益			经营收益/万元（100%）	
				好运气/万元（20%）	一般情况/万元（59%）	坏运气/万元（21%）		
经济作物	20	16	Bid$_{ei}$	8.56	6.37	-1.43	0.37	
经济作物	40	30		17.12	12.73	-2.86	0.37	
经济作物	60	44		25.67	19.10	-4.28	0.37	

实验 3：适度规模耕地生态利用补贴下小规模耕地利用农户行为选择。耕地生态利用属于生态农业或有机农业，指可持续发展前提下，按照耕地生态系统内物种共生、物质循环、能量多层次利用的生态学原理，将现代科学技术与传统农业技术相结合，因地制宜地发挥优势，合理组织农业生产，实现生态系统和经济系统的良性循环，达到经济效益、社会效益和生态效益的统一。根据《2016-2022 年中国生态农业产业发展现状及投资风险报告》，目前全国不同类型、不同级别的生态农业建设试点达 3 000 多个。但是，上述试点均受到财政资助，如果离开财政资助，则多数试点单位均为亏损状态。黄炜虹等（2016）的研究结果显示目前农户对生态农业模式的偏好度较低，对生态农业模式的平均额外投入水平为每年 5 608.2 元/公顷。生态农业短期仍将处于投资大、低效益的状态（巩前文和严耕，2015）。主要原因是生态农业或有机农业不使用杀草剂、农药，产量降低，投入成本高，特别是技术成本和人工成本显著高于常规农业，加之认证成本非常高，市场对"生态"产品缺乏监管，因而净利润率低。钱静斐和邱国梁（2015）调查发现每公顷有机蔬菜净利润是常规蔬菜的 3/4 左右。程红娇（2016）调研得出 2013 年每亩有机蔬菜的净收益仅为常规蔬菜的 42.12%。田堃（2015）揭示了经济作物中的有机大豆较常规大豆的总成本增加 32.79%。从 A 股上市公司中的"有机农业概念股"来看，2015 年龙力生物营业利润为 3 766 万元，但净资产超过 19 亿元；北大荒，2015 年营业利润为 67 271 万元，净资产超过 56 亿元；新三板"一号农场"2015 年度公司投入资本为 6 600 万元，营业亏损 226 万元。上述资料证实，生态农业项目投资大、风险大、利润率低。在此，以适度规

模经营为前提，结合上述资料，假定耕地生态利用每亩净利润符合正态分布，设定其均值是常规农业的 0.75 倍，标准离差率和投资额是常规农业的 1.5 倍，亏损面、亏损均值分别是常规农业的 1.5 倍和 1.2 倍，根据不确定性下适度规模经营收益的计算步骤，可以得到不确定性下的适度规模生态利益经营收益，小规模耕地利用收益计算结果同前，具体结果见表 9-6。EBid 为适度规模耕地生态利用的随机投标值，组合方案具体见表 9-6。

表 9-6　"适度规模耕地生态利用+补贴 VS 小规模耕地利用"选择实验

农作物类型	X=适度规模生态利用总收益（经营收益+补贴）=A×B+C						E=小规模耕地利用收益	选择（X 或 E）
	A=适度经营规模/亩	估计投资额/万元	B=补贴标准/万元	C=适度规模生态利用经营收益			经营收益/万元（100%）	
				好运气/万元（20%）	一般情况/万元（59%）	坏运气/万元（21%）		
蔬菜	10	26	EBid$_{vi}$	7.43	4.87	−1.65	0.37	
蔬菜	20	50		14.85	9.73	−3.30	0.37	
蔬菜	30	74		22.28	14.60	−4.95	0.37	
农作物类型	A=适度经营规模/亩	估计投资额/万元	B=补贴标准/万元	C=适度规模生态利用经营收益			经营收益/万元（100%）	
				好运气/万元（20%）	一般情况/万元（54%）	坏运气/万元（26%）		
水果	13.5	15	EBid$_{fi}$	9.38	6.55	−1.71	0.37	
水果	27	30		18.76	13.09	−3.42	0.37	
水果	40.5	42		28.14	19.64	−5.13	0.37	
农作物类型	A=适度经营规模/亩	估计投资额/万元	B=补贴标准/万元	C=适度规模生态利用经营收益			经营收益/万元（100%）	
				好运气/万元（20%）	一般情况/万元（48%）	坏运气/万元（32%）		
经济作物	20	24	EBid$_{ei}$	7.69	6.03	−1.78	0.37	
经济作物	40	45		15.39	12.07	−3.56	0.37	
经济作物	60	66		23.08	18.10	−5.34	0.37	

（1）实验说明与实施。由于多数农户并不了解适度规模农业的具体信息，因而采用循序渐进、逐步引导的方式设计实验。具体而言，采用通俗易懂的语言，介绍耕地适度利用情况，特别是耕地收益与风险方面的信息，加深其对相关问题的了解，然后进行实验和实验对象的特征调查，具体见附录 3。为提高实验的精度和克服直接支付调查法的缺陷，采用两阶段二分式引导技术进行实验（Hanemann，1984）。两阶段二分式下的实验是询问受访者对耕地适度规模利用的意愿选择，提两个问题，让受访者回答"是"或"否"，通过数学模型计算受访者平均意愿，以及计算某一补贴标准下，受访者选择愿意概率。在正式开展

186 // 西部地区耕地利用绩效评价与补偿机制研究

实验之前，到重庆合川进行实地预调查，以确定合理的投标值，具体设定方案如表 9-7 所示。投标值设定为相应农作物适度规模的补偿标准，不同类型农作物适度规模补偿标准投标组合均设计了 9 个方案，如表 9-7 所示。以蔬菜为例，假定随机选择方案（3），在该方案下，第一个问题是询问受访者是否接受每亩 275 元的补偿，进行适度规模蔬菜种植。第一个问题若回答"是"，则表明受访者接受补偿的意愿小于 275 元/亩，第二个问题选择一个更低的标准 210 元/亩，若回答"是"，则表明其接受补偿标准的意愿低于 210 元/亩，若第二个问题回答"否"，表明其接受补偿标准的意愿为 210~275 元/亩；如果受访者第一个问题回答"否"，表明其接受补偿标准的意愿高于 275 元/亩，第二个问题则选择更高标准 350 元/亩，如果受访者第二个问题回答"是"，表明其意愿为 275~350 元/亩，如果受访者第二个问题回答"否"，表明其接受补偿标准的意愿高于 350 元/亩。相应地，设计的不同类型适度规模农作物生态利用补偿标准的两阶段二分式实验方案如表 9-8 所示。由于每个实验工作量较大，需要对农民进行具体解释，因而，正式的受访者为 169 名农民，实验时间为 2017 年 1~2 月，受访者为重庆北碚、合川、江津区县的小规模耕地利用农户。

表 9-7　不同类型适度规模农作物补偿标准的两阶段二分式实验方案

单位：元/亩

蔬菜	水果	经济作物
（1）（140，90，210）	（1）（135，95，180）	（1）（160，110，210）
（2）（210，140，275）	（2）（180，135，240）	（2）（210，160，270）
（3）（275，210，350）	（3）（240，180，315）	（3）（270，210，335）
（4）（350，275，420）	（4）（315，240，395）	（4）（335，270，400）
（5）（420，350，500）	（5）（395，315，480）	（5）（400，335，470）
（6）（500，420，585）	（6）（480，395，585）	（6）（470，400，545）
（7）（585，500，660）	（7）（585，480，650）	（7）（545，470，620）
（8）（660，585，755）	（8）（650，585，725）	（8）（620，545，710）
（9）（755，660，870）	（9）（725，650，850）	（9）（710，620，830）

表 9-8　不同类型适度规模农作物生态利用补偿标准的两阶段二分式实验方案

单位：元/亩

蔬菜	水果	经济作物
（1）（250，190，310）	（1）（240，180，300）	（1）（230，160，300）
（2）（310，250，385）	（2）（300，240，360）	（2）（300，230，365）
（3）（385，310，450）	（3）（360，300，425）	（3）（365，300，450）
（4）（450，385，520）	（4）（425，360，495）	（4）（450，385，520）

蔬菜	水果	经济作物
（5）（520，450，600）	（5）（495，425，560）	（5）（520，450，580）
（6）（600，520，675）	（6）（560，495，645）	（6）（580，520，645）
（7）（675，600，745）	（7）（645，560，720）	（7）（645，580，710）
（8）（745，675，810）	（8）（720，645，800）	（8）（710，645，800）
（9）（810，745，950）	（9）（800，720，940）	（9）（800，710，930）

（2）两阶段二分式 CVM 法原理。两阶段二分式 CVM 法实质上是运用两阶段二分式引导技术，调查受访者的意愿，以得到平均支付意愿（或受偿意愿）。在两阶段二分式引导技术下，根据前期调查结果设定系列投标值（本书为补偿激励标准，属于受偿意愿 WTA），调查中随机选择一组设定方案，根据受访者的回答，再选择一个较高或较低的投标值进行第二次提问，以了解其意愿。设受访者对首次投标值 Bid_0 回答 Yes 时，接下来问更低的投标值 Bid_L；当受访者对首次投标值 Bid_0 回答 No 时，接下来问更高的投标值 Bid_h，详细过程见图 9-9，一共产生是–是（Y-Y）、是–否（Y-N）、否–是（N-Y）、否–否（N-N）四种回答结果。

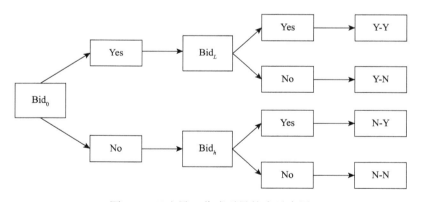

图 9-9　双边界二分式引导技术示意图

假设受访者 i 的回答情况受到其特征变量和投标值影响，且具有线性关系，可表达为

$$y = \alpha_0 + \beta x_i + c\text{Bid}_i + \varepsilon \qquad (9\text{-}1)$$

其中，y 为虚拟变量，表示回答结果，$y=1$（yes）和 $y=0$（yes）；Bid_i 为随机投标值；x_i 为影响受访者意愿的相关变量；ε 为扰动项，α_0、β、c 为参数。

设 yy_i、yn_i、ny_i、nn_i 可表示第 i 个受访者的回答情况，其取值因受访者回答不同而异，若受访者回答为"是-是"，则 $yy_i = 1$，$yn_i = ny_i = nn_i = 0$，是其他回答时，取值情况依此类推。令某一受访者回答"是-是"的概率为 P_{yy}，回答"是-否"的概率为 P_{yn}，回答"否-是"的概率为 P_{ny}，回答"否-否"的概率为 P_{nn}，假设其分布函数为 logistic 函数，则四种情况的概率分别为

$$P_{yy} = 1 - \frac{1}{1 + \exp(\alpha_0 + \beta x_i + c\text{Bid}_h)}$$

$$P_{yn} = \frac{1}{1 + \exp(\alpha_0 + \beta x_i + c\text{Bid}_h)} - \frac{1}{1 + \exp(\alpha_0 + \beta x_i + c\text{Bid}_0)}$$

$$P_{ny} = \frac{1}{1 + \exp(\alpha_0 + \beta x_i + c\text{Bid}_0)} - \frac{1}{1 + \exp(\alpha_0 + \beta x_i + c\text{Bid}_L)}$$

$$P_{nn} = \frac{1}{1 + \exp(\alpha_0 + \beta x_i + c\text{Bid}_L)}$$

其中，Bid_0、Bid_h、Bid_L 分别表示第一次投标值、第二次较高投标值和第二次较低投标值。

根据上述条件，可建立两阶段二分式下的对数似然函数：

$$\ln L = \sum_{i=1}^{n} (yy_i P_{yy} + yn_i P_{yn} + ny_i P_{ny} + nn_i P_{nn})$$

Macfadden（1975）认为两个服从 Weibull 分布的随机变量差应服从 logistic 函数，则通过最大似然估计方法，可求出向量组参数 B，此时可推导出：

$$P(\text{Yes}) = \frac{1}{1 + \exp(-\alpha_0 - \beta \overline{X} - c\text{Bid})} \tag{9-2}$$

对模型（9-2）进行积分，从而可计算出受访者的平均意愿，具体公式如下[①]：

$$\text{WTA}_{\text{mean}} = \int_0^{\text{Bid}_{\max}} \frac{d_{\text{Bid}}}{1 + \exp(-\alpha_0 - \beta \overline{X} - c\text{Bid})} \tag{9-3}$$

其中，$\overline{X}$ 为影响受访者的各变量平均值；β 为除投标量外其他影响因素变量的回归系数；Bid 为设定的投标值；c 为投标值变量的系数。

家庭承包责任制下多数西部农村地区户均耕地少的现实，迫使适度规模经营必须让大部分农户通过出租等形式出让土地。因此，本书的实验是考虑耕地资源约束条件下，不同的激励标准下，测算有多大比例的小规模农户愿意选择适度规模耕地经营，因而，将利用式（9-2）进行测算。

（3）变量选择与定义。影响农户适度规模耕地利用及适度规模耕地生态利

---

① Hanemann 等（1984）最早推导出此公式，张志强等（2004）、程淑兰等（2006）、左锋（2007）、潘勇辉（2008）应用此模型计算相关支付意愿。

用的因素众多，包括个体特征、家庭特征和社会经济环境等方面。在此，选择户主年龄、性别和受教育程度反映户主的个体特征，家庭人口、劳动力数量、家庭可动用财产和家庭年纯收入反映家庭特征，投标值作为激励标准，可反映未来适度规模经营的激励政策。本书中设计的部分选项为分类变量，包括性别、受教育程度和家庭可动用财产，数据处理按虚拟变量设置，而年龄、家庭人口、劳动力数量和家庭年纯收入，则直接作为连续变量来处理，相关变量定义与说明见表 9-9。

表 9-9　变量的选择与定义表

变量名称	定义及赋值方法
y	受访者选择意愿，虚拟变量，表示回答结果；1：是，0：否
Bid /（元/亩）	实验中给定的投标值；适度规模耕地利用激励补偿标准
age	户主年龄
sex	性别：男，1；女，0
education	受教育程度：文盲 1，小学 2，初中 3，高中或中专 4，大专及以上 5
population/人	家庭人口
labour/人	劳动力数量
assets	家庭可动用财产：1 万元以下，1；1 万~3 万元，2；3 万~6 万元，3；6 万~10 万元，4；10 万~15 万元，5；15 万元以上，6
income/万元	家庭年纯收入

9.3.4　实验结果与分析

（1）描述性统计。从表 9-10 可以看出，户主的平均年龄为 44.627 2 岁，表明被调查对象总体上偏向中老年人；户主的性别以男性为主，占比达到 9 成以上；户主的平均受教育程度为 2.804 7，与初中接近，极少数达到大专及以上水平，但也有少部分文盲存在；家庭人口平均为 3.420 1 人，最高为 7 人，最低为 2 人，主要集中在 3~4；家庭劳动力数量平均为 2.289 9，最高值为 5，最低值为 1；家庭可动用财产平均为 3.254 4 万元；家庭平均年纯收入为 0.435 5 万元，最高为 1.28 万元，最低为 800 元，表明小规模耕地利用纯农的年纯收入非常低。总体而言，受访者属于小规模耕地利用的纯农，选择的受访者受教育程度相对高于平均水平，有利于其理解实验项目，以便做出合理决策。

表 9-10　小规模耕地利用农户样本特征的描述性统计

特征变量	均值	最大值	最小值	标准差	样本数
age	44.627 2	62	30	7.870 8	169
sex	0.911 2	1	0	0.285 2	169
education	2.804 7	5	1	0.854 1	169
population	3.420 1	7	2	1.157 7	169
labour	2.289 9	5	1	0.826 6	169
assets	3.254 4	6	1	1.332 0	169
income	0.435 5	1.28	0.08	0.262 1	169

（2）实验 1 选择结果与分析。由于受访者是小规模耕地利用农户，有近 7 成农户的行为选择意愿与目前状况基本相同，继续保持小规模耕地利用纯农的模式；有超过 2 成的农户愿意选择小规模耕地利用+兼业模式；有 1 成左右农户选择全部外出务工方式；在没有财政优惠政策的情况下，没有农户愿意选择适度规模耕地利用，具体结果见图 9-10。从农户的选择结果来看，农户的行为选择受到多种因素制约，包括照顾家庭、个人能力、外出务工机会等，因而其选择结果并未与经济利益选项匹配，同时也表明，现有农业补贴政策不利于促进适度规模经营。设计了不选择适度规模耕地利用的原因问题调查（多选），从调查结果来看（图 9-11），选择"财力不足"的最多，表明这些地区多数农村家庭普遍较贫困，依靠自身财力不能实现适度规模经营；与外出务工相比，亏损风险大，表明多数农户认为适度规模的比较优势低于外出务工，"亏损风险大"、"不了解"、"缺乏相应经营经验"、"能力不足"、"不能获取财政补贴"和其他原因等选择者也较多，表明适度规模耕地利用经营同样受到个体特征、农业项目特征、家庭特征、经济政策等因素影响，对于多数农户而言，是新生事物，要快速推动其发展，需要政策激励。

（3）实验 2 选择分布情况。两阶段二分式引导技术下受访者从事适度规模蔬菜、水果和经济作物耕地利用意愿回答分布结果如表 9-11 所示。总体来看，随着激励补偿方案水平的不断提高，选择"Y-Y"的比例逐渐上升，选择"N-N"的比例逐步下降，符合"激励标准越高，越愿意接受"的实情。从三种类型农作物激励补偿方案的分布来看，前 4 个方案，选择"N-N"的比例最高，均超过或等于 50%，反映有一半或一半以上被实验者不愿意接受相应方案的较高投标值，表明这些人的受偿意愿较高，从第 5~9 个方案的分布来看，"Y-Y"占比逐步上升，而选择"N-N"的比例显著下降，"Y-N"和"N-Y"的比例波动则相对较小。

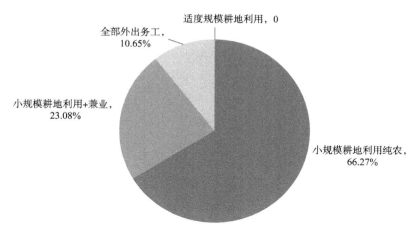

图 9-10　小规模耕地利用农户行为选择意愿结构图

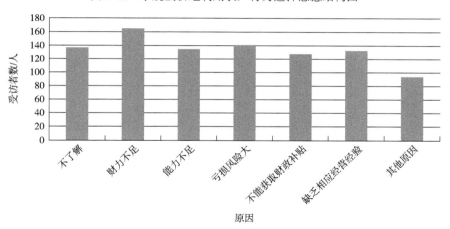

图 9-11　不选择适度规模耕地利用的原因选项累计情况

表 9-11　两阶段二分式引导技术下受访者从事适度规模耕地利用意愿回答分布

激励方案	频数（百分比）				
蔬菜激励补偿方案	是–是	是–否	否–是	否–否	小计
（1）（140，90，210）	0（0.00%）	2（14.29%）	1（7.14%）	11（78.57%）	14（100.00%）
（2）（210，140，275）	0（0.00%）	1（5.26%）	3（15.79%）	15（79.95%）	19（100.00%）
（3）（275，210，350）	0（0.00%）	2（10.53%）	5（26.32%）	12（63.16%）	19（100.00%）
（4）（350，275，420）	1（4.55%）	2（9.09%）	4（18.18%）	15（57.89%）	22（100.00%）
（5）（420，350，500）	2（10.53%）	4（21.05%）	5（26.32%）	8（42.10%）	19（100.00%）
（6）（500，420，585）	3（17.65%）	5（29.41%）	3（17.65%）	6（35.29%）	17（100.00%）
（7）（585，500，660）	4（19.05%）	6（28.57%）	6（28.57%）	5（23.81%）	21（100.00%）

续表

激励方案	频数（百分比）				
蔬菜激励补偿方案	是-是	是-否	否-是	否-否	小计
（8）（660，585，755）	5（31.25%）	7（43.75%）	5（31.25%）	4（25.00%）	16（100.00%）
（9）（755，660，870）	9（40.91%）	7（31.82%）	4（18.18%）	2（9.09%）	22（100.00%）
水果激励补偿方案	是-是	是-否	否-是	否-否	小计
（1）（135，95，180）	0（0.00%）	1（5.56%）	2（11.11%）	15（83.33%）	18（100.00%）
（2）（180，135，240）	0（0.00%）	2（13.33%）	3（20.00%）	10（66.67%）	15（100.00%）
（3）（240，180，315）	1（5.85%）	2（11.76%）	3（17.65%）	11（64.71%）	17（100.00%）
（4）（315，240，395）	1（8.33%）	2（16.67%）	3（25.00%）	6（50.00%）	12（100.00%）
（5）（395，315，480）	2（9.52%）	5（23.82%）	7（33.33%）	7（33.33%）	21（100.00%）
（6）（480，395，585）	4（15.38%）	5（19.23%）	9（34.61%）	8（30.76%）	26（100.00%）
（7）（585，480，650）	3（18.75%）	5（31.25%）	4（25.00%）	4（25.00%）	16（100.00%）
（8）（650，585，725）	8（32.00%）	9（36.00%）	6（24.00%）	2（8.00%）	25（100.00%）
（9）（725，650，850）	8（42.11%）	7（36.84%）	3（15.79%）	1（5.26%）	19（100.00%）
经济作物激励补偿方案	是-是	是-否	否-是	否-否	小计
（1）（160，110，210）	0（0.00%）	2（10.00%）	3（15.00%）	15（75.00%）	20（100.00%）
（2）（210，160，270）	1（5.88%）	1（5.88%）	2（11.76%）	13（76.47%）	17（100.00%）
（3）（270，210，335）	1（6.67%）	2（13.33%）	2（13.33%）	10（66.67%）	15（100.00%）
（4）（335，270，400）	2（11.11%）	3（16.67%）	4（22.22%）	9（50.00%）	18（100.00%）
（5）（400，335，470）	3（14.28%）	5（23.81%）	5（23.81%）	8（38.10%）	21（100.00%）
（6）（470，400，545）	4（20.00%）	5（25.00%）	4（20.00%）	7（35.00%）	20（100.00%）
（7）（545，470，620）	4（23.53%）	6（35.29%）	4（23.53%）	3（17.65%）	17（100.00%）
（8）（620，545，710）	7（35.00%）	5（25.00%）	5（25.00%）	3（15.00%）	20（100.00%）
（9）（710，620，830）	8（38.10%）	7（33.33%）	5（23.81%）	1（4.76%）	21（100.00%）

资料来源：根据调查数据整理所得

（4）实验3的选择分布情况。由表 9-12 可以看出，适度规模耕地生态利用的激励方案总体水平高于适度规模耕地非生态利用的激励标准。从受访者的回答结果来看，对于三大类型的农作物而言，蔬菜和水果的第一个方案的分布情况较类似，分布主要集中在"N-N"上，占近 7 成，"N-Y"则占 2 成左右，而"Y-N"则占 1 成左右，经济作物生态利用的激励方案回答结果分布基本也较为类似，但在（9）方案中"Y-Y"占半成，其他激励方案分布情况详见表 9-12。

总体来看，随着适度规模耕地生态利用激励补偿方案水平的不断提高，选择"Y-Y"的比例基本上是逐渐上升，选择"N-N"的比例基本上是逐步下降。

表 9-12　两阶段二分式引导技术下受访者从事适度规模耕地生态利用意愿回答分布

激励方案	频数（百分比）				
蔬菜生态利用激励 补偿方案	是-是	是-否	否-是	否-否	小计
（1）（250，190，310）	0（0.00%）	2（11.76%）	3（17.65%）	12（70.59%）	17（100.00%）
（2）（310，250，385）	1（5.55%）	3（16.67%）	4（22.22%）	10（55.56%）	18（100.00%）
（3）（385，310，450）	2（10.00%）	3（15.00%）	4（20.00%）	11（55.00%）	20（100.00%）
（4）（450，385，520）	3（15.79%）	4（21.05%）	3（15.79%）	9（47.37%）	19（100.00%）
（5）（520，450，600）	3（15.00%）	5（25.00%）	4（20.00%）	8（40.00%）	20（100.00%）
（6）（600，520，675）	4（22.22%）	5（27.78%）	4（22.22%）	5（27.78%）	18（100.00%）
（7）（675，600，745）	4（21.05%）	5（26.32%）	6（31.58%）	4（21.05%）	19（100.00%）
（8）（745，675，810）	6（33.33%）	6（33.33%）	4（22.22%）	2（11.11%）	18（100.00%）
（9）（810，745，950）	9（45.00%）	7（35.00%）	4（20.00%）	0（0.00%）	20（100.00%）
水果生态利用激励 补偿方案	是-是	是-否	否-是	否-否	小计
（1）（240，180，300）	0（0.00%）	2（11.76%）	4（23.53%）	11（64.71%）	17（100.00%）
（2）（300，240，360）	1（5.26%）	2（10.53%）	3（15.79%）	13（68.42%）	19（100.00%）
（3）（360，300，425）	2（10.00%）	4（20.00%）	5（25.00%）	9（45.00%）	20（100.00%）
（4）（425，360，495）	2（10.00%）	5（25.00%）	5（25.00%）	8（40.00%）	20（100.00%）
（5）（495，425，560）	3（16.67%）	4（22.22%）	5（27.78%）	6（33.33%）	18（100.00%）
（6）（560，495，645）	3（15.78%）	5（26.32%）	6（31.58%）	5（26.32%）	19（100.00%）
（7）（645，560，720）	4（23.53%）	5（29.41%）	4（23.53%）	4（23.53%）	17（100.00%）
（8）（720，645，800）	5（26.32%）	7（36.84%）	4（21.05%）	3（15.79%）	19（100.00%）
（9）（800，720，940）	9（45.00%）	8（40.00%）	2（10.00%）	1（5.00%）	20（100.00%）
经济作物生态利用激励 补偿方案	是-是	是-否	否-是	否-否	小计
（1）（230，160，300）	1（5.55%）	1（5.55%）	3（16.67%）	13（72.23%）	18（100.00%）
（2）（300，230，365）	2（10.53%）	2（10.53%）	4（21.05%）	11（57.89%）	19（100.00%）
（3）（365，300，450）	2（9.52%）	3（14.29%）	5（23.81%）	11（52.38%）	21（100.00%）
（4）（450，385，520）	3（17.65%）	3（17.65%）	4（23.53%）	7（41.17%）	17（100.00%）
（5）（520，450，580）	3（15.79%）	4（21.05%）	5（26.32%）	7（36.84%）	19（100.00%）
（6）（580，520，645）	3（15.00%）	7（35.00%）	4（20.00%）	6（30.00%）	20（100.00%）
（7）（645，580，710）	4（22.22%）	5（27.78%）	5（27.78%）	4（22.22%）	18（100.00%）
（8）（710，645，800）	7（33.33%）	8（38.10%）	4（19.05%）	2（9.52%）	21（100.00%）
（9）（800，710，930）	8（50.00%）	4（25.00%）	4（25.00%）	0（0.00%）	16（100.00%）

（5）不同概率下激励标准测算。根据前面二分式引导技术 CVM 法原理，假设回答结果符合逻辑斯蒂分布，利用自编 Eviews 程序（唐建等，2011b），可以对实验 2 和实验 3 的相应模型进行估计。估计结果显示，户主性别、家庭人口和劳动力数量均不显著，而户主年龄、受教育程度、家庭可动用财产和家庭年纯收入则显著。为避免非这些变量的干扰，将它们在模型中去掉，相应地，可以得到不同类型农作物适度规模耕地利用激励模型的估计结果，以及不同类型农作物适度规模生态利用激励模型的估计结果，分别见表 9-13 和表 9-14。

表 9-13　实验 2 模型估计结果

变量或统计量	蔬菜	水果	经济作物
CONS	−3.537 4	−3.725 4	−3.425 4
Bid	0.007 5***	0.007 1***	0.006 9***
age	−0.007 2*	−0.002 4*	−0.009 2*
eductation	0.058 7*	0.130 3**	0.100 6**
assets	0.092 6*	0.047 9*	0.054 2**
income	−0.162 7**	−0.453 7***	−0.329***
Log likelihood	−92.58	−78.76	−72.42
McFadden R^2	0.184 2	0.256 1	0.311 0
LR stat（5df）	41.81***	54.24***	65.37***

*、**、***分别表示 10%、5% 和 1% 的显著性水平

表 9-14　实验 3 模型估计结果

变量或统计量	生态蔬菜	生态水果	生态经济作物
CONS	−3.921 6	−4.387 2	−4.169 7
Bid	0.008 1***	0.009 2***	0.007 8***
age	−0.006 0*	−0.001 7*	−0.008 2**
eductation	0.054 4*	0.073 1*	0.082 1*
assets	0.101 0*	0.040 3**	0.022 6**
income	−0.513 5**	−0.884 4*	−0.814 7**
Log likelihood	−97.37	−94.60	−91.73
McFadden R^2	0.155 4	0.174 8	0.197 4
LR stat（5df）	35.84***	40.09***	45.11***

*、**、***分别表示 10%、5% 和 1% 的显著性水平

　　表 9-13 显示了不同类型农作物适度规模补偿激励选择意愿的两阶段二分式模型估计结果（实验 2），可以看出，蔬菜、水果和经济作物模型 LR 统计量值分别为 41.81、54.24 和 65.37，P 值均为 0.000，说明相应模型具有较好的解释力。从变量显著性检验来看，投标值通过 1%的显著性水平，户主年龄显著性水平为 10%，其他变量则通过 10%或 5%的显著性水平。从估计系数的符号来看，户主年龄和家庭年纯收入对被实验者的回答具有负向作用，而户主受教育程度和家庭可动用财产则具有正向作用，这与客观实际相吻合。主要原因是户主年龄越小，思想越解放，越愿意接受新事物，年龄越大，则越不愿意选择适度规模经营；家庭年纯收入越高，如果从事适度规模经营，则往往损失这部分收入，即机会成本也越大，因而与年纯收入低的农户相比，年纯收入高的农户愿意接受的激励标准会更高，因而同一方案下，不愿意接受适度规模经营的比例更高。

　　从表 9-14 可以看出不同类型农作物适度规模生态利用补偿激励选择意愿的两阶段二分式模型估计结果（实验 3），生态蔬菜、生态水果和生态经济作物模型 LR 统计量值分别为 35.84、40.09 和 45.11，均通过 1%的显著性水平，说明相应模型具有良好的解释力。从变量显著性检验来看，投标值通过 1%的显著性水平，户主年龄和受教育程度的显著性水平为 10%，其他变量则通过 10%或 5%的显著性水平。从估计系数的符号来看，户主年龄和家庭年纯收入对被实验者的回答具有负向作用，而户主受教育程度和家庭可动用财产则具有正向作用。户主受教育程度越高，接受新事物的能力越强，把握投资机会的能力也越强，因而接受激励标准会低一些；可动用财产越多的家庭，表明其承担风险的能力越强，因而愿意选择适度规模生态经营的比例高于贫困家庭。

　　利用 Logit 模型下 WTA 平均值的计算公式，即式（9-3），根据回归模型估计结果可知，农民选择适度规模种植蔬菜意愿的投标值系数分别为 0.007 5，α_0 为常数项，数值为-3.537 4；$\beta\bar{X}$ 可通过表 9-9 中各变量均值乘以相应的系数求得，进而计算出 $(-\alpha_0 - \beta\bar{X})$ 为 3.463 6；蔬菜选择意愿 Bid_{max} 最大投标值为 870 元。最终求出受访者的平均受偿意愿为

$$\int_0^{870} \frac{dT}{1+\exp(-0.007\,5Bid+3.463\,6)} = \frac{1}{0.007\,5}\ln\frac{1+\exp(-0.007\,5\times 870+3.463\,6)}{1+\exp(3.463\,6)}$$
$$= 408.45$$

同理，可以计算出其他农作物适度规模经营的平均受偿意愿，以及三种类型农作物适度规模生态利用的平均受偿意愿，结果值为 320~650。

　　根据式（9-2），可以计算实验 2 中给定激励标准（投标值）下，受访者选择"是"的概率。以蔬菜为例，影响因素取均值，常数项和影响因素系数见

表 9-13 估计结果，给定投标值 71，则 P（Yes）=0.050 5≈0.05，表明在补偿标准为每亩 71 元的情况下，仅有 5%的农户愿意从事适度规模蔬菜种植。同理，可以计算出其他概率下，相应的补偿标准。水果、经济作物计算过程类似，具体结果见表 9-15。

表 9-15　不同概率下农户选择适度规模种植农作物的激励标准

农作物类型	P（Yes）=0.05	P（Yes）=0.075	P（Yes）=0.1	P（Yes）=0.15
蔬菜	71	128	171	230
水果	82	140	190	248
经济作物	87	147	201	259

同理，根据式（9-2），可以计算实验 3 中给定激励标准（投标值）下，受访者选择"是"的概率。以蔬菜为例，影响因素取均值，常数项和影响因素系数见表 9-14 估计结果，给定投标值 131，则 P（Yes）=0.053 4≈0.05，表明在补偿标准为每亩 131 元的情况下，仅有 5%的农户愿意从事适度规模蔬菜生态种植。同理，可以计算出其他概率下，相应的补偿标准。水果、经济作物计算过程类似，具体结果见表 9-16。

表 9-16　不同概率下农户选择适度规模生态种植农作物的激励标准

农作物类型	P（Yes）=0.05	P（Yes）=0.075	P（Yes）=0.1	P（Yes）=0.15
蔬菜	131	175	215	272
水果	175	216	251	303
经济作物	210	265	310	365

如前所述，不同类型农作物的适度规模标准不同，蔬菜、水果和经济作物的适度规模最低标准分别为 10 亩、13.5 亩和 20 亩，以实现适度规模经营收入不低于平均打工收入。由于西部多数农村地区人均耕地面积为 1~3 亩，且细碎化突出，而适度规模经营通常需要连片耕地，因而，需要通过土地流转获取相应面积的耕地。相应地，按上述适度规模耕地面积标准，蔬菜、水果和经济作物适度规模经营分别约需要 10 户、13.5 户和 20 户的土地，以支撑 1 户从事适度规模经营，概率折算分别为 0.1、0.075 和 0.05。因此，在耕地资源约束条件下，重庆蔬菜、水果和经济作物适度规模经营激励标准分别为 171 元/亩、140 元/亩和 87 元/亩，蔬菜、水果和经济作物适度规模生态经营激励标准分别为 215 元/亩、216 元/亩、210 元/亩，各地可根据当地人均耕地面积、适度规模经营收益和平均打工收入进行调整。

9.4　西部地区耕地利用补偿机制设计

从国际资源生态补偿机制实践来看，美国土地保护储备计划、英国 1985 年环境法案、2003 年墨西哥森林保护政策等对耕地、水、森林等农业资源进行经济补偿。我国先后实施退耕还林（草）政策和耕地保护政策等多项生态补偿制度。耕地利用困境源于小规模耕地经营收益低，农户生产积极性不高，改变农户行为的核心驱动因子是经济利益。因此，立足于各地耕地规模和经济实力，通过财政、市场和宏观调控相结合方式，实施以适度规模和生态农业为导向的补偿政策，有效刺激农户创业行为，保障投入资本收益不低于社会平均收益是破解西部耕地利用困境的关键所在。因而，以政府为主导的生态补偿机制是解决耕地利用外部性问题的关键，耕地利用补偿机制的主要内容则包括机制目标、原则、补偿主体、补偿方式、补偿标准、补偿制度等，补偿机制目标在第 3 章已进行阐述，其他内容具体说明如下。

9.4.1　耕地利用补偿机制原则

为了使西部耕地利用补偿机制能够有效运行，必须遵循以下原则。

（1）公平原则。耕地适度规模补偿激励政策实施过程中，耕地补偿申请者数量与财政资金实际能够扶持主体的数量可能存在较大差异。如果申请者数量大于当年财政可供支持规模化耕地利用补偿主体数量时，应坚持公平原则，严格审查不同主体规模化经营项目的技术水平、资金实力、建设状况和社会资源等资源条件，坚持耕地利用的规模化、生态化、机械化等目标，以耕地规模化项目测评结果为依据，耕地补偿主体资格的认定不能存在年龄、民族、性别等歧视。

（2）利益协调原则。耕地利用补偿涉及不同区域之间利益和区域内部同级主体之间的利益，这需要耕地利用补偿资本在分配时，按照国家实施主体功能区战略的安排，参照《国务院关于印发全国主体功能区规划的通知》，明确西部各省区市功能区归属和开发策略，测算各区域耕地利用的社会外部性和生态外部性，兼顾各区域经济发展水平和耕地利用资源条件，特别是要适当扶持自然环境恶劣、经济不发达的地区，从而发挥补偿资金的利益协调作用，缩小不同区域之间的发展差距。

（3）政府主导下的多主体参与原则。规模化耕地利用的前提是耕地流转，利益主体涉及承包（租）方和出包（租）方，二次或多次流转的，还涉及转包方，以及政府相关监管部门。从外部性来看，耕地利用属于一种公共产品，受益者是全体社会成员，提供者是耕地生产经营者。财政资金属于社会资源，耕地利用补偿是财政的转移分配，是解决耕地利用外部性的重要方法，而耕地利用补偿制度设计者和公共利益的代表者是政府，政府必须在耕地利用补偿机制的构建中发挥主导作用。因此，耕地利用补偿涉及政府、消费者、生产者、社会组织和其他社会公众多个市场主体，这些主体都应参与到耕地利用补偿机制的构建中来，在政府的主导下参与耕地利用补偿政策的实施与监管。

（4）市场调节原则。我国社会经济实力不足以完全通过财政补偿的方式支撑耕地高效的、合理的利用，并且政府财政补偿也存在着管理成本高等缺陷。耕地利用的市场调节则是指耕地经营者在政府制定耕地补偿政策的范围内，改善耕地利用方式，以满足市场需要，从而实现更大的经济利益。建立耕地利用补偿机制，必须发挥市场在资源配置中的重大作用，通过市场化运作的方式，提高补偿机制的运作效率，提高农业资源的配置水平。

（5）因地制宜原则。耕地利用的适度规模经营标准，应根据当地情况，结合耕地收益和当地人均收入，进行测算与界定。耕地适宜种植哪些农产品，需要因地制宜，根据市场需求，发挥其比较优势，因地制宜也是耕地利用补偿项目类型的宏观调控的重要依据。因此，西部各省区市应基于各地实情，因地制宜确定耕地利用农产品生产的功能分区，明确粮食、蔬菜、水果、经济作物等主产区，发挥各地的比较优势，提高耕地资源综合收益。

（6）动态调整原则。主要体现为四个方面：一是根据耕地规模化程度的变化情况，每3~5年调整一次补偿规模等级。二是逐步实现耕地利用生态化，不断提高生态补偿标准。耕地利用补偿可以划分为耕地规模化生态利用和耕地规模化非生态利用两种类型，根据各地耕地生态利用情况和中央、地方财政情况，定期调整生态补偿标准。三是调整经营主体的补偿资格或补偿标准。根据申报信息，结合耕地利用实地调查或考察情况进行处理。虚报信息，骗取补偿资金的，根据情节严重程度，撤销、暂缓补偿资格，以及降低或取消补偿。如果耕地利用的短期行为，导致环境破坏事件的，要依法依规处理。四是各省区市总体补偿标准、补偿类型和补偿等级的动态调整。

9.4.2 补偿主体和补偿对象

补偿主体指谁提供补偿。耕地生态利用情况下，补偿主体是外部性的受益者，具体包括国家、社会团体、企事业单位和组织、个人。国内外经验表明，利用向直接受益人收费的方式来筹集补偿资金非常困难，且运行成本太高。由于耕地生态利用存在积极外部性，受益对象具有社会公共性，从而决定了政府作为公共主体参与补偿活动的必然性和重要性。各级政府是耕地利用补偿资金的提供者，因此，现阶段耕地利用的补偿主体是政府，它是耕地利用社会效益和生态效益的主要购买者。补偿对象是指耕地利用的受偿对象或处罚对象。现阶段耕地利用补偿对象是指从事耕地适度规模经营的当事人。严格来讲，耕地利用存在生态增益和生态损益两种情况。在生态增益情况下，政府作为管理者应该对耕地生态化利用的单个经济主体进行补偿，以激励他们的积极性；在生态损益情况下，由污染者或破坏者直接承担赔偿责任。

9.4.3　补偿类型和补偿方式

根据以下划分标准确定补偿类型：一是按耕地利用的产出物，可以划分为粮食生产、蔬菜生产、水果生产、经济作物生产四大类。二是按规模分类，可以划分为小规模、适度规模、大规模和超大规模。三是按可持续利用情况，可以划分为可持续利用和非可持续利用，可持续利用又可细分为生态农业、绿色农业、有机农业和循环农业等类型。

每种补偿方式有各自的优缺点，采用多种补偿方式，可以增强补偿的适应性、灵活性和弹性，以实现政策目标。根据相关文献研究和国内外生态补偿实践，我们认为，耕地利用的补偿方式应主要采用以下四种：一是资金补偿。这是最常见的补偿方式，即政府通过财政转移支付，提供补偿资金，支付给耕地经营者。二是政策补偿。主要是通过政策优惠和项目扶持等方式，提供支持。三是技术补偿。指以技术扶持的方式进行补偿，具体包括技术服务、培训技术人才和管理人才、提供信息服务等。四是实物补偿。通过机械设备、土地等实物，对经营主体进行补偿，解决其部分生产要素或生活要素。

9.4.4　补偿标准

补偿标准的确定是耕地利用补偿机制的重点和难点。因为补偿标准不仅要考虑耕地利用外部性大小，而且要考虑政府财政实力、当地经济发展水平、农民从事非农收益、耕地利用项目自身收益和市场需求，以及耕地资源等约束条件。所以，应在调查农民的受偿意愿基础上，综合考虑多种约束条件，通过调查或实验判断，不同补偿标准下，有多大比例农民愿意参与耕地规模化利用决策，从而确定合理的补偿标准。根据表 9-15 和表 9-16 的计算结果，以重庆为标准，按 2014 年各省区市农村居民平均可支配收入进行折算，可分别计算出其他各省区市耕地利用适度规模经营补偿标准和耕地生态利用适度规模经营补偿标准，具体见表 9-17 和表 9-18。各省区市可根据当地人均耕地面积和细碎化程度，适当调整标准，以激励少部分农户从事耕地适度规模经营。需要说明的是，种植粮食适度规模经营补偿需要考虑适宜性和人均耕地面积，建议在内蒙古、四川、新疆和宁夏等有条件省区实施粮食适度规模经营补偿政策，适度规模面积起点建议为 200~400 亩，西部其他省区市酌情处理。由于实验没有直接取得适度规模粮食经营的补偿标准，本书采用折算办法，由于经济绩效能够通过市场实现，因而补偿主要属于非市场补偿，包括社会绩效和生态绩效，三种粮食平均非市场绩效为（社会绩效 0.247 0+生态绩效 0.321 9）/2≈0.284 5，而蔬菜非市场绩效为（社会绩效 0.134 9+生态绩效 0.270 4）/2≈0.202 7，因而粮食平均非市场绩效约是蔬菜非市场绩效的 1.403 6 倍，按蔬菜补偿标准进行折算，可以得到相应的粮食补偿参考标准，各地根据当地粮食适度规模生产经营的实际收益进行调整，保障适度规模经营者经营收益不低于打工收益或投入资本的社会平均收益率。

表 9-17　西部各省区市耕地利用适度规模经营补偿参考标准

地区	蔬菜 /（元/亩）	水果 /（元/亩）	经济作物 /（元/亩）	粮食 /（元/亩）	2014 年农村居民平均可支配收入/元
内蒙古	180	147	91	253	9 976
广西	156	128	80	219	8 683
重庆	171	140	87	240	9 489
四川	168	138	86	236	9 347
贵州	120	98	61	168	6 671
云南	134	110	68	188	7 456
西藏	133	109	67	187	7 359
陕西	143	117	73	201	7 932
甘肃	113	93	58	159	6 276
青海	131	107	67	184	7 282
宁夏	152	124	77	213	8 410
新疆	157	129	80	220	8 723

表 9-18　西部各省区市耕地生态利用适度规模经营补偿参考标准

地区	蔬菜 /（元/亩）	水果 /（元/亩）	经济作物 /（元/亩）	粮食 /（元/亩）	2014 年农村居民平均可支配收入/元
内蒙古	226	227	221	317	9 976
广西	197	198	192	277	8 683

续表

地区	蔬菜 /（元/亩）	水果 /（元/亩）	经济作物 /（元/亩）	粮食 /（元/亩）	2014 年农村居民平均可支配收入/元
重庆	215	216	210	302	9 489
四川	212	213	207	298	9 347
贵州	151	152	148	212	6 671
云南	169	170	165	237	7 456
西藏	167	168	163	234	7 359
陕西	180	181	176	253	7 932
甘肃	142	143	139	199	6 276
青海	165	166	161	232	7 282
宁夏	191	191	186	268	8 410
新疆	198	199	193	278	8 723

9.4.5　补偿制度

补偿制度是耕地利用补偿机制的实施政策，是补偿机制的重要组成部分和制度保障。耕地利用补偿制度，主要内容包括制度目标、补偿资金预算与管理机构、补偿范围、补偿对象、补偿标准、补偿申报、补偿审核、补偿金发放、补偿资金监督、耕地利用效果和补偿管理结果的奖惩等。西部各省（自治区、直辖市）政府，应根据实情，制定具体的、明确的耕地利用补偿制度，实行统一的管理办法，为耕地利用补偿机制的规范运作提供法律依据，改变和规范耕地利用经营者的生产行为，使西部地区耕地利用向生态化、规模化和机械化方向不断发展，提高农村劳动生产率和耕地生产率，实现耕地资源的合理利用。

制度目标：在保障粮食安全前提下，以耕地适度经营和耕地永续利用为导向，倡导生态循环农业经营模式，采用市场调节和政策调控相结合方式，校正耕地利用外部性，降低耕地适度规模经营项目风险，激励具有综合实力和风险承担能力的部分农户成为适度规模的需求主体和经营主体，促进农村社会分工，实现耕地资源高效利用，改善和恢复耕地生态环境。

主要内容：根据耕地规模，西部各省区市逐步取消小规模耕地利用的普惠制农业补贴，部分用于提高农村社会福利，部分用于适度规模补贴；鼓励有能力的农户从事耕地适度规模经营，以适度规模经营者为补偿对象，采取"先试点、后推广"方针，稳步推进补偿政策，避免推进速度过快，从而影响农村社会稳定；以保障粮食安全为前提，在各地区耕地利用规划基础上，国家从总量上控制适度规模项目数量和经营农产品类型，地方有 5%~10%的调整权，在各地区编制适度规模耕地利用总体规划基础上，从国家层面制定适度规模项目数量和经营农产品类型，分解到各省区市，分年度启动，以保障粮食安全，防止同一项目重复建设或超过市场容量，避免某些农产品出现大范围的市场失灵，从而造成资源浪费；以 10~20 户当地农村家庭土地规模为起点标准，按连片经营面积计算，各地根据实情划分适度规模等级标准，按不同农产品类别、经营规模等级和生态农业情况实施及动态调整补贴标准，但适度规模经营常规性补贴不得超过当地土地租金，防止权力寻租行为；构建适度规模补贴体系。针对新建或改建适度规模投资项目，分别设立一次性固定投入补贴和常规经营补贴，以降低适度规模经营项目的风险。一次性固定投入补贴包括新建适度规模补贴、新建适度规模生态利用补贴和适度规模生态利用改造补贴。常规经营补贴按年发放，分别设立适度规模非生态补贴和适度规模生态补贴。建立适度规模农业风险补贴，根据财政情况决定公共财政和私人负担农业保险补贴比例，鼓励保险公司针对农业项目风险情况分别提供自然灾害农业保险、病虫害农业保险和市场风险农业保险等产品。一次性固定投入补贴建议按标准化适度规模项目投资额的30%，适度规模非生态补贴为每年 70~250 元/亩，适度规模生态补贴为每年 150~350 元/亩，农业保险补贴为 100元/亩；制定严格的适度经营规模项目的申报、审批、考评、发放、监督、变更、撤销和档案管理办法，严格该补贴政策的组织实施与监督管理，防止小规模合并成适度规模、大规模分解成适度规模、谎报规模和类型等行为，对套取、贪污、挤占、挪用农业补贴资金，以及违规发放补贴资金的行为，依法依规严肃处理。

第10章 研究结论与政策建议

10.1 研究结论

本书以微观经济学、生态经济学、资源经济学和行为学等为理论基础,构建西部地区耕地利用绩效评价和补偿机制的理论框架,深入调查西部地区农户耕地利用现实状况,分别采用 SFA 模型、主成分分析法和熵值法对西部地区农村耕地利用经济绩效、社会绩效和生态绩效进行评价,进而采用回归模型实证影响耕地利用绩效的因素。在此基础上,分析农户耕地利用的需求、动机、目标和行为,采用 probit 模型揭示农户兼业行为、农作物类型选择行为和生产管理行为的影响因素,进而基于适度规模耕地利用收益与风险分布数据,设计小规模耕地利用农户的选择实验,考虑耕地规模、各地经济发展水平等约束条件,基于 logistic 模型计算不同概率下的激励标准,并设计相应补偿机制,主要研究结论如下。

(1)西部地区耕地利用普遍重视经济绩效,忽视社会绩效和生态绩效。从基于农户调查的耕地利用绩效评价结果来看,耕地利用的平均经济绩效为 0.801 1,而平均社会绩效和平均生态绩效则分别为 0.238 8、0.329 1。显然,从农户角度而言,耕地利用的经济绩效明显高于其社会绩效和生态绩效,反映出农户耕地利用行为具有逐利性,他们并不关注耕地利用的粮食安全等社会功能,也不关心耕地利用的水土保持、土壤肥力等耕地系统的生态功能,现实中为了获取耕地产出物,加大化肥、农药和农膜等施用量,严重威胁农产品安全质量和破坏耕地生态系统,部分地区耕地出现严重的板结化、酸化、盐渍化和沙化现象。

(2)种植蔬菜的经济绩效最高,小麦和玉米则不具有经济比较优势。基于投入产出角度评价不同类型农作物经济绩效结果(表 5-10),首先是种植蔬菜的平均经济绩效最高,达到 0.838 8,其次是水稻和水果,均超过 0.8,再次是经济作物，最后是小麦和玉米的平均经济绩效最低，分别为 0.621 1 和 0.715 9。显然，蔬菜的投入产出效率最高，而小麦和玉米的投入产出效率相对较低，经济后果是种植小麦和玉米不具有经济比较优势，这与西部多数地区种植小麦和玉米属于亏损或利润基本持平的客观情况相吻合。根据表 5-10，可以计算出三种粮食作物的平均技术效率为 0.721 1，明显低于三种非粮食作物的平均技术效率 0.806 6，证实种植粮食作物不具有经济比较优势。

（3）与非粮食作物相比，种植粮食作物的社会绩效更大，但生态绩效差异小。研究结果表明，种植不同农作物单位耕地面积的社会绩效基本顺序是：水稻>玉米>水果>小麦>蔬菜>经济作物，三种粮食作物的平均社会绩效水平为 0.247 0，三大类非粮食作物的平均社会绩效水平为 0.133 2，因而可以得出粮食作物的总体社会绩效明显高于非粮食作物的结论，主要原因是单位耕地面积产出粮食作物提供的食物热量值更大。根据表 7-5，可以计算出三种粮食作物的平均生态绩效水平为 0.321 9，而三大类非粮食作物的平均生态绩效水平为 0.318 4，可以看出两者数值非常接近，表明种植粮食作物的生态绩效与种植非粮食作物的生态绩效不存在明显差异。

（4）要素投入不足降低了单位面积耕地的经济绩效和社会绩效，不合理耕地利用方式破坏耕地生态系统。耕地利用绩效的成因包括耕地资源禀赋、户主特征、家庭特征、社会经济条件和制度因素等方面，实证研究结果显示生产要素投入对单位面积耕地利用经济绩效和社会绩效均具有促进作用，现实情况是多数农户耕地利用采用粗放式经营，劳动、资本、土地等生产要素投入明显不足，因而生产要素投入不足降低了耕地利用的经济绩效和社会绩效。耕地生产管理水平、农作物类型和耕地质量等级对单位面积耕地利用经济绩效具有积极作用，农民社会责任意识、每亩耕地租金和农村家庭人均粮食消费量对耕地利用的社会绩效具有正向作用，耕地生态功能认知水平对耕地利用生态绩效具有显著积极影响；耕地经营规模对单位面积耕地利用的经济绩效和社会绩效均具有抑制作用，但对耕地利用的生态绩效却无显著影响；不合理利用方式下，耕地利用强度越大，耕地利用生态绩效越低；农业补贴、从业劳动力数量、农村家庭人均收入对单位面积耕地利用经济绩效、社会绩效、生态绩效均无显著影响。农业生产可持续性表现了耕地利用方式的合理性，对耕地利用的生态绩效具有直接的正向作用，从实际情况来看，大部分样本的农业生产可持续性弱，大量施用化肥、农药和农膜，造成严重的耕地生态破坏，因而耕地利用的生态绩效差。

（5）耕地规模和现有农业补贴政策对农户兼业行为和非粮食作物的选择具有显著的抑制作用，而户主受教育程度、每亩现金收益、耕地利用便利性与耕地利用生产管理水平具有正相关关系。实证结果显示，耕地规模越大和农业补贴越高，对农户兼业行为和种植非粮食作物行为的抑制作用越强，非农收入占比越高，农户越愿意兼业，进而降低农户耕地利用生产管理水平，反映出在耕地利用行为方式上，决定农民理性选择的最主要因素是经济利益。估计结果也表明，户主受教育程度越高，每亩农作物现金收益越大，耕地利用越便利，则耕地利用生产管理水平也越高，但家庭劳动力数量、户主年龄对于农作物类型选择和耕地利用的生产管理水平均不具有显著影响。

（6）多数农户不具备耕地适度规模经营条件，小规模耕地利用是现实理性选择。从实验 1 的结果来看，农户不愿意选择适度规模耕地利用，调查显示原因是多方面的，包括财力不足，亏损风险大，缺乏相应经营经验等，总体反映出农户具有理性意识，认识到自身素质低、经济条件差等客观现实，因为适度规模经营及生态利用的成功经营要求具备较多条件，包括项目选择、自然条件、市场因素、技术因素、家庭财力、政策支撑等。结果还显示，多数农户仍然选择继续从事小规模耕地利用，小规模耕地利用是其现实理性选择，主要原因是能力不足、素质不高和家庭贫困。

（7）农户对亏损风险非常敏感，合理补偿能够激励农户耕地适度规模经营及其生态利用意愿。从实验 2、实验 3 的结果来看，投标值的估计系数为正，且通过 1% 的显著性水平，表明补偿激励标准越高，农户从事适度规模耕地利用或适度规模耕地生态利用的意愿也越高。投标值组合方案 1 的激励标准低，且适度规模经营及生态利用存在一定的亏损风险，因而几乎没有人愿意从事适度规模经营及其生态利用，反映出小规模农户对亏损风险非常敏感。从模型的估计结果来看，家庭可动用财产越多，户主受教育水平越高，则越愿意选择适度规模经营及生态利用；家庭年纯收入越高，户主年龄越大，则越不愿意选择适度规模经营及生态利用。

10.2 政 策 建 议

适度规模经营是解决西部农村地区耕地问题的基本共识，耕地流转是实现耕地规模化经营和提高耕地资源配置效率的重要途径，以耕地经营者为补偿对象，立足于各地耕地规模和经济实力，通过财政、市场和宏观调控手段，依据经营规模、农产品类型、利用绩效等建立合理补偿政策，保障投入资本收益不低于社会平均收益是解决西部耕地利用问题的关键所在。为保障耕地适度规模经营及其生态利用的补偿政策实施，具体建议如下。

（1）建立适度规模经营项目管理和预警系统。要继续加强农村信息化建设，组织专业队伍，建立全国性农产品、土地供求数据仓库，开发适度规模经营项目管理和预警系统。基于网络建设数据收集、查询、变更等信息平台，实现对适度规模项目数量分解、控制、调整、申报、审核、发放等工作进行信息化管理，实时提供土地流转市场，以及农产品采购、生产、销售等环节的相关信息，汇总全国数据，分析现有市场容量和预测市场变化，为宏观调控农产品生产数量奠定数据支撑，分类别或项目实施特色农业信息预警，遏制农业规模化经营业主的盲目开发和重复开发。重点控制数据采集的真实性和及时性，数据采集采取用户网上填报为主和工作人员补录为辅的方式，各农业经营主体自主录入各类相关信息并实时更新，可免费享受相关信息查询。

（2）加强适度规模经营投资项目的培训与宣传。要树立创业典型人物，营造创业为荣的环境，提高农民的创业意识。根据各地情况，农业技术推广部门牵头实施，制定培训任务、目标和内容体系，组织高素质培训队伍，选择培训对象，培育创业主体。通过广播电视、信息网络、远程教育、现场讲授示范、举办技术讲座、专业培训、函授和农民夜校等多种形式，开展农业技术、政策法规、经营管理、市场、安全生产和生态农业等相关知识培训，将培训、考核、资格证书与适度规模项目申报挂钩，让农民认识适度规模农业的效益、风险、特点等，对适度规模投资有基本认识和判断，尽可能实现理性投资决策。

（3）加大有机生态农业科研投入与成果转化力度。各级财政科研资金要向有机生态农业科研领域倾斜，逐步减少高投入、高产出、高速度和高破坏的无机农业科研项目，切实改变当前多数农业科研项目以无机农业为研究环境的不利局面，重点支持有机生态农业背景下的品种选育、病虫害防治、农产品贮藏与加工、高效栽培模式、农业资源循环和高效利用等研究领域，加快推进快速地力测定技术、农药或其他化学品残留测定技术和有机肥料的研发，提高有机生态农业科研成果转化率，在减少或不施用化工原料而增加有机肥的情况下，农产品产量保持稳定或小幅减少，实现耕地生态系统的恢复与改善。

（4）全面推进有机生态农产品等级标识与贴牌制度，大幅降低有机农产品认证成本。要进一步推动有机生态认证的产业化，执行职业资格制度，培养高素质的认证队伍，显著增加认证机构，切实解决目前有机认证机构数量少、费用高、时间长的问题；在现有农产品质量检测体系和农产品市场准入制度的基础上，对生产、流通等环节有机生态农产品定期和不定期抽检，严格执行《有机产品认证管理办法》和《有机产品认证实施规则》等法规；将无公害农产品、绿色农产品和有机农产品纳入评价范围，统一建立有机生态农产品质量等级评价和贴牌制度，对非小规模经营的有机生态农产品生产、加工、流通和消费各环节进行信息化管理，贴牌标识能够追溯各环节相关信息，使社会公众利用等级标识，通过市场消费方式参与农业生产方式变革；对冒牌、套牌等违规违法行为的相关责任人和机构，从重处罚和追究相关责任。

（5）严格执行适度规模经营项目的考核、监督和奖惩制度。引入第三方评价主体，建立适度规模经营项目的考核与监督制度，对实施情况进行监督检查。对经营者的考核采取实地抽查、抽验与当地农户抽查相结合方式，重点检查项目户主身份、经营规模、类型、生态农业与否等信息的真实性；对政府相关人员的考核，重点考核项目分解与调配、项目材料审查、实地抽查等工作的完成情况，是否存在权力寻租行为；建设适度规模项目的公示制度，通过电子邮件、信箱、微信、信访等各种形式接受公众检验与监督，设立重奖举报制度，保密举报人信息；制定适度规模工作的奖惩制度，按一定比例对优秀经营者和政府工作人员进行奖励，反之，对违规者进行严厉处罚，并追究民事刑事责任。

（6）加强土地流转服务与监管工作。要加强对土地承包经营权证的管理，建立土地流转备案登记和档案管理制度；制定详细的流转合同范本，明确规定流转用途、期限、补贴分配、土地增值分配等问题，实施流转合同制；实施土地流转准入资格和保证金制度，严格审查土地承包者的资格，建立保证金制度，遏制承包者违约；建立健全农村土地流转纠纷调解和仲裁机制；指导和规范土地流转市场，有效监管农村土地流转市场中介机构；将适度规模经营涉及主体纳入公民信用体系，做好流转后流转双方服务和监管工作。

10.3　研究不足与后续研究

主要研究不足包括：一是样本局限性。耕地适度规模经营成本与收益样本来源于重庆、四川和广西，缺乏其他省区的数据，降低了样本的代表性。从实验样本来看，受经费、调查员数量和时间等因素影响，仅限于重庆地区，由于西部地区农户的区域差异明显，因而影响了实验结果的应用价值。二是研究时段局限性。关于西部地区耕地利用现状、存在问题、绩效评价、适度规模经营收益等研究均基于截面调查数据，缺乏面板数据支撑，而耕地利用成本与收益等在不同研究时段差异性很大，特别是农业种植业投资项目的自然风险和病虫害的影响极大，而调查时段所在地区未遭受到大的影响，因而低估了适度规模及生态利用的收益风险。三是定性指标局限问题。耕地利用生态绩效指标体系、绩效成因和农户行为影响因素的设定均存在一些定性指标，可能导致调查对象的回答偏差或主观误判问题。四是模型的内生性问题。耕地利用绩效成因和农户行为影响因素模型均存在一定的内生性问题。

后续研究建议：基于大样本的适度规模及其生态利用成本和收益调查与激励

实验；基于面板数据的耕地利用绩效变化规律研究；在经费和技术支撑下，利用物理定量指标替换定性指标，采用结构方程克服模型的内生性问题，进一步识别耕地利用绩效成因和农户行为影响因素。

参 考 文 献

白洁，王学恭. 2009. 基于农户尺度的甘肃省微观粮食安全影响因素分析[J]. 干旱地区农业研究，27（3）：256-260

鲍学英，李海连，王起才. 2016. 基于灰色关联分析和主成分分析组合权重的确定方法研究[J]. 数学的实践与认识，46（9）：129-134

毕宝德. 1991. 土地经济学[M]. 北京：中国人民大学出版社

卜坤，张树文，闫业超，等. 2008. 三江平原不同流域水土流失变化特征分析[J]. 地理科学，（6）：361-368

蔡运龙，霍雅勤. 2006. 中国耕地价值重建方法与案例研究[J]. 地理学报，61（10）：1090

曹务坤. 2007. 农村土地承包经营权流转研究[M]. 北京：知识产权出版社

柴盈. 2013. 粮食生产率增长及来源：财政政策还是亩产技术[J]. 广东商学院学报，（3）：64-69

陈会广，吴沅箐，欧名豪. 2009. 耕地保护补偿机制构建的理论与思路[J]. 南京农业大学学报（社会科学版），9（3）：62-66

陈丽，曲福田，师学义. 2006. 耕地资源社会价值测算方法探讨——以山西省柳林县为例[J]. 资源科学，28（6）：86-90

陈美球，刘中婷，周丙娟，等. 2006. 农村生存发展环境与农民耕地利用行为的实证分析——基于江西省 21 个村 952 户农户的调查[J]. 中国农村经济，（2）：49-54

陈士银，周飞，吴雪彪，等. 2009a. 基于绩效模型的区域土地利用可持续性评价[J]. 农业工程学报，25（6）：249-253

陈士银，周飞，吴雪彪，等. 2009b. 湛江市农地利用绩效与农业结构调整[J]. 经济地理，29（2）：298-302

陈书章，徐峥，任晓静，等. 2012. 我国小麦主产区综合技术效率波动及要素投入优化分析[J]. 农业技术经济，（12）：39-50

陈新建，陶建平. 2008. 农户粮食安全及其影响因素研究——基于湖北省农村入户调查的分析[J]. 湖北社会科学，（6）：60-63

陈一兵，林超文，Vlaming J，等. 2003. 四川紫色丘陵农区不同农户农业生产管理模式的调查研究（英文）[J]. 西南农业学报，16（S1）：142-148

陈治胜. 2011. 关于建立耕地保护补偿机制的思考[J]. 中国土地科学，25（5）：10-13

程红娇. 2016. 有机蔬菜种植成本收益分析——以成都郫县潮农家庭农场为例[D]. 西南财经大学硕士学位论文

程化雨. 2003. 农户土地利用研究[D]. 华中农业大学硕士学位论文

程淑兰，石敏俊，王新艳，等. 2006. 应用两阶段二分式虚拟市场评价法消除环境价值货币评估的偏差[J]. 资源科学，28（2）：191-198

程云. 2007. 缙云山森林涵养水源机制及其生态功能价值评价研究[D]. 北京林业大学博士学位论文

程子良，杨余洁，高鹏，等. 2015. 农户参与耕地保护经济补偿政策的响应状态及影响因素——成都市双流县与崇州市的实证[J]. 资源开发与市场，31（3）：269-273

崔爱花，周丽华，杨滨娟，等. 2017. 红壤旱地不同复种方式的生态功能评价[J]. 应用生态学报，28（2）：456-464

崔海兴，郑风田，王立群. 2009. 退耕还林工程对耕地利用影响的实证分析——以河北省沽源县为例[J]. 农村经济，（3）：28-31

邓大才. 2006. 社会化小农：动机与行为[J]. 华中师范大学学报（人文社会科学版），45（3）：9-16

邓雄. 2009. 应用生态足迹方法研究区域可持续发展的优缺点[J]. 经济研究导刊，（6）：110-111

邓振铺，张强，韩永翔，等. 2006. 甘肃省农业种植结构影响因素及调整原则探讨[J]. 干旱地区农业研究，24（3）：126-129

杜继丰，袁中友. 2014. 巨型城市区域粮食生产影响因素的区域特殊性分析——以珠三角为例[J]. 农业经济问题，（5）：14-20

冯艳芬. 2013. 农户土地利用行为研究综述[J]. 生态经济，（11）：63-68

奉婷，张凤荣，张小京，等. 2014. 我国耕地保护补偿机制问题与建议[J]. 中国农业大学学报，19（5）：211-216

傅伯杰. 1991. 土地评价的理论与实践[M]. 北京：中国科学技术出版社

高佳，李世平. 2014. 农民土地退出意愿对耕地利用效率的影响研究[J]. 大连理工大学学报（社会科学版），35（1）：75-80

高鸣，马铃. 2015. 贫困视角下粮食生产技术效率及其影响因素——基于 EBM-Goprobit 二步法模型的实证分析[J]. 中国农村观察，（7）：49-60

高魏，闵捷，张安录. 2006. 耕地经济产出影响因素实证分析——以湖北省为例[J]. 资源科学，28（3）：73-79

高玉强. 2010. 农机购置补贴、财政支农支出与土地生产率——基于省际面板数据的实证研究[J]. 山西财经大学学报，（1）：72-78

葛翠萍，赵军，尹升，等. 2009. 典型黑土区地形因子对土地利用变化的影响[J]. 农业系统科学与综合研究，25（1）：69-73

公茂刚，王学真，刘力臻. 2009. 发展中国家粮食安全影响因素的理论分析[J]. 东北师大学报（哲学社会科学版），（6）：93-98

巩前文，严耕. 2015. 中国生态农业发展的进展、问题与展望[J]. 现代经济探讨，（9）：63-67

谷秀兰，黄朝明，栾乔林，等. 2015. 基于熵值法的县域耕地利用效益定量评价[J]. 江苏农业科学，43（10）：533-537

郭永奇. 2012. 新疆兵团土地利用与生态环境协调度评价研究[J]. 国土资源科技管理，29（1）：16-22

郭永奇. 2013. 新疆兵团农地利用的绩效评价[J]. 国土与自然资源研究，（4）：34-37

郭志超. 2009. 我国玉米生产函数及技术效率分析[J]. 经济问题，（11）：74-78

韩春鲜，罗辉，李霞. 2010. 塔河干流区人口-耕地系统生产能力影响因素研究[J]. 干旱区资源

与环境，24（12）：28-32

韩喜平，蔺荔. 2007. 我国粮食直补政策的经济学分析[J]. 农业技术经济，（3）：80-84

郝海广，李秀彬，辛良杰，等. 2010. 农户兼业行为及其原因探析[J]. 农业技术经济，（3）：14-21

郝晓燕，韩一军，李雪，等. 2016. 小麦技术效率的地区差异及门槛效应——基于全国15个小麦主产省的面板数据[J]. 农业技术经济，（10）：84-94

何格，盛业旭. 2011. 耕地保护补偿机制运行的制度环境研究[J]. 经济体制改革，（7）：69-72

何玉婷，王红梅，郭蒙，等. 2013. 基于集约度评价的广东省耕地利用方向研究——与日本及黑龙江省对照[J]. 农业现代化研究，34（2）：210-214

胡帮勇. 2012a. 贫困地区农户采用IPM技术的调查与思考——以四川省仪陇县为例[J]. 江苏农业科学，40（10）：408-410

胡帮勇. 2012b. 民族地区农户兼业意愿及影响因素分析——基于重庆市石柱县的调研数据[J]. 南方农业学报，43（5）：710-713

胡豹. 2004. 农业结构调整中农户决策行为研究——基于浙江、江苏两省的实证[D]. 浙江大学博士学位论文

胡初枝，黄贤金，张力军. 2008. 农户农地流转的福利经济效果分析——基于农户调查的分析[J]. 经济问题探索，（1）：184-186

胡瑞法，肖长坤，蔡金阳，等. 2011. 农民田间学校对生产管理知识提高和生产的影响——以北京市设施番茄农户为例[J]. 中国软科学，（7）：93-101

黄河清. 1986. 农业适度规模经营问题综述[J]. 农业经济问题，（7）：27-29

黄季焜，牛先芳，智华勇，等. 2007. 蔬菜生产和种植结构调整的影响因素分析[J]. 农业经济问题，（7）：4-10

黄季焜，王晓兵，智华勇，等. 2011. 粮食直补和农资综合补贴对农业生产的影响[J]. 农业技术经济，（1）：4-12

黄炜虹，齐振宏，邬兰娅，等. 2016. 农户对生态农业模式的偏好与额外投入水平研究——基于重庆市358户农户调查数据[J]. 农业技术经济，（11）：34-43

黄宗智. 1986. 略论华北近数百年的小农经济与社会变迁——兼及社会经济史研究方法[J]. 中国社会经济史研究，（2）：9-15

黄宗智. 2000. 长江三角洲小农家庭与乡村发展[M]. 北京：中华书局

纪昌品，欧名豪. 2010. 区域协调的耕地保护利益补偿机制[J]. 长江流域资源与环境，19（3）：256-261

贾书楠，孙睿，夏显力，等. 2016. 西安市耕地生态安全测度及影响因素分析[J]. 水土保持研究，23（3）：164-169

江一波，胡守庚，刘越岩，等. 2012. 基于GIS的丘陵山区可持续耕地整理潜力综合评价[J]. 中国土地科学，26（6）：42-47

姜广辉，孔祥斌，张凤荣，等. 2009. 耕地保护经济补偿机制分析[J]. 中国土地科学，23（7）：24-27

姜涛. 2013. 地方财政支农投入与农业技术效率的省际差异：1995~2011年[J]. 经济与管理，27（9）：30-35

经阳，叶长盛. 2015. 基于DEA的江西省耕地利用效率及影响因素分析[J]. 水土保持研究，22（1）：257-261

句芳，高明华，张正河. 2008. 我国农户兼业时间影响因素探析——基于河南省农户调查的实证研究[J]. 农业技术经济，（1）：40-44

亢霞，刘秀梅. 2005. 我国粮食生产的技术效率分析——基于随机前沿分析方法[J]. 中国农村观察，（4）：25-32

孔祥斌，李翠珍，张凤荣，等. 2010. 基于农户土地利用目标差异的农用地利用变化机制研究[J]. 中国农业大学学报，15（4）：57-64

孔祥智，张琛，周振. 2016. 设施蔬菜生产技术效率变化特征及其收敛性分析——以设施番茄为例[J]. 农村经济，（7）：9-15

雷勋平，Qiu R，刘勇. 2016. 基于熵权 TOPSIS 模型的区域土地利用绩效评价及障碍因子诊断[J]. 农业工程学报，32（13）：243-253

黎霆，赵阳，辛贤. 2009. 当前农地流转的基本特征及影响因素分析[J]. 中国农村经济，（10）：4-11

李灿，张凤荣，朱泰峰，等. 2013. 基于熵 TOPSIS 模型的土地利用绩效评价及关联分析[J]. 农业工程学报，29（5）：217-227

李谷成，冯中朝，范丽霞. 2009. 小农户真的更加具有效率吗：来自湖北省的经验证据[J]. 经济学季刊，9（1）：99-128

李广东，邱道持，王平，等. 2010. 基于忠县农户调查的耕地保护经济补偿机制需求分析[J]. 中国土地科学，24（9）：33-39

李海燕，蔡银莺，王亚运. 2016. 农户家庭耕地利用的功能异质性及个体差异评价——以湖北省典型地区为实例[J]. 自然资源学报，（2）：228-240

李佳，雷国平，柳杨，等. 2013. 河南省耕地利用效益评价研究[J]. 水土保持通报，33（3）：318-324

李金珊，徐越. 2015. 从农民增收视角探究农业补贴政策的效率损失[J]. 统计研究，（7）：57-63

李菁，匡兵. 2014. 基于突变级数法的武汉市农地利用绩效评价及影响因素分析[J]. 资源开发与市场，30（9）：1041-1045

李全峰，杜国明，胡守庚. 2015. 不同土地产权制度下耕地利用综合效益对比分析——以黑龙江省富锦市垦区与农区为例[J]. 资源科学，37（8）：1561-1570

李小建. 2002. 欠发达农区经济发展中的农户行为——以豫西山地丘陵区为例[J]. 地理学报，57（4）：459-468

李小建. 2005. 经济地理学中的农户研究[J]. 人文地理，20（3）：1-5

李鑫，欧名豪，马贤磊. 2011. 基于景观指数的细碎化对耕地利用效率影响研究——以扬州市里下河区域为例[J]. 自然资源学报，26（10）：1758-1767

李英，陈立华. 2011. 我国粮食安全的影响因素及其对策[J]. 中国流通经济，（12）：85-89

梁子谦，李小军. 2006. 影响中国粮食生产的因子分析[J]. 农业经济问题，（11）：19-22

林海明，杜子芳. 2013. 主成分分析综合评价应该注意的问题[J]. 统计研究，30（8）：25-31

林毅夫，李周. 1992. 发育市场——九十年代农村改革的主线[J]. 农业经济问题，（9）：8-14

林政，唐梦. 2007. 农户生产动机行为的实证探析——基于广东样本农户对农业生产力的适应性调查[J]. 中国农村观察，（3）：58-65

刘春莲，李茂林. 2016. 贵州省耕地利用可持续性评价研究[J]. 西南师范大学学报（自然科学版），41（7）：103-107

刘红. 2010. 主体功能区的土地权益补偿机制构建[J]. 商业时代，（3）：101-102

刘佳，余国新. 2014. 地方财政支农支出对农业技术效率影响分析——基于随机前沿分析方法[J]. 中国农业资源与区划，35（5）：129-134

刘克春，苏为华. 2006. 农户资源禀赋、交易费用与农户农地使用权流转行为——基于江西省农户调查[J]. 统计研究，（5）：73-77

刘灵芝，王雅鹏，潘瑶. 2011. 农村居民直接和间接粮食消费对比分析与预测[J]. 江西财经大学学报，（5）：72-77

刘淼，胡远满，李月辉，等. 2006. 生态足迹方法及研究进展[J]. 生态学杂志，25（3）：334-339

刘钦普，林振山，冯年华. 2007. 生态足迹改进模型及在江苏省耕地利用评价中的应用[J]. 生态学杂志，26（10）：1685-1689

刘琼峰，李明德，段建南，等. 2013. 基于 GIS 的湖南省耕地利用效益时空变异研究[J]. 经济地理，33（9）：142-147

刘秋香，郑国清，赵理. 1993. 农业适度经营规模的定量研究[J]. 河南农业大学学报，7（3）：244-247

刘瑞平，王洪波，全芳悦. 2005. 自然因素与社会经济因素对耕地质量贡献率研究[J]. 土壤通报，36（3）：289-294

刘润秋. 2016. 农村土地生态补偿机制：实践案例与制度优化[J]. 农村经济，（3）：10-14

刘书楷. 1996. 土地经济学[M]. 北京：中国农业出版社

刘新平，孟梅，罗桥顺. 2008. 基于数据包络分析的新疆农用地利用效益评价[J]. 干旱区资源与环境，22（1）：40-43

刘秀丽，张勃，咎国江，等. 2013. 基于生态足迹的甘肃省耕地资源可持续利用与情景预测[J]. 干旱区地理，36（1）：84-91

刘轩，牛海鹏，董国权，等. 2015. 基于 Kohonen 网络和 DEA 交叉评价耕地利用效率聚类分析[J]. 浙江农业学报，27（9）：1652-1658

刘艳，吴平. 2012. 我国粮食直补政策效应的实证分析——基于 2004~2009 年面板数据[J]. 农村经济，（1）：17-20

刘颖，周宝同，于晓凤，等. 2015. 21 世纪以来四川省耕地变化驱动因素及耕地利用效率定量研究[J]. 四川农业大学学报，33（2）：237-244

刘玉海，武鹏. 2011. 转型时期中国农业全要素耕地利用效率及其影响因素分析[J]. 金融研究，（7）：114-127

陆国庆. 1997. 耕地保护的经济约束机制研究[J]. 农业经济问题，（11）：46-49

吕捷，余中华，赵阳. 2013. 中国粮食需求总量与需求结构演变[J]. 农业经济问题，（5）：15-19

罗湖平，唐禹，康红军，等. 2015. 湖南省农户耕地抛荒意愿影响因素实证研究[J]. 浙江农业学报，27（8）：1494-1498

罗其友，米健，高明杰. 2014. 中国粮食中长期消费需求预测研究[J]. 中国农业资源与区划，35（5）：1-7

罗政，周斯黎. 2014. 基于效率评价的耕地适度经营规模[J]. 国土资源导刊，（10）：30-34

罗志军，陈美球，蔡海生. 2009. 鄱阳湖生态经济区耕地利用效益的空间差异研究[J]. 改革与战略，25（11）：103-106

马爱慧，张安录. 2013. 选择实验法视角的耕地生态补偿意愿实证研究——基于湖北武汉市问卷调查[J]. 资源科学，35（10）：2061-2066

马爱慧，蔡银莺，张安录. 2012. 基于选择实验法的耕地生态补偿额度测算[J]. 自然资源学报，27（7）：1154-1163

马彦丽，杨云. 2005. 粮食直补政策对农户种粮意愿、农民收入和生产投入的影响——一个基于河北案例的实证研究[J]. 农业技术经济，（2）：7-13

马永欢，牛文元. 2009. 基于粮食安全的中国粮食需求预测与耕地资源配置研究[J]. 中国软科学，（3）：11-16

蒙吉军. 2005. 土地评价与管理[M]. 北京：科学出版社

苗珊珊. 2014. 我国小麦生产的技术效率和技术进步模式[J]. 华南农业大学学报（社会科学版），（3）：9-17

牧野直子. 2006. 食品热量一览表[M]. 北京：中国轻工业出版社

倪超，杨胜天，罗娅，等. 2015. 基于循环经济的黑龙江省耕地利用集约度时空差异[J]. 地理研究，34（2）：341-350

聂艳，乌云嘎，于婧，等. 2015. 基于能值分析的武穴市耕地利用效益时空特征分析[J]. 长江流域资源与环境，24（6）：987-993

牛海鹏，张安录，李明秋. 2009. 耕地利用效益体系与耕地保护的经济补偿机制重构[J]. 农业现代化研究，30（2）：164-167

牛海鹏，许传阳，李明秋，等. 2011. 耕地保护经济补偿的接受和给付主体分析——基于 110 份接受主体和 445 份给付主体的问卷调查[J]. 资源科学，33（3）：513-520

潘勇辉. 2008. 蕉农对香蕉保险的支付意愿分析和支付能力测度——来自海南省 1167 户蕉农的经验证据[J]. 中国农业科学，41（11）：3596-3603

庞英，段耀. 2012. 黄河流域粮食主产区耕地利用集约度及政策指向——基于 23 个县 1 422 个农户成本数据的分析[J]. 干旱区资源与环境，26（4）：5-10

彭代彦，吴翔. 2013. 中国农业技术效率与全要素生产率研究——基于农村劳动力结构变化的视角[J]. 经济学家，（9）：68-76

彭克强. 2009. 中国粮食生产收益及其影响因素的协整分析——以 1984~2007 年稻谷、小麦、玉米为例[J]. 中国农村经济，（6）：13-26

彭克强，鹿新华. 2010. 中国财政支农投入与粮食生产能力关系的实证分析[J]. 农业技术经济，（9）：18-29

彭宇文. 2004. 农地适度规模经营的思考[J]. 湖南农业大学学报（社会科学版），5（6）：33-36

钱文荣. 2003. 农地利用技术创新的类型与模式研究[J]. 经济地理，23（3）：363-366

钱忠好. 2003. 农地承包经营权市场流转的困境与乡村干部行为——对乡村干部行为的分析[J]. 中国农村观察，（2）：10-13

曲晨晓，孟庆香，田华文，等. 2010. 可持续土地整理中建立生态补偿机制的探讨[J]. 湖北农业科学，49（11）：2921-2923

曲福田，陈海秋. 2000. 土地产权安排与土地可持续利用[J]. 中国软科学，（9）：10-16

瞿理铜. 2014. 基于均方差决策和 TOPSIS 模型的湖南省农用地生态功能评价[J]. 国土资源科技管理，31（5）：14-20

任平，洪步庭，周介铭. 2013. 长江上游农业主产区耕地生态安全评价与空间特征研究[J]. 中国人口·资源与环境，23（12）：65-69

任平，吴涛，周介铭. 2014. 耕地资源非农化价值损失评价模型与补偿机制研究[J]. 中国农业科学，47（4）：786-795

单玉红，朱枫，柯新利. 2015. 湖北省耕地利用效率时空分异及农业劳动力的差别化调控[J]. 应用科学学报，33（7）：419-428

商明星，余道，吴桂宏，等. 2016. 大丰市耕地规模利用效益评价研究[J]. 江西农业学报，28（3）：71-76

石红彦. 2014. 生态脆弱区耕地利用集约度评价——以陕西省米脂县为例[J]. 中国人口·资源与环境，24（5）：230-233

史常亮，王忠平. 2013. 基于供求视角的中国粮食安全影响因素研究[J]. 浙江农业学报，25（5）：1147-1152

宋戈，崔晓伟，雷国平，等. 2011. 松嫩平原北部典型地域耕地利用安全评价研究——以齐齐哈尔市为例[J]. 水土保持研究，18（5）：267-270

宋戈，柳清，王越. 2014. 基于耕地发展权价值的东北粮食主产区耕地保护补偿机制研究[J]. 中国土地科学，28（6）：58-64

宋戈，杨皓然，李丹，等. 2015. 东北地区县域耕地利用系统安全驱动力因子及其空间分异[J]. 水土保持通报，35（5）：351-356

苏浩，雷国平，李荣印. 2014. 基于生态系统服务价值和能值生态足迹的河南省耕地生态补偿研究[J]. 河南农业大学学报，48（6）：765-769

宿桂红，傅新红. 2011. 中国粮食主产区水稻生产技术效率分析[J]. 中国农学通报，27（2）：439-445

孙昊. 2014. 小麦生产技术效率的随机前沿分析——基于超越对数生产函数[J]. 农业技术经济，（1）：42-48

孙若梅，杨东升. 2013. 耕地可持续利用影响因素研究——基于村级面板数据的实证检验[J]. 贵州社会科学，288（12）：52-58

谭术魁，张红霞. 2010. 基于数量视角的耕地保护政策绩效评价[J]. 中国人口·资源与环境，20（4）：153-158

唐建，易乐庆，彭珏. 2011a. 基于双边界二分式CVM的耕地社会价值评价——以重庆市为例[J]. 安徽农业科学，39（30）：18786-18789

唐建，等. 2011b. 耕地价值评价实证研究[M]. 北京：中国农业出版社

唐建，沈田华，彭珏. 2013. 基于双边界二分式CVM法的耕地生态价值评价——以重庆市为例[J]. 资源科学，35（1）：207-215

田传浩，贾生华. 2004. 农地制度、地权稳定性与农地使用权市场发育：理论与来自苏浙鲁的经验[J]. 经济研究，（1）：112-119

田堃. 2015. 黑龙江省有机种植现状与效益评估[D]. 东北农业大学硕士学位论文

田童，刘新平，赵俊. 2015. 塔里木河流域农牧资源利用的绩效评价[J]. 新疆农业科学，52（5）：975-979

田文勇，张会嶙，黄超，等. 2016. 农户种植结构调整行为的影响因素研究——基于贵州省的实证[J]. 中国农业资源与区划，37（4）：147-153

汪亚雄. 1997. 南方农业适度规模经营分析[J]. 统计与决策，（5）：21-23

王成，魏朝富，袁敏，等. 2007. 不同地貌类型下景观格局对土地利用方式的响应[J]. 农业工程学报，23（9）：64-71

王春超. 2009. 中国农户就业决策行为的发生机制——基于农户家庭调查的理论与实证[J]. 管理世界，（7）：93-102

王海玫. 1999. 耕地保护[M]. 北京：中国大地出版社

王建庆，冯秀丽，李加林，等. 2014. 浙江省耕地利用集约度时空变化及其影响因素[J]. 水土保持通报，34（6）：270-276

王良健，李辉. 2014. 中国耕地利用效率及其影响因素的区域差异——基于 281 个市的面板数据与随机前沿生产函数方法[J]. 地理研究，33（11）：1995-2004

王娜，涂建军，孙祥龙，等. 2014. 基于灰色模糊评价法的耕地社会功能评价——以重庆市为例[J]. 西南大学学报（自然科学版），36（10）：144-149

王舒曼，诸培新，吴丽梅，等. 2007. 农业资源环境价值与评估方法[J]. 农业开发与装备，（3）：9-14

王万茂，韩桐魁. 2013. 土地利用规划学[M]. 北京：中国农业出版社

王夏晖，李志涛，陆军，等. 2013. 基于绩效评估的耕地土壤环境保护经济补偿政策设计[J]. 环境保护，41（21）：34-36

王兆林，杨庆媛. 2013. 农户兼业行为对其耕地流转方式影响分析——基于重庆市 1096 户农户的调查[J]. 中国土地科学，（8）：67-74

魏先铭. 1989. 农业适度规模经营的优越性及其实现条件[J]. 党校教学，（4）：7-12

吴涛，任平. 2015. 基于综合评价的耕地利用效益时空特征分析：以四川省为例[J]. 四川师范大学学报（自然科学版），38（5）：746-753

吴泽斌，阮维明. 2016. 中国各省份耕地资源社会价值及省际差异研究[J]. 统计与决策，（3）：125-128

吴兆娟，高立洪. 2013. 丘陵山区地块尺度耕地利用效率研究[J]. 西南农业学报，26（5）：1971-1976

伍新木. 2007. 制度变迁框架下的耕地生态环境变化研究[J]. 中国人口·资源与环境，17（1）：109-113

向云波，谢炳庚，邓楚雄. 2014. 基于投影寻踪法的湖南省耕地利用集约度时空特征研究[J]. 农业现代化研究，35（11）：763-768

向云波，谢炳庚，郭湘. 2015. 近50年湖南省耕地利用绩效时空分异特征[J]. 经济地理，35（2）：169-177

肖海峰，何秀荣，李鹏. 2004. 中国城乡居民对粮食安全的态度、风险承受能力及其影响因素分析[J]. 中国农村经济，（1）：374-384

谢高地，鲁春霞，冷允法，等. 2003. 青藏高原生态资产的价值评估[J]. 自然资源学报，18（2）：189-196

谢建豪，袁伟伟. 2006. 论农用土地的综合价值[J]. 安徽农业科学，34（9）：1991-1992

辛德惠. 1985. 土地利用[M]. 北京：农业出版社

徐家鹏，李崇光. 2011. 中国蔬菜生产技术效率及其影响因素分析[J]. 财经论丛，158（3）：3-7

许恒周，郭玉燕，吴冠岑. 2012. 农民分化对耕地利用效率的影响：基于农户调查数据的实证分析[J]. 中国农村经济，（6）：31-39

许朗，罗东玲，刘爱军. 2015. 社会资本对农户参与灌溉管理改革意愿的影响分析[J]. 资源科学，37（6）：1287-1294

许治民. 1994. 种植专业户经营规模适度分析[J]. 安徽农业科学，22（1）：85-88

杨凤海，赵烨荣，赫轩，等. 2016. 黑龙江省耕地利用生态可持续性研究[J]. 东北农业大学学报，47（9）：77-84

杨进，钟甫宁，陈志钢. 2016. 农村劳动力价格、人口结构变化对粮食种植结构的影响[J]. 管

理世界，（1）：78-87

杨朔，李世平，罗列. 2011. 陕西省耕地利用效率及其影响因素研究[J]. 中国土地科学，25（2）：47-54

杨万江，李琪. 2016. 我国农户水稻生产技术效率分析——基于11省761户调查数据[J]. 农业技术经济，（1）：71-81

杨宇，王金霞，黄季焜. 2016. 极端干旱事件、农田管理适应性行为与生产风险：基于华北平原农户的实证研究[J]. 农业技术经济，（9）：4-17

杨志海，王雅鹏，麦尔旦·吐尔孙. 2015. 农户耕地质量保护性投入行为及其影响因素分析——基于兼业分化视角[J]. 中国人口·资源与环境，25（12）：105-112

姚柳杨，赵敏娟，徐涛. 2017. 耕地保护政策的社会福利分析：基于选择实验的非市场价值评估[J]. 农业经济问题，（2）：32-40

姚增福，刘欣. 2012. 种粮大户粮食生产技术效率及影响因素实证分析——基于随机前沿生产函数与黑龙江省460户微观调查数据[J]. 科技与经济，（4）：60-64

叶姗，李世平. 2013. 耕地资源社会价值评估研究——以西安市为例[J]. 中国农业资源与区划，34（2）：26-31

易小燕，陈印军. 2010. 农户转入耕地及其"非粮化"种植行为与规模的影响因素分析——基于浙江、河北两省的农户调查数据[J]. 中国农村观察，（6）：2-10

雍新琴，舒帮荣，陈龙高，等. 2013. 耕地保护县域补偿机制研究[J]. 资源科学，35（9）：137-144

余亮亮，蔡银莺. 2014. 耕地保护经济补偿政策的初期效应评估——东、西部地区的实证及比较[J]. 中国土地科学，28（12）：16-23

余亮亮，蔡银莺. 2015a. 基于农户满意度的耕地保护经济补偿政策绩效评价及障碍因子诊断[J]. 自然资源学报，30（7）：1092-1103

余亮亮，蔡银莺. 2015b. 政策预期对耕地保护经济补偿政策农户满意影响的实证研究——以成都市耕地保护基金为例[J]. 中国土地科学，（8）：33-40

俞海，黄季焜，Rozelle S，等. 2003. 地权稳定性、土地流转与农地资源持续利用[J]. 经济研究，（9）：82-91

庾德昌，程春庭，储英奂. 1996. 农户经济行为量化分析[J]. 中国农村观察，（1）：42-49

苑全治，郝晋珉，张玲俐，等. 2010. 基于外部性理论的区域耕地保护补偿机制研究——以山东省潍坊市为例[J]. 自然资源学报，25（4）：529-538

臧俊梅，张文方，李景刚. 2008. 耕地总量动态平衡下的耕地保护区域补偿机制研究[J]. 农业现代化研究，29（3）：318-322

曾福生，戴鹏. 2011. 粮食生产收益影响因素贡献率测度与分析[J]. 中国农村经济，（1）：66-76

张海鑫，杨钢桥. 2012. 耕地细碎化及其对粮食生产技术效率的影响——基于超越对数随机前沿生产函数与农户微观数据[J]. 资源科学，（5）：903-910

张皓玮，方斌，魏巧巧，等. 2015. 区域耕地生态价值补偿量化模型构建——以江苏省为例[J]. 中国土地科学，9（1）：63-70

张红宇. 1996. 粮食增长与农业规模经营发展——一种制度安排的辨析[J]. 经济研究参考，（2）：2-12

张鹏岩，秦明周，闫江虹，等. 2013. 河南省耕地资源利用效益的影响因素及特征分析[J]. 中国人口·资源与环境，23（1）：162-169

张锐，刘友兆. 2013. 我国耕地生态安全评价及障碍因子诊断[J]. 长江流域资源与环境，22（7）：945-951

张瑞红. 2010. 我国粮食直补政策的效应及完善对策[J]. 价格理论与实践，（3）：47-48

张文雅，宋戈. 2009. 哈尔滨市耕地利用效益特征分析[J]. 水土保持研究，16（6）：79-83

张霞，刘秀华，刘勇. 2012. 基于 DEA 的高家镇耕地利用效率及其影响因素研究[J]. 西南师范大学学报（自然科学版），37（3）：72-77

张效军，欧名豪，高艳梅. 2007. 耕地保护区域补偿机制研究[J]. 中国软科学，（12）：47-55

张效军，欧名豪，高艳梅. 2008. 耕地保护区域补偿机制之价值标准探讨[J]. 中国人口·资源与环境，18（5）：154-160

张雪梅. 1999. 我国玉米生产增长因素的分析[J]. 农业技术经济，（2）：32-35

张彦君，郑少锋. 2015. 农业补贴对农业综合生产能力影响的实证分析[J]. 社会科学家，（12）：56-60

张振环，张光宏. 2013. 农地产权制度对耕地生态环境的影响[J]. 中南财经政法大学学报，199（4）：124-130

张志强，徐中民，龙爱华，等. 2004. 黑河流域张掖市生态系统服务恢复价值评估研究——连续型和离散型条件价值评估方法的比较应用[J]. 自然资源学报，19（2）：230-239

张宗军，窦学诚. 2012. 甘肃省粮食安全影响因素及相关对策研究——基于 1985-2008 年数据的实证分析[J]. 湖北农业科学，51（4）：852-854

赵翠萍. 2012. 河南省耕地生产效率及其影响因素分析[J]. 河南农业大学学报，46（4）：469-472

赵红雷，贾金荣. 2011. 基于随机前沿分析的中国玉米生产技术效率研究[J]. 统计与信息论坛，26（2）：52-58

赵立娟. 2015. 灌溉管理改革对农户生产技术效率影响的实证研究[J]. 江苏农业科学，43（2）：412-416

赵立娟，史俊宏. 2014. 农户参与灌溉管理改革意愿的影响因素分析——基于内蒙古的农户微观调查数据[J]. 干旱区资源与环境，28（6）：20-26

赵亮，龚健，王文婷，等. 2014. 基于投影寻踪法的湖北省地级市耕地利用效益评价[J]. 湖北农业科学，（10）：2273-2277

赵敏娟，姚顺波. 2012. 基于农户生产技术效率的退耕还林政策评价——黄土高原区 3 县的实证研究[J]. 中国人口·资源与环境，（9）：135-141

赵其国，周炳中，杨浩，等. 2002. 中国耕地资源安全问题及相关对策思考[J]. 土壤，34（6）：293-302

赵兴国，潘玉君，王爽，等. 2011. 云南省耕地资源利用的可持续性及其动态预测——基于"国家公顷"的生态足迹新方法[J]. 资源科学，33（3）：542-548

赵云旗. 2012. 我国粮食直补政策的稳定性分析[J]. 经济研究参考，（17）：4-13

郑红晓，张红方. 2015. 基于地力评价的耕地利用类型分区研究——以沁阳市为例[J]. 中国农业资源与区划，36（5）：132-137

郑华伟，张锐，孟展，等. 2015. 基于 PSR 模型与集对分析的耕地生态安全诊断[J]. 中国土地科学，（12）：42-50

郑重，张凤荣，朱战强. 2010. 基于生产力可持续指数的耕地利用动态分析——以新疆生产建设兵团农三师 45 团绿洲灌区为例[J]. 中国生态农业学报，18（1）：175-179

中国地图出版社. 2011. 中国耕地质量等别图[M]. 北京：中国地图出版社

钟甫宁，向晶. 2012. 城镇化对粮食需求的影响——基于热量消费视角的分析[J]. 农业技术经济，（1）：4-10

周博，翟印礼，钱巍，等. 2015. 农业可持续发展视角下的我国粮食安全影响因素分析——基于结构方程模型的实证分析[J]. 农村经济，（11）：15-19

周俊霞，刘淑英，王平. 2012. 甘肃省耕地利用效益时空分异特征[J]. 湖北农业科学，51（2）：258-262

周生路，等. 2006. 土地评价学[M]. 南京：东南大学出版社

朱红波. 2008. 我国耕地资源生态安全的特征与影响因素分析[J]. 农业现代化研究，29（2）：194-197

朱向东，谭文平. 1990. 农户耕地经营规模与效益[J]. 统计研究，（5）：8-11

朱晓雨，石淑芹，石英. 2014. 农户行为对耕地质量与粮食生产影响的研究进展[J]. 中国人口·资源与环境，24（11）：304-309

朱新华，曲福田. 2008. 不同粮食分区间的耕地保护外部性补偿机制研究[J]. 中国人口·资源与环境，18（5）：148-153

朱哲. 2013. 新疆伊犁地区耕地利用的经济效益分析[J]. 北方园艺，（22）：205-208

邹静，刘学录，姚代宏. 2014. 基于 DEA 模型的平凉市耕地利用综合效益评价[J]. 甘肃农业大学学报，（5）：148-153

邹伟，刘敬. 2009. 农业税费结构与农地利用绩效研究[J]. 南京社会科学，（7）：80-85

左锋. 2007. 基于 CVM 的农业污染健康损失估算研究——以洪湖市为例[D]. 华中农业大学硕士学位论文

Ely R T，Morehouse E W. 1982. 土地经济学原理[M]. 滕维藻译. 北京：商务印书馆

FAO. 1985. 立法在发展中国家土地利用规划中的作用[R]. 罗马

Lind D A，Marchal W G，Mason R D. 2005. Statistical Techniques in Business & Economics[M]. 第 11 版. 易丹辉，陈立杰，宋丽，等译. 北京：中国人民大学出版社

Monchuk D C. 2009. 中国农业生产非效率的影响因素分析[J]. 世界经济文汇，（2）：47-56

Abou-Ali H，El-Ayouti A. 2014. Nile water pollution and technical efficiency of crop production in Egypt：an assessment using spatial and non-parametric modeling[J]. Environmental & Ecological Statistics，21（2）：221-238

Agegnehu G，Ghizaw A，Sinebo W. 2006. Yield performance and land-use efficiency of barley and faba bean mixed cropping in Ethiopian highlands[J]. European Journal of Agronomy，25（3）：202-207

Agegnehu G，Ghizaw A，Sinebo W. 2008. Yield potential and land-use efficiency of wheat and faba bean mixed intercropping[J]. Agronomy for Sustainable Development，28（2）：257-263

Allen M G. 2015. Farming food security in the Pacific Islands：empirical evidence from an island in the Western Pacific[J]. Regional Environmental Change，15（7）：1341-1353

Amaza P S，Olayemi J K. 2002. Analysis of technical inefficiency in food crop production in Gombe State，Nigeria[J]. Applied Economics Letters，9（1）：51-54

Armagan G，Ozden A，Bekcioglu S. 2010. Efficiency and total factor productivity of crop production at NUTS1 level in Turkey：Malmquist index approach[J]. Quality Quantity，44（3）：573-581

Armengot L，Laura J M，Jose B M. 2011. A novel index of land use intensity for organic and conventional farming of Mediterranean cereal fields[J]. Agronomy for Sustainable Development，31（4）：699-707

Awasthi M K. 2014. Socioeconomic determinants of farmland value in India[J]. Land Use Policy, 39（7）: 78-83

Azizi K, Heidari S. 2013. A comparative study on energy balance and economical indices in irrigated and dry land barley production systems[J]. International Journal of Environmental Science and Technology, 10（5）: 1019-1028

Bakucs Z, Bojnec S, Ferto I, et al. 2013. Farm size and growth in field crop and dairy farms in France, Hungary and Slovenia[J]. Spanish Journal of Agricultural Research, 11（4）: 869-881

Balde B S, Kobayashi H, Nohmi M, et al. 2014. An analysis of technical efficiency of mangrove rice production in the Guinean coastal area[J]. Journal of Agricultural Science, 6（8）: 179-196

Bartolini F, Viaggi D. 2013. The common agricultural policy and the determinants of changes in EU farm size[J]. Land Use Policy, 31（2）: 126-135

Bastian C T, McLeod D M, Germino M J, et al. 2002. Environmental amenities and agricultural land values: a hedonic model using geographic information systems data[J]. Ecological Economics, 40（3）: 337-349

Bates R A, Holton E F. 1995. Computerized performance monitoring: a review of human resource issues[J]. Human Resource Management Review, 5（4）: 267-288

Battese G E, Coelli T J. 1995. A model for technical inefficiency effects in a stochastic frontier production function for panel data[J]. Empirical Economics, 20: 325-332

Blüthgen N, Dormann C F, Prati D. 2012. A quantitative index of land-use intensity in grasslands: integrating mowing, grazing and fertilization[J]. Basic and Applied Ecology, 13（3）: 207-220

Bojnec S, Latruffe L. 2013. Farm size, agricultural subsidies and farm performance in Slovenia[J]. Land Use Policy, 32（3）: 207-217

Börjesson P, Tufvesson L M. 2011. Agricultural crop-based biofuels-resource efficiency and environmental performance including direct land use changes[J]. Journal of Cleaner Production, 19（2）: 108-120

Boubacar S B, Hajime K, Makoto N, et al. 2014. An analysis of technical efficiency of mangrove rice production in the Guinean coastal area[J]. Journal of Agricultural Science, 6（8）: 179-196

Brady M, Kellermann K, Sahrbacher C, et al. 2009. Impacts of decoupled agricultural support on farm structure, biodiversity and landscape mosaic: some EU results[J]. Journal of Agricultural Economics, 60（3）: 563-585

Briner S, Elkin C, Huber R. 2012. Assessing the impacts of economic and climate changes on land-use in mountain regions: a spatial dynamic modeling approach[J]. Agriculture, Ecosystems and Environment, 149（3）: 50-63

Bruce K F, Rupert F. 1983. Ecological performance standards for land development[J]. Biological Conservation, 26（3）: 193-213

Canals L M I, Rigarlsford G, Sim S. 2013. Land use impact assessment of margarine[J]. The International Journal of Life Cycle Assessment, 18（6）: 1265-1277

Cao V, Margni M, Favis B D. 2015. Aggregated indicator to assess land use impacts in life cycle assessment（LCA）based on the economic value of ecosystem services[J]. Journal of Cleaner Production, 94（5）: 56-66

Choy L H T, Lai Y, Lok W. 2013. Economic performance of industrial development on collective land in the urbanization process in China: empirical evidence from Shenzhen[J]. Habitat International, 40（4）: 184-193

Chris T B, Donald M M, Matthew J G, et al. 2002. Environmental amenities and agricultural land values: a hedonic model using geographic information systems data[J]. Ecological Economics, 40（3）: 337-349

Coelli T J, Fleming E. 2004. Diversification economies and specialization efficiencies in a mixed food and coffee smallholder farming system in Papua New Guinea[J]. Agricultural Economics, 31（2）: 229-239

Coelli T J, Rao P, Battese E. 1998. An Introduction to Efficiency and Productivity Analysis[M]. Boston: Kluwer Academic Publisher

Coffey B, Fitzsimons J A, Gormly R. 2011. Strategic public land use assessment and planning in Victoria, Australia: four decades of trailblazing but where to from here? [J]. Land Use Policy, 28（1）: 306-313

Corbelle-Rico E, Crecente-Maseda R. 2014. Evaluating IRENA indicator "Risk of Farmland Abandonment" on a low spatial scale level: the case of Galicia（Spain）[J]. Land Use Policy, 38（5）: 9-15

Costanza R, D'Arge R, Groot R D, et al. 1998. The value of the world's ecosystem services and natural capital[J]. Nature, 25（1）: 3-15

Cramer V A, Hobbs R J, Standish R J. 2008. What's new about old fields? Land abandonment and ecosystem assembly[J]. Trendsin Ecology & Evolution, 23（2）: 104-112

Davide G. 2007. An approach based on spatial multicriteria analysis to map the nature conservation value of agricultural land[J]. Journal of Environmental Management, 83（2）: 228-235

Devi L G, Singh Y C. 2014. Resource use and technical efficiency of rice production in Manipur[J]. Economic Affairs, 59（7）: 823-835

Du Y, Huffman T, Toure S, et al. 2013. Integrating socio-economic and biophysical assessments using a land use allocation model[J]. Soil Use and Management, 29（1）: 140-149

Duguma L A, Hager H. 2011. Farmers' assessment of the social and ecological values of land uses in Central Highland Ethiopia[J]. Environmental Management, 47（5）: 969-982

Echenique M. 2011. Land use/transport models and economic assessment [J]. Research in Transportation Economics, 31（1）: 45-54

Erdal G, Erdal H, Esengün K, et al. 2007. Energy use and economical analysis of sugar beet production in Tokat Province of Turkey[J]. Energy, 32（1）: 35-41

Frank M, Gregory A, Eirivelthon L. 2008. Land values in frontier settlements of the Brazilian Amazon[J]. World Development, 36（11）: 2390-2401

Geneletti D. 2007. An approach based on spatial multicriteria analysis to map the nature conservation value of agricultural land[J]. Journal of Environmental Management, 83（2）: 228-235

Ghorbani R, Mondani F, Amirmoradi S. 2011. A case study of energy use and economical analysis of irrigated and dryland wheat production systems[J]. Applied Energy, 88（1）: 283-288

Giannakis E, Bruggeman A. 2015. The highly variable economic performance of European agriculture[J]. Land Use Policy, 45（5）: 26-35

Gowdy J M. 1997. The value of biodiversity: markets, society and ecosystems[J]. Land Economics, 73（1）: 25-41

Haji J. 2007. Production efficiency of smallholders' vegetable-dominated mixed farming system in eastern Ethiopia: a non-parametric approach[J]. Journal of African Economies, 16（1）: 1-27

Hanemann W M. 1984. Welfare evaluations in contingent valuation experiments with discrete responses[J]. American Journal of Agricultural Economics, 66（3）: 332-341

Harpinder S S, Stephen D W, Ross C, et al. 2008. The future of farming: the value of ecosystem services in conventional and organic arable land. An experimental approach[J]. Ecological Economics, 64（4）: 835-848

Hemmati A, Tabatabaeefar A, Rajabipour A. 2013. Comparison of energy flow and economic performance between flat land and sloping land olive orchards[J]. Energy, 61（1）: 472-478

Hilst F, Dornburg V, Sanders J P M, et al. 2010. Potential, spatial distribution and economic performance of regional biomass chains: the north of the Netherlands as example[J]. Agricultural Systems, 103（7）: 403-417

Holden S, Shiferaw B. 2004. Land degradation, drought and food security in a less-favoured area in the Ethiopian highlands: a bio-economic model with market imperfections[J]. Agricultural Economics, 30（1）: 31-49

Islam M S, Miah T H, Haque M M. 2008. Assessing dimensions of food security for farm households under different land use patterns in Bangladesh[J]. Bangladesh Journal of Agricultural Economics, 31（1）: 19-34

Johansson P O, Kriström B, Mäler K G. 1989. Welfare evaluations in contingent valuation experiments with discrete responses[J]. American Journal of Agricultural Economics, 71（4）: 1054-1056

Junge X, Lindemann-Matthies P, Hunziker M, et al. 2011. Aesthetic preferences of non-farmers and farmers for different land-use types and proportions of ecological compensation areas in the Swiss lowlands[J]. Biological Conservation, 144（5）: 1430-1440

Keating W D. 2011. Book review: takings international: a comparative perspective on land use regulations and compensation rights[J]. Journal of Planning Education & Research, 31（3）: 361-363

Knoke T, Bendix J, Pohle P. 2014. Afforestation or intense pasturing improve the ecological and economic value of abandoned tropical farmlands[J]. Nature Communications, 5（11）: 1-12

Koellner T, Baan L, Beck T. 2013. UNEP-SETAC guideline on global land use impact assessment on biodiversity and ecosystem services in LCA[J]. The International Journal of Life Cycle Assessment, 18（6）: 1188-1202

Koocheki A, Ghorbani R, Mondani F. 2011. Pulses production systems in term of energy use efficiency and economical analysis in Iran[J]. International Journal of Energy Economics and Policy, 1（4）: 95-106

Krausmann F, Haberl H, Schulz N B, et al. 2003. Land-use change and socio-economic metabolism in Austria — Part I: driving forces of land-use change, 1950-1995[J]. Land Use Policy, 20（1）: 1-20

Kumar P. 2009. Assessment of economic drivers of land use change in urban ecosystems of Delhi, India[J]. AMBIO, 38（1）: 35-39

Kumpula T, Pajunen A, Kaarlejärvi E. 2011. Land use and land cover change in Arctic Russia: ecological and social implications of industrial development[J]. Global Environmental Change, 21（2）: 550-562

Kytzia S, Walz A, Wegmann M. 2011. How can tourism use land more efficiently? A model-based approach to land-use efficiency for tourist destinations[J]. Tourism Management, 32（3）: 629-640

Latruffe L, Fogarasi J, Desjeux Y. 2012. Efficiency, productivity and technology comparison for farms in Central and Western Europe: the case of field crop and dairy farming in Hungary and France[J]. Economic Systems, 36（2）: 264-278

Lewandowski I, Schmidt U. 2006. Nitrogen, energy and land use efficiencies of miscanthus, reed canary grass and triticale as determined by the boundary line approach[J]. Agriculture, Ecosystems and Environment, 112（4）: 335-346

Lewis D J. 2010. An economic framework for forecasting land-use and ecosystem change[J]. Resource and Energy Economics, 32（2）: 98-116

Li J Q, Yang L J, Zhu T, et al. 2012. The study on effects of concurrent business on cultivated land use efficiency-based on empirical analysis of Gansu and Qinghai Province[J]. Sustainable Agriculture Research, 1（2）: 7-14

Li M, Sicular T. 2013. Aging of the labor force and technical efficiency in crop production: evidence from Liaoning province, China[J]. China Agricultural Economic Review, 5（3）: 342-359

Llewelln R V, Williams J R. 1996. Nonparametric analysis of technical efficiency, pure technical, and scale efficiencies for food crop production in East Java, Indonesia[J]. Agricultural Economics, 15（2）: 113-126

MacDonald D, Crabtree J, Wiesinger G, et al. 2000. Agricultural abandonment in mountain areas of Europe: environmental consequences and policy response[J]. Journal of Environmental Management, 59（1）: 47-69

Merry F, Amacher G, Lima E. 2008. Land values in frontier settlements of the Brazilian Amazon[J]. World Development, 36（11）: 2390-2401

Milne R J, Bennett L P. 2007. Biodiversity and ecological value of conservation lands in agricultural landscpaes of southern Ontario, Canada[J]. Landscape Ecology, 22（5）: 657-670

Mishra A K, Moss C B, Erickson K W. 2009. Regional differences in agricultural profitability, government payments, and farmland values: implications of dupont expansion[J]. Agricultural Finance Review, 80（1）: 49-66

Mouysset L, Doyen L, Jiguet F. 2014. From population viability analysis to coviability of farmland biodiversity and agriculture[J]. Conservation Biology, 28（1）: 187-201

Nacoulma B M I, Schumann K, Traoré S, et al. 2011. Impacts of land-use on West African savanna vegetation: a comparison between protected and communal area in Burkina Faso[J]. Biodiversity & Conservation, 20（14）: 3341-3362

Navarro L M, Pereira H M. 2012. Rewilding abandoned landscapes in Europe[J]. Ecosystems, 4（6）: 900-912

OECD. 2001. Multifunctional: Towards an Analytical Framework[M]. Paris: Organization for Economic Cooperation and Development

Ogundari K. 2013. Crop diversification and technical efficiency in food crop production a study of peasant farmers in Nigeria [J]. International Journal of Social Economics, 40（3）: 267-288

Passel S V, Nevens F, Mathijs E, et al. 2007. Measuring farm sustainability and explaining differences[J]. Ecological Economics, 62（1）: 149-161

Paul S A, Olayemi J K. 2002. Analysis of technical inefficiency in food crop production in Gombe State, Nigeria[J]. Applied Economics Letters, 9（1）: 51-54

Preris C, Dumanski J, Hamblin A, et al. 1995. Land quality indicators（World Bank Discussion Papers）[J]. General Information, 3（1~2）: 37-75

Pushpam K. 2009. Assessment of economic drivers of land use change in urban ecosystems of Delhi, India[J]. Ambio, 38（1）: 35-39

Quaye A K, Hall C A S, Luzadis V A. 2010. Agricultural land use efficiency and food crop production in Ghana[J]. Environment, Development and Sustainability, 12（6）: 967-983

Rahman S. 2009. Whether crop diversification is a desired strategy for agricultural growth in Bangladesh? [J]. Food Policy, 34（4）: 340-349

Robert J M, Lorne P B. 2007. Biodiversity and ecological value of conservation lands in agricultural landscapes of southern Ontario, Canada[J]. Landscape Ecology, 22（5）: 657-670

Sachdeva J, Sharma J L, Chahal L L. 2011. Technical efficiency in crop production and dairy farming in Punjab: a zone-wise analysis[J]. Productivity, 52（2）: 177-182

Sahay C S, Thomas E V, Satapath K K. 2009. Performance evaluation of a novel power-tiller-operated oscillatory tillage implement for dry land tillage[J]. Biosystems Engineering, 102（4）: 385-391

Sandhu H S, Wratten S D, Cullen R, et al. 2008. The future of farming: the value of ecosystem services in conventional and organic arable land. An experimental approach[J]. Ecological Economics, 64（4）: 835-848

Seidl I, Tisdell C A, Harrison S. 2002. Environmental regulation of land use and public compensation: principles, and Swiss and Australian examples[J]. Environment and Planning C Government and Policy, 20（5）: 699-716

Sekhon M K, Mahal A K, Kaur M, et al. 2010. Technical efficiency in crop production: a region-wise analysis[J]. Agricultural Economics Research Review, 23（2）: 367-374

Sharmin S, Islam M S, Hasan M K. 2012. Socioeconomic analysis of alternative farming systems in improving livelihood security of small farmers in selected areas of Bangladesh[J]. Agriculturists, 10（1）: 51-63

Sills E O, Caviglia-Harris J L. 2009. Evolution of the Amazonian frontier: land values in Rondônia, Brazil[J]. Land Use Policy, 26（1）: 55-67

Simon B, Ché E, Robert H. 2012. Assessing the impacts of economic and climate changes on land-use in mountain regions: a spatial dynamic modeling approach[J]. Agriculture, Ecosystems and Environment, 149（3）: 50-63

Simon H A. 1957. Models of Man, Social and Rational: Mathematical Essays on Rational Human Behavior in Society Setting[M]. New York: Wiley

Slee B. 2007. Social indicators of multifunctional rural land use: the case of forestry in the UK[J].

Agriculture, Ecosystems and Environment, 120（1）: 31-40

Stoate C, Baldi A, Beja P, et al. 2009. Ecological impacts of early 21st century agricultural change in Europe — a review[J]. Journal of Environmental Management, 91（1）: 22-46

Stoeckl N, Jackson S, Pantus F, et al. 2013. An integrated assessment of financial, hydrological, ecological and social impacts of "development" on indigenous and non-indigenous people in northern Australia[J]. Biological Conservation, 159（3）: 214-221

Sun A Q, Wu K N, Cao D H. 2012. The environmental impact assessment of land use based on food security, economic development and eco-friendship—a case study on Taiyuan City[J]. Territory & Natural Resources Study, （1）: 22-25

Susaeta A I, Gonzalez-Benecke C A, Carter D R, et al. 2012. Economical sustainability of pine straw raking in slash pine stands in the southeastern United States[J]. Ecological Economics, 80（16）: 89-100

Sutton P C, Costanza R. 2002. Global estimates of market and non-market values derived from nighttime satellite imagery, land cover, and ecosystem service valuation[J]. Ecological Economics, 41（3）: 509-527

Tanwar S P S, Rao S S, Regar P L, et al. 2014. Improving water and land use efficiency of fallow-wheat system in shallow lithic calciorthid soils of arid region: introduction of bed planting and rainy season[J]. Soil & Tillage Research, 138（5）: 44-55

Thomassen M A, Dolman M A, Calker K J V, et al. 2009. Relating life cycle assessment indicators to gross value added for Dutch dairy farms[J]. Ecological Economics, 68（8~9）: 2278-2284

Thompson S, Treweek J R, Thurling D J. 1997. The ecological component of environmental impact assessment: a critical review of British environmental statements[J]. Journal of Environmental Planning & Management, 40（2）: 157-172

Tian W M, Wan G H. 2000. Technical efficiency and its determinants in China's grain production[J]. Journal of Productivity Analysis, 13（2）: 159-174

Timmons D. 2014. Using former farmland for biomass crops: massachusetts landowner motivations and willingness to plant[J]. Agricultural and Resource Economics Review, 43（3）: 419-437

Vihervaara P, Marjokorpi A, Kumpula T, et al. 2012. Ecosystem services of fast-growing tree plantations: a case study on integrating social valuations with land-use changes in Uruguay [J]. Forest Policy and Economics, 14（1）: 58-68

Vinge H, Rnningen K. 2014. Private lands, collective values? Framing of food security in a Norwegian land use conflict[R]. XVIII Isa World Congress of Sociology

Walter A, Dolzan P, Quilodrán O, et al. 2011. Sustainability assessment of bio-ethanol production in Brazil considering land use change, GHG emissions and socio-economic aspects [J]. Energy Policy, 39（10）: 5703-5716

Wätzold F, Drechsler M. 2002. Spatial differentiation of compensation payments for biodiversity enhancing land-use measures [J]. BMJ Open, 2（2）: 1-18

Weber A, Fohrer N, Möller D. 2001. Long-term land use changes in a mesoscale watershed due to socio-economic factors — effects on landscape structures and functions[J]. Ecological Modelling, 140（1）: 125-140

Weiss C R. 1999. Farm growth and survival: econometric evidence for individual farms in upper

Austria [J]. American Journal of Agricultural Economics, 81（1）: 103-116

Whitehead A L, Kujala H, Ives C D, et al. 2014. Integrating biological and social values when prioritizing places for biodiversity conservation[J]. Conservation Biology, 28（4）: 992-1003

Wilson P, Hadley D, Ramsden S, et al. 2010. Measuring and explaining technical efficiency in UK potato production[J]. Journal of Agricultural Economics, 49（3）: 294-305

Zahedi M, Eshghizadeh H R, Mondani F. 2014. Energy use efficiency and economical analysis in cotton production system in an arid region: a case study for Isfahan Province, Iran[J]. International Journal of Energy Economics and Policy, 4（4）: 43-52

Zellweger-Fischer J, Kéry M, Pasinelli G. 2011. Population trends of brown hares in Switzerland: the role of land-use and ecological compensation areas[J]. Biological Conservation, 144（5）: 1364-1373

附　　录

附录 1　耕地利用现状与绩效调查

调 查 前 言

亲爱的农户朋友：

您好！

非常抱歉打扰您的工作，请您从百忙中抽出时间来帮助我们完成此次抽样调查。此次调查的主要目的是了解农村耕地利用状况和突出问题，以其为依据进行科学分析，为相关部门制定耕地资源利用补偿政策提供合理建议。

敬请注意：填写此调查问卷是不记名的，请不要有任何顾虑；我们对接受调查者支付小额报酬，请接受调查，实事求是地回答问题，以保证您答题的有效性和调查的拟真性；填写问卷时，请不要与他人商量。

感谢您的支持与配合！

"西部地区耕地利用绩效评价与补偿机制研究"课题组

调查员：_____

核查员：_____

调查地点：_____区（县）_____镇（乡）_____村_____队（组）

调查时间：_____年_____月_____日

第一部分　耕地基本情况及其农作物成本收益

1. 请填写家庭耕地资源基本情况表

序号	项目	数量	备注
1	从事耕地生产的劳动力人数		
2	家庭耕地面积/亩		
其中：	水田面积/亩		
	旱地面积/亩		
	水浇地面积/亩		
3	耕地复种情况		
	复种耕地类型（水田/旱地/水浇地）		
	复种次数（1年几次作物）		
	复种面积/亩		

2. 请填写主要农作物生产基本情况表（按户计算）

主要种植农作物 1

项目	＿＿＿年	备注
农作物类型及名称		水稻、玉米、小麦、水果、蔬菜、经济作物；后三种作物需要注明具体名称
耕地类型（水田/旱地/水浇地）		
播种耕地等级		
播种耕地面积/亩		
可保障灌溉面积/亩		
从事该类农作物生产的劳动力数		
作物产量/千克		
当年作物市价/（元/千克）		
劳动力投入量/个		
劳动量/工作日		
种子费/元		
化肥及农肥施用量（折纯）/千克		
化肥、农肥等肥料费/元		

续表

项目	_____年	备注
农药施用量/千克		
农药费/元		
植保费/元		
机械作业工时		
机械作业费/元		
畜力作业工时		
畜力作业费/元		
排灌作业费/元		
管理费/元		
其他直接和间接费用/元		

主要种植农作物 2

项目	_____年	备注
农作物类型及名称		水稻、玉米、小麦、水果、蔬菜、经济作物；后三种作物需要注明具体名称
耕地类型（水田/旱地/水浇地）		
播种耕地等级		
播种耕地面积/亩		
可保障灌溉面积/亩		
从事该类农作物生产的劳动力数		
作物产量/千克		
当年作物市价/（元/千克）		
劳动力投入量/个		
劳动量/工作日		
种子费/元		
化肥及农肥施用量（折纯）/千克		
化肥、农肥等肥料费/元		
农药施用量/千克		
农药费/元		
植保费/元		

续表

项目	＿＿＿年	备注
机械作业工时		
机械作业费/元		
畜力作业工时		
畜力作业费/元		
排灌作业费/元		
管理费/元		
其他直接和间接费用/元		

主要种植农作物 3

项目	＿＿＿年	备注
农作物类型及名称		水稻、玉米、小麦、水果、蔬菜、经济作物；后三种作物需要注明具体名称
耕地类型（水田/旱地/水浇地）		
播种耕地等级		
播种耕地面积/亩		
可保障灌溉面积/亩		
从事该类农作物生产的劳动力数		
作物产量/千克		
当年作物市价/（元/千克）		
劳动力投入量/个		
劳动量/工作日		
种子费/元		
化肥及农肥施用量（折纯）/千克		
化肥、农肥等肥料费/元		
农药施用量/千克		
农药费/元		
植保费/元		
机械作业工时		
机械作业费/元		
畜力作业工时		

续表

项目	_____年	备注
畜力作业费/元		
排灌作业费/元		
管理费/元		
其他直接和间接费用/元		

第二部分　耕地利用情况

3. 你家耕地利用的情况属于下列哪种情况：（　　　）

A. 家庭劳动力常年从事耕地生产（纯农）

B. 主要劳动力少部分时间挣外快（零星打工），多数时间从事耕地生产（兼业1）

C. 主要劳动力大部分时间外出打工，耕地以妇女和老人种植为主，农忙时回家帮忙务农（兼业2）

D. 主要劳动力长期外出打工，耕地以妇女和老人种植为主，农忙时没有回家帮忙务农（兼业3）

E. 全部劳动力外出打工

4. 你家耕地生产的机械化程度属于下列哪种情况：（　　　）

A. 耕地生产以机械作业为主（机械作业大于50%）

B. 部分机械作业（20%~50%）+人工

C. 部分畜力作业（20%以上）+人工

D. 小部分畜力作业（20%以下）+人工

E. 完全人工劳动

5. 你家耕地生产使用肥料的大致比例属于下列哪种情况：（　　　）

A. 完全使用无机肥

B. 小部分有机生产（农家肥或绿肥），大部分施用无机肥

C. 大部分有机生产（农家肥或绿肥），小部分施用无机肥

D. 完全有机农业肥，全部施用农家肥或绿肥，不施用农药或无机肥

6. 你家耕地生产经营管理方式属于下列哪种类型：（　　　）

A. 粗放式经营，属于凭经验种植，耕地管理松散，耕地生产的目的是自给或提供劳动机会，不太关注产量与效益

B. 精耕细作，指凭经验种植，主要依靠人力和畜力，精心管理耕地生产，追求耕地产量与效益

C. 专业化管理，指依靠一定的农业理论和新技术，管理耕地生产，追求耕地利润最大化

7. 你家耕地生产中主要耕作方式是：（   ）

A. 浅耕 1（<18 厘米）   B. 中耕 2（18~22 厘米）   C. 深耕 3（>22 厘米）

8. 你家耕地生产中土壤修复与治理力度属于下列哪种情况：（   ）

A. 无土壤保护意识，未实施土壤修复与治理

B. 有土壤保护意识，逐步减少无机肥和农药使用量，土壤退化得到遏制

C. 土壤保护意识强，合理耕作与科学施肥（药）等，土壤质量显著改善

9. 你家耕地生产中水土保持程度属于下列哪种情况：（   ）

A. 暴雨下水土流失严重，耕地流水非常混浊，1

B. 暴雨下水土流失一般，耕地流水比较混浊，2

C. 暴雨下水土流失较少，耕地流水比较清亮，3

10. 你家主要耕地的土壤肥力情况是：（   ）

A. 土壤有机质含量降低，土壤肥力显著下降

B. 土壤有机质含量保持相对稳定，土壤肥力变化小

C. 生态利用，土壤有机质含量提高，土壤肥力显著回升

11. 你了解耕地利用的粮食安全、就业保障等社会功能及重要性吗？（   ）

A. 不重要   B. 不清楚   C. 一般   D. 比较重要   E. 非常重要

12. 你了解耕地利用的净化环境、水土保护、涵养水源、调节气体等生态功能及重要性吗？（   ）

A. 不重要   B. 不清楚   C. 一般   D. 比较重要   E. 非常重要

13. 你家主要农作物耕地利用的技术应用属于下列哪种情况：（   ）

A. 施肥、农药、土地整理等种植采用传统技术，技术含量低

B. 施肥、农药、花果管理等有普通标准规范，采用常规技术，技术含量一般

C. 气候、土壤、施肥、栽植等有较高标准的技术规范，采用先进技术，技术含量较高

14. 家庭主要耕地利用的便利性：（   ）

A. 距离超过 600 米，道路不平坦、不便利

B. 距离超过 600 米，道路平坦

C. 距离 300~600 米，道路不平坦

D. 距离 300~600 米，道路较平坦

E. 距离 300 米内，道路不平坦

F. 距离 300 米内，道路较平坦

第三部分　户主特征、家庭特征和经济发展水平等

15. 你家总人口有＿＿＿＿人，其中：从事耕地生产的劳动力数量（以农忙时的人数为准）为＿＿＿＿，外出务工劳动力数量为＿＿＿＿，常住人口（在家超过3个月）有＿＿＿＿人。

户主进行农业生产的经验：＿＿＿＿年。

家庭离最近镇的距离：＿＿＿＿千米。

16. 户主基本情况：

（1）性别：□男；□女　　年龄：＿＿＿＿岁。

（2）户主文化程度：A. 未上过学　B. 小学（<6年）　C. 初中（9年）D. 高中或中专（11~12年）　E. 大学（>13年）。

17. 家庭收入情况（指常住人口）：

（1）你的家庭总毛收入为＿＿＿＿元，总支出＿＿＿＿元（其中：家庭消费支出＿＿＿＿元），年纯收入＿＿＿＿元，每年粮食消费量（包括家庭口粮、饲料用粮、种子粮）＿＿＿＿千克。农业补贴总额（包括粮食直补、农综补贴和良种补贴）＿＿＿＿元。

（2）家庭的收入结构情况：

种植业收入：＿＿＿＿元；

林业收入：＿＿＿＿元；

养殖业收入：＿＿＿＿元；

个体经营收入：＿＿＿＿元；

工资性收入（指当地工厂或乡镇企业工人，乡村老师或干部，赤脚医生，行政事业单位职工等收入）：＿＿＿＿元；

打工收入：＿＿＿＿元；

转移性收入（粮食补贴、报销医疗费、亲戚朋友人情礼金等）：＿＿＿＿元；

其他收入：＿＿＿＿元。

18. 通常情况下，当地每亩水田的租金＿＿＿＿元/年，当地每亩旱地的租金＿＿＿＿元/年，当地每亩水浇地的租金＿＿＿＿元/年。

19. 当地农村年人均收入是＿＿＿＿元。

20. 当地小规模耕地利用可获得农业补贴（包括种粮直补、农综补贴等）＿＿＿＿元/亩。

21. 你对问卷的理解程度如何？

A. 都能很好地理解　　B. 基本上理解　　C. 有些问题不是很清楚

D. 不理解　　　　　　E. 其他

附录2　适度规模耕地利用的成本与效益调查

前　言

亲爱的农户朋友：

　　您好!

　　非常抱歉打扰您的工作，请您从百忙中抽出时间来帮助我们完成此次抽样调查。此次调查的主要目的是了解适度规模农业的成本与效益，以便分析适度规模经营风险，为相关决策提供依据。因此，请认真填写，以提高政策的有效性。

　　敬请注意：填写此调查问卷是不记名的，请不要有任何顾虑；我们对接受调查者支付一定报酬，请接受调查，实事求是地回答问题，以保证您答题的有效性和调查的拟真性；填写问卷时，请不要与他人商量。

　　感谢您的支持与配合!

"西部地区耕地利用绩效评价与补偿机制研究"课题组

调查员：_____

核查员：_____

调查地点：_____区（县）_____镇（乡）_____村_____队（组）

调查时间：_____年_____月_____日

1. 基本情况

（1）负责人个体特征：

年龄：_____；性别：_____。

受教育程度：A. 未上过学　B. 小学（<6 年）　C. 初中（9 年）

　　　　　　　D. 高中或中专（11~12 年）　　　E. 大学（>13 年）

（2）负责人所学的专业：

A. 农业类对口专业　　　　　　　　B. 管理类专业

C. 专业不对口，但学习过相关知识　　D. 专业不对口，仅投入资金

E. 未学相关专业，凭经验管理

（3）业主的管理经验：

管理方式：A. 业主管理　B. 委托请人管理　C. 共同管理　D. 其他情况

管理模式：A. 经验管理　　　　　　　　B. 规范管理

　　　　　C. 现代企业管理模式，自主管理　D. 其他管理模式

（4）业主身份：A. 当地农民　B. 当地城市居民

　　　　　　　C. 外地农民　D. 外地城市居民

投资方式：A. 独立　B. 合伙　C. 股份　D. 其他

投资额：_____万元

农业项目的管理经验：_____年

2. 适度规模特征及用途

（1）规模化面积_____亩。其中：生产面积_____亩，仓库和管理住房面积_____亩，未利用面积_____亩。

（2）

土地类型	租金/万元	经营（播种、种植）面积/亩	灌溉保证率
水田			
水浇地			
旱地			

（3）规模化经营下，主要农产品类型？

A. 粮食　　　　B. 蔬菜　　　　C. 果树　　　　D. 经济作物

3. 投入与产出情况

（1）初始投资额_____万元（指达到可生产状态，即项目完全建成前的所有投资总额，主要包括各种农业设施，如长期或永久设施、简易设施、浇排灌设施等；生产用房与仓库；农业机械、动力、电器设备等；交通工具；等等）。

（2）各种投入要素与成本（按年度量）：

物质材料与服务费_____万元，其中种子（苗、仔）费_____万元、肥料

费_____万元、农药费_____万元、服务费_____万元、设施折旧费_____万元、材料费_____万元。

直接雇佣人工成本：雇佣总人数_____，工资总额_____万元。

土地租金_____万元。

其他费用_____万元。

（3）收入情况：

耕地规模化经营年总收入_____万元；

每年获得的实际补贴额_____万元。

4. 你对问卷的理解程度如何？

A. 都能很好地理解　　　B. 基本上理解　　　C. 有些问题不是很清楚

D. 不理解　　　　　　　E. 其他

附录3　小规模耕地利用选择实验

实验1：适度规模无补贴下小规模耕地利用农户行为选择实验

1. 根据兼业及耕地利用规模，划分农户行为类型，其优缺点见附表 3-1，根据自身情况，你打算选择哪种行为类型？（　　　）

附表 3-1　农户类型与优缺点

选项	行为类型	优点	缺点
A	小规模耕地利用	投资少，种粮补贴较稳定，耕地收益相对稳定；照顾家庭；对劳动者的能力要求不高；劳动自由	种粮补贴总额少，耕地总收入低，易导致家庭贫困；社会见识少；等等
B	小规模耕地利用+兼业	增加打工收入，耕地收入减少不大；照顾家庭；等等	多数情况要求劳动者具有一定专业技能；兼业工作不稳定；等等
C	外出务工	收入相对较高；增长社会见识；培养非农专业技能；等等	不能照顾家庭；一般要求劳动者具有较好体能或一定技能；雇佣期间不自由；有失业风险；等等
D	适度规模耕地利用	耕地收益较高，可以带动家庭致富	投资较大，农业项目存在较大风险；对经营者的财力、技术、管理经验等素质要求较高；等等

2. 不选择适度规模耕地利用的主要原因有哪些？（多项选择）（　　　）

A. 以前不了解适度规模经营收益与风险

B. 财力不足，没有承担风险的能力

C. 能力不足，不懂农业技术等

D. 与外出务工相比，亏损风险大

E. 没有政治关系或政策支撑，不能获取财政补贴

F. 缺乏农业项目管理经营

G. 其他原因

实验2：不同适度规模补贴情况下小规模耕地利用农户行为选择实验

根据适度规模成本与收益数据，计算出适度规模经营风险、适度规模投资、收益和风险，以及小规模经营收益信息，具体见附表3-2。如不能理解，则询问调查员。调查员根据附表3-3中投标值的组合方案，随机选择，并填写相应的投标值（补偿标准）。

附表3-2　"适度规模耕地利用+补贴 VS 小规模耕地利用"选择实验

农作物类型	X=适度规模总收益（经营收益+补贴）$=A \times B+C$						E=小规模耕地利用收益	选择（X或E）
	A=适度经营规模/亩	估计投资额/万元	B=补贴标准/万元	C=适度规模经营收益			经营收益/万元（100%）	
				好运气/万元（20%）	一般情况/万元（66%）	坏运气/万元（14%）		
蔬菜	10	17	Bid_{vi}	8.38	5.85	−1.38	0.37	
蔬菜	20	33		16.77	11.70	−2.75	0.37	
蔬菜	30	49		25.15	17.55	−4.13	0.37	
农作物类型	A=适度经营规模/亩	估计投资额/万元	B=补贴标准/万元	C=适度规模经营收益			经营收益/万元（100%）	
				好运气/万元（20%）	一般情况/万元（63%）	坏运气/万元（17%）		
水果	13.5	15	Bid_{fi}	10.54	7.55	−1.43	0.37	
水果	27	30		21.09	15.10	−2.85	0.37	
水果	40.5	42		31.63	22.65	−4.28	0.37	
农作物类型	A=适度经营规模/亩	估计投资额/万元	B=补贴标准/万元	C=适度规模经营收益			经营收益/万元（100%）	
				好运气/万元（20%）	一般情况/万元（59%）	坏运气/万元（21%）		
经济作物	20	16	Bid_{ei}	8.56	6.37	−1.43	0.37	
经济作物	40	30		17.12	12.73	−2.86	0.37	
经济作物	60	44		25.67	19.10	−4.28	0.37	

附表3-3　不同类型适度规模农作物补偿标准的两阶段二分式实验方案

单位：元/亩

蔬菜	水果	经济作物
（1）（140，90，210）	（1）（135，95，180）	（1）（160，110，210）
（2）（210，140，275）	（2）（180，135，240）	（2）（210，160，270）

续表

蔬菜	水果	经济作物
（3）（275，210，350）	（3）（240，180，315）	（3）（270，210，335）
（4）（350，275，420）	（4）（315，240，395）	（4）（335，270，400）
（5）（420，350，500）	（5）（395，315，480）	（5）（400，335，470）
（6）（500，420，585）	（6）（480，395，585）	（6）（470，400，545）
（7）（585，500，660）	（7）（585，480，650）	（7）（545，470，620）
（8）（660，585，755）	（8）（650，585，725）	（8）（620，545，710）
（9）（755，660，870）	（9）（725，650，850）	（9）（710，620，830）

1. 根据自身情况，如果种植适度规模蔬菜，每亩每年给予_____元的补偿，你愿意不再进行耕地的小规模利用，而进行适度规模耕地经营吗？

A. 是　B. 否

2. 如果每亩每年给予_____元的补偿，你愿意进行种植蔬菜的适度规模经营吗？

A. 是　B. 否

3. 根据自身情况，如果种植适度规模水果，每亩每年给予_____元的补偿，你愿意不再进行耕地的小规模利用，而进行适度规模耕地经营吗？

A. 是　B. 否

4. 如果每亩每年给予_____元的补偿，你愿意进行种植水果的适度规模经营吗？

A. 是　B. 否

5. 根据自身情况，如果种植适度规模经济作物，每亩每年给予_____元的补偿，你愿意不再进行耕地的小规模利用，而进行适度规模耕地经营吗？

A. 是　B. 否

6. 如果每亩每年给予_____元的补偿，你愿意进行种植经济作物的适度规模经营吗？

A. 是　B. 否

实验3：适度规模耕地生态利用补贴下小规模耕地利用农户行为选择实验

借鉴相关文献信息，估计出适度规模耕地生态利用投资额、收益和风险，以及小规模经营收益信息，具体见附表3-4。如不能理解，则询问调查员。调查员根据附表3-5中投标值的组合方案，随机选择，并填写相应的投标值（补偿标准）。

附表 3-4　"适度规模耕地生态利用+补贴 VS 小规模耕地利用"选择实验

农作物类型	X=适度规模生态利用总收益（经营收益+补贴）=$A \times B + C$						E=小规模耕地利用收益	选择（X 或 E）
	A=适度经营规模/亩	估计投资额/万元	B=补贴标准/万元	C=适度规模生态利用经营收益			经营收益/万元（100%）	
				好运气/万元（20%）	一般情况/万元（59%）	坏运气/万元（21%）		
蔬菜	10	26	EBid$_{vi}$	7.43	4.87	−1.65	0.37	
蔬菜	20	50		14.85	9.73	−3.30	0.37	
蔬菜	30	74		22.28	14.60	−4.95	0.37	
农作物类型	A=适度经营规模/亩	估计投资额/万元	B=补贴标准/万元	C=适度规模生态利用经营收益			经营收益/万元（100%）	
				好运气/万元（20%）	一般情况/万元（54%）	坏运气/万元（26%）		
水果	13.5	15	EBid$_{fi}$	9.38	6.55	−1.71	0.37	
水果	27	30		18.76	13.09	−3.42	0.37	
水果	40.5	42		28.14	19.64	−5.13	0.37	
农作物类型	A=适度经营规模/亩	估计投资额/万元	B=补贴标准/万元	C=适度规模生态利用经营收益			经营收益/万元（100%）	
				好运气/万元（20%）	一般情况/万元（48%）	坏运气/万元（32%）		
经济作物	20	24	EBid$_{ei}$	7.69	6.03	−1.78	0.37	
经济作物	40	45		15.39	12.07	−3.56	0.37	
经济作物	60	66		23.08	18.10	−5.34	0.37	

附表 3-5　不同类型适度规模农作物生态利用补偿标准的两阶段二分式实验方案

单位：元/亩

蔬菜	水果	经济作物
（1）（250，190，310）	（1）（240，180，300）	（1）（230，160，300）
（2）（310，250，385）	（2）（300，240，360）	（2）（300，230，365）
（3）（385，310，450）	（3）（360，300，425）	（3）（365，300，450）
（4）（450，385，520）	（4）（425，360，495）	（4）（450，385，520）
（5）（520，450，600）	（5）（495，425，560）	（5）（520，450，580）
（6）（600，520，675）	（6）（560，495，645）	（6）（580，520，645）
（7）（675，600，745）	（7）（645，560，720）	（7）（645，580，710）
（8）（745，675，810）	（8）（720，645，800）	（8）（710，645，800）
（9）（810，745，950）	（9）（800，720，940）	（9）（800，710，930）

1. 根据自身情况，如果适度规模耕地生态利用种植蔬菜，每亩每年给予_____元的补偿，你愿意不再进行耕地的小规模利用，而进行适度规模耕地经营吗？

A. 是　B. 否

2. 如果每亩每年给予_____元的补偿，你愿意进行适度规模耕地生态利用种植蔬菜吗？

A. 是　B. 否

3. 根据自身情况，如果适度规模耕地生态利用种植水果，每亩每年给予_____元的补偿，你愿意不再进行耕地的小规模利用，而进行适度规模耕地经营吗？

A. 是　B. 否

4. 如果每亩每年给予_____元的补偿，你愿意进行适度规模耕地生态利用种植水果吗？

A. 是　B. 否

5. 根据自身情况，如果适度规模耕地生态利用种植经济作物，每亩每年给予_____元的补偿，你愿意不再进行耕地的小规模利用，而进行适度规模耕地经营吗？

A. 是　B. 否

6. 如果每亩每年给予_____元的补偿，你愿意进行适度规模耕地生态利用种植经济作物吗？

A. 是　B. 否

实验对象户主及家庭特征：

户主年龄_____；性别_____；户主文化程度_____（未上学、小学、初中、高中或中专、大专及以上）。

家庭人口_____；家庭劳动力数_____；家庭年纯收入_____万元。

家庭可动用财产情况：A. 1 万元以下　　B. 1 万~3 万元　　C. 3 万~6 万元

D. 6 万~10 万元　　E. 10 万~15 万元　　F. 15 万以上